戰後美日台關係

關鍵50年1945～1995

一堆歷史的偶然，錯誤與大國的博弈造成台灣目前的困境

王鍵 著

崧燁文化

目　錄

序言

筆者在先讀本書定稿後，十分欣喜，又受王鍵博士之邀為本書作序，自然很高興地答應了。但是，卻因為近期參加多次會議和不時有多項任務、工作，使這篇序言的寫作一拖再拖。現在，出版社已經要開印了，只好加班開夜車，趕出了這份急就篇。筆者的序言，像王鍵的本書一樣，肯定有不當之處，筆者真心地敬請方家、讀者不吝賜教。

王鍵博士的這部新專著，對戰後1945—1995五十年間美日臺關係的歷史過程做了概略考察。

按照筆者的思路與解讀，若對本書題目予以更為準確概括的話，應是對冷戰時期臺灣地區與美日兩國這一關係形成、發展、演變過程的歷史考察和研究。

學界，特別是國際關係學界，對於中美蘇、中美日三國間關係定義為一種三角關係。王鍵在借鑑各方學者的精闢論述並進行獨立思考後，認定戰後臺灣與美日的互動過程屬於一種不規則的「三邊關係」，是從屬於中美日三角關係下的一個特殊組成部分，並非真正國家意義間的關係，而是非國家間的關係。戰後冷戰時期美日臺關係的一大特徵，就是美日兩國始終利用臺灣問題對中國進行戰略干擾。本書的題目和作者對「三邊關係」特點的提出，一下子就旗幟鮮明的表明了作者的立場和觀點，也極為有力地吸引筆者，饒有興趣地閱讀本書。

全書分為七章，緒論章概述了本書研究的思路與意義，第二、三、四章闡述了美日臺關係的形成和確立。論述了以下重要內容：戰後美國在亞洲推行新殖民主義，最初擬以中國為其東亞地區最大的戰略夥伴。由於國民黨政權的垮臺，加之朝鮮戰爭等的影響，美國對日政策調整為積極扶植日本，使其成為美國在東亞地區的重要戰略夥伴；美國還企圖與日本共同掌控東亞地區經濟，為此，不惜在經濟利益上對日做出讓步；在加強美日關係之同時，美國也將臺灣視為東亞地區重要的戰略夥伴，出於遏制中國大陸的戰略目的，對臺灣進行了經濟、軍事的全面扶植；為此，美國主持了戰後日本、臺灣的土地制度改革，按照美國設計的社會模式，對日、臺進行了社會改造；戰後，主要自吉田茂內閣以來，日本臺海政策（對臺對華政策）基本確立，即同時佔有臺海兩岸的經濟資源和市場，實現日本國家利益的最大化；歷經1950-60年代中日民間關係的跌宕發展，日本始終保持與海峽兩岸之間的經濟聯繫；至1972年中日邦交正常化的實現，日本最終達到其臺海政策的戰略目標。公開與兩岸發展政治、經濟等關係，為日本的國家利益服務。

本書第五、六、七三章則闡述了美日臺關係的發展、演變：1972日臺斷交、1979美臺斷交之後，美日臺關係有所下降，但維持了實質性的關係框架；美日對臺灣的政治、經濟及軍事的控制依舊；臺灣在與美日關係互動的過程中，實現了經濟增長；日本更是成為僅次於美國的世界第二經濟大國；美國扶植日臺的過程中，由於過度介入越南戰爭等，國力下降；日本對臺灣的影響，尤其是對臺灣的經濟控制愈加嚴密、嚴重；在冷戰時期，特別是冷戰後期，美日對臺政策並不完全一致，以美日經濟摩擦為典型的美日矛盾迭起，充滿折衝與博弈；而在世界冷戰格局解體與後冷戰時期，美日臺關係的演變、走向，中日、中美關係以及兩岸關係的走向，均是不可忽視、值得高度密切關注的重大問題。

本書對上述問題的論證、闡述，新意隨處可見：有不少是學界首次進行的分析和研究，從而彌補了以往研究的空缺和不足；本書運用歷史學、國際關係學等多學科的研究方法，既注意全面、宏觀和理論上的概括、分析和考察，又極為講究實證分析，以系統的數據、原始資料進行比較分析，儘可能還原、探究美日臺關係的動態演變；本書將國際關係理論與冷戰時期美日臺關係史的實證研究相結合的研究，不僅有理論意義，無疑也具有實踐意義：透過對戰後美日臺關係歷史進程的追蹤與描述，並透過各個階段美日臺關係的具體論述，總結出美日臺政治關係的交流模式與諸多特徵，闡明了美日臺經濟關係發展的規律性。

王鍵博士以一人之力，能夠在兩年中撰寫成這部厚重的學術著作，的確可喜可賀！就筆者所知，應該是有以下三方面的原因：一是與他曾經在攻讀博士的三年期間，受教於中國日本史著名學者萬峰等人，接受了嚴格的專業訓練和培養，更與他在進入博士後流動站的三年中，受到其導師、著名的中國史大家張海鵬的薰陶和訓誨，打下堅實、全面的學業基礎，具有了很強的獨立從事科學研究能力是分不開的；二是與他能多次到日本、臺灣訪學考察，受到日本、臺灣著名學者重實證、重原始資料等良好學風的影響，並多次參加、操辦兩岸關係、日臺關係學術會議，從而增強了學術研究要與社會現實相結合的意識；三是關鍵因素，是他長期勤奮努力、刻苦鑽研和虛心學習、注意積累的結果。

筆者作為王鍵博士曾經的導師、同單位的同事和從事日本史研究的同仁、朋友，熱誠地向廣大讀者推薦本書，真誠地祝賀本書的出版！

中國日本史學會名譽會長 湯重南

第一章 緒論

戰後美日臺關係史（1945—1995年）的研究，時間橫跨五十年之久，屬於戰後國際關係史、冷戰史及臺灣現代社會進程的歷史研究範疇。本章擬對學界有關三角關係或三邊關係的研究進行簡要歸納與系統分析，對有關三角或三邊關係的界定、概念，以及其歷史演變過程中的諸特性等進行論述，這是釐清本書研究思路的基本前提之一，而歷史的梳理則使我們對當代史中的三角或三邊關係有一個生動的、具體的概念。同時，對於研究思路與意義、研究目標與方法、研究框架與基本內容等進行簡要闡述。近代以來，美、日始終對臺灣抱有獨佔性戰略圖謀，這是美日臺關係緣起的歷史定位。從地緣戰略的角度對戰後美日臺關係的歷史特質與演進歷程進行闡述，亦是本章的目標之一。

第一節 研究思路與意義、研究目標與方法、研究框架與基本內容

一、研究思路與意義

按照臺灣的社會發展進程史實、現實法律地位及其他諸因素，本書將戰後美日臺之間的互動關係視為一種「三邊」關係，而非一般國際關係學理論規定的三角關係。英國學者馬丁·懷特的《國家體系》（英國萊斯特大學出版社1977年[1]）是最早論述三角關係

的論著。20世紀60-70年代逐漸形成不規則的美蘇中三角戰略架構[2]，成為各國學界的關注焦點。美國學者洛厄爾·迪特默《戰略三角：競賽理論初析》（《世界政治》1981年）一文運用「戰略三角」理論，對1970年代中美蘇戰略三角關係的演化進行解釋[3]。當時，不僅美蘇彼此以冷戰戰略進行牽制，處於弱勢的中國也亦然。美國學者伽夫指出：「冷戰時期，毛澤東外交戰略的世情依據是『戰爭與革命』。毛澤東和周恩來為了維護『中國利益』，在對外關係上『利用了戰略三角』」[4]。由此，20世紀80年代至90年代前半期，有關中美蘇三角關係的研究成為熱點問題，主要研究著述有西格爾主編《中國因素：北京與超級大國》（英國福爾摩斯和邁耶出版社1982年[5]）；彙集美國蘭德公司研究成果的《中美蘇戰略三角》（中國現代國際關係研究所編譯、時事出版社1988年）；倪孝銓、羅伯特·羅斯主編《美中蘇三角關係（70—80年代）》（人民出版社1993年）等。

20世紀90年代前半期，蘇聯解體及東歐劇變，日本泡沫經濟破滅，中國國力日趨增強，美蘇長期對立的國際格局發生了深刻而持久的振盪。隨著雅爾塔體系的崩潰，以冷戰為其深刻背景的中美蘇三角關係失去了存在的基石；取而代之的中美日三角關係漸次成為左右亞太地區乃至於世界局勢的關鍵力量架構[6]。而從屬於中美日三角關係的美日臺關係亦日趨成為熱點問題。

進入90年代後半期，中美日三角關係的研究受到重視，有代表性的研究著述有羅納德·蒙特佩托和張明合著的《另一種三合一：美國、中國和日本》（美國聖馬丁出版社1999年[7]），日本國際交流中心（JCIE）編《中日美合作面臨的挑戰》（1998年）、《中國-日本-美國：對三邊關係的新摸索》（1998年）和《中日美關係的新方面》（1999年）等[8]。以上著述均認為中美日三角將成為21世紀世界政治中的關鍵三角，而臺灣問題則成為這個三角關係中的焦點。日本學者添谷芳秀就認為：「中美日三角關係中問題最大的兩條邊是中美關係和中日關係」、「美中日三角關係的前途取決於臺灣的事態發展」[9]。

同時期中國學界的相關研究著述也頗為豐碩，張蘊嶺《轉變中的中美日關係》（中國社會科學出版社1997年）被視為國內學界對中美日三角關係研究的第一部著作。另外還有劉建飛《中美日戰略關係演變（1899—1999）》（中央文獻出版社2001年）、任曉等《中美日三邊關係》（浙江人民出版社2002年）、廉德瑰《美國與中日關係的演變》（世界知識出版社2006年）、張仕榮《21世紀初期中美日安全關係中的臺灣問題》（九州出版社2010年）等。主要論文有：高鍔《中日美三邊關係的現狀與問題》（《戰略與管理》1994年第6期）、馮昭奎《走向平衡的三角關係——關於亞太地區大國關係的思考》（《當代亞太》1998年第1期）、李長久《不平衡的中美日關係》（《世界經濟與政治》1998年第10期）、時殷弘《中美日「三角關係「——歷史回顧·實例比較·概念辨析》（《世界經濟與政治》2000年第1期）等[10]。

在雙邊關係研究中涉及本書主題的著述有：張耀武《中日關係中的臺灣問題》（新華出版社2004年）、王偉男《中美關係中的臺灣問題》（山東人民出版社2007年）等。另外，論述日臺關係的著述有：陳奉林《戰後日臺關係史》（香港社會科學出版社2004年）、廖鴻績《貿易與政治：臺日間的貿易外交（1950—1961年）》（臺灣稻鄉出版社2005年）、賈超為《日臺關係的歷史與現狀》（華藝出版社2011年），臧士俊《戰後日、中、臺三角關係》（臺灣前衛出版社1997年）以及川島真等《日臺關係史（1945—2008）》（東京大學出版會2009年）[11]等。美臺關係的著述有：蘇格《美國對華政策與臺灣問題》（世界知識出版社1998年）、資中筠、何迪《美臺關係四十年（1949—1989）》

（人民出版社 1991年）、林長華《戰後美臺經濟關係概論》（九州出版社2001年）、沈惠平《美國對臺政策新解》（九州出版社2010年），以及陶文釗《中美關係史》（上海人民出版社1999年）等。研究美日關係的有：劉世龍《美日關係（1791—2001》（世界知識出版社2003年）、張德明《東亞經濟中的美日經濟關係研究（1945—2000）》（人民出版社2003年）、崔丕《冷戰時期美日關係史研究》（中央編譯出版社2013年）等。中美學者合作編著的有：袁明、哈丁主編《中美關係史上沉重的一頁》（北京大學出版社1989年）、姜長斌、羅斯主編《從對峙走向緩和：冷戰時期中美關係再探討》（世界知識出版社2000年）等。以上著述均是本書不可或缺的重要參考[12]。

自20世紀70—80年代以來，海外相關研究文獻被大量編譯引進，美國文獻有：卡爾·蘭金《蘭金回憶錄》（海英譯，上海人民出版社1975年）、羅伯特·達萊克《羅斯福與美國對外政策》（陳啟明等譯，商務印書館1984年）、斯帕尼爾《第二次世界大戰後美國的外交政策》（段若石譯，商務印書館1992年）等[13]；還有周建明、張成至編譯《美國國家安全戰略解密文獻選編（1945—1972）》（1-3冊，社科文獻出版社2010年）；張曙光、周建明編譯《中美解凍與臺灣問題——尼克森外交文獻選編》（香港中文大學出版社2008年）等文獻檔案集。日本文獻有：永野信利《日中復交談判記實》（顧如鈺譯，時事出版社1972年版）；古井喜實《日中關係八十年》（田家農等譯，中國和平出版社1993年版）；島田政雄《戰後日中關係50年》（田家農譯，江西教育出版社1998）等[14]。

闡明「三角」或「三邊」關係的基本概念是本書的基本前提，美日臺關係從屬於中美日三角關係，故以中美日三角關係為例進行闡述。劉建飛在《中美日戰略關係演變（1899—1999）》一書中均以「三角關係」定位百年跨度的中美日三國關係，其三角關係的界定相當廣泛[15]。張蘊嶺《轉變中的中美日關係》一書考察了三角關係的構成機制、三角關係中的互動聯繫等，認為在中美日三角關係的構成中，存在著利益的一致性或共同性。但中美日三角關係的構造並不只是由共同性決定的，其中矛盾性也是重要的組成部分。共同性構成連接機制，矛盾性構成牽制機制，二者共同組成三角關係的框架和結構[16]。

任曉等《中美日三邊關係》一書則認為戰後中美日關係是一種三邊關係，而非三角關係。並認為三邊關係是「介入三國關係與三角關係之間的一種過渡性力量架構。也就是說，三邊關係帶有三角關係的大多數特徵，比一般的三國關係要體現出更多的互動性」[17]。時殷弘《中美日「三角關係」》亦認為：就國家層次上有關三國各自行為的前提條件而言，「標準」的三角關係之存在取決於：有關三國是否都具有具備獨立的對外政策；三國是否都是將縱橫捭闔的典型的均勢（它並不需要各極完全甚至大體均衡）及其權謀外交（diplomacy of manoeuvre）視為各自的一大特徵。考慮到日本缺乏基本獨立的外交政策，以及與此相關的美國在美日關係中的支配性和主導性，可以大致證明從1972年至今中美日關係的非三角性[18]。

唐永勝則認為「儘管還不存在形式上的中美日三邊機制，但並不意味實際上的三角關係就不存在」[19]。他同時亦指出：三角關係並非三對雙邊關係和簡單鋪陳疊加。對三角關係的研究，並非停留在對雙邊關係的簡單羅列上，更要注意其本身的物質和內在的規定性[20]。

如此，按照任曉等學者的界定可知：國際政治中的三角關係，指的是在一個由三個國家構成的系統中，其中一個國家的行為會對另一個或兩個國家的行為發生影響，或其中一對雙邊關係的變化導致對另一對或兩對關係發生變化的互動關係。三邊關係可視為初級的或不甚嚴格的三角關係；而三角關係則是高級形式的三邊關係[21]。

如上所述，本書在借鑑以上學者的精闢論述並予以獨自思考，認定戰後臺灣與美日的互動過程屬於一種不規則的「三邊關係」，是從屬於中美日三角關係下的一個特殊組成部分，而非國家間的三邊關係。戰後冷戰時期美日臺關係的一大特徵，就是美日始終利用臺灣問題對中國進行戰略干擾[22]。按照筆者的思路與解讀，若對本書題目予以全面概括的話，應是冷戰時期臺灣地區與美日兩國關係演變過程的歷史考察。

在大陸堅持臺灣是中國主權領土不可分割的一部分的原則之上，本書不拘泥於個別有關三角關係或三邊關係理論的束縛，在迄今同類研究的基礎上，擬以歷史學、國際關係學等多學科學研究究方法，對戰後1945—1995年五十年期間的美日臺關係史進行全面的歷史考察，本書主要以臺灣外部環境的演變為考察對象，從宏觀上著重分析美日臺關係中的重大問題。進而擬以實證分析方法，研究美日臺關係的結構差異及其演變過程，力求以系統的數據資料和多角度的分析比較，全面、客觀地論述戰後美日臺關係的發展態勢以及各發展過程的基本特點，以求取得對本書主題的客觀結論。從理論與歷史的相結合的角度來探究戰後美日臺關係的動態演變，是本書力求實現的目標。

本書的理論意義在於，應用歷史考證與國際關係理論對戰後美日臺關係的研究，具有一定的探索性。本書研究的時間範疇（1945—1995年）恰處於二戰後國際關係（冷戰）史的整個時期，亦屬於當代臺灣史研究的一個分支。從國際體系層次上看，第二次世界大戰結束後形成兩極權力結構，為美蘇衝突和對抗，由戰時同盟走向冷戰創造了條件......導致了戰後初期冷戰的起源[23]。

本書的實踐意義在於，將國際關係理論與冷戰時期美日臺關係史的實證研究結合起來，透過對戰後美日臺關係歷史進程的追蹤與描述，並透過各個階段美日臺關係的具體論述，總結美日臺政治關係的交流模式與諸多特徵，闡明美日臺經濟關係發展的規律性，為中國的美日臺研究界及有關部門把握美日臺關係史的發展脈絡和未來趨勢提供參考。

二、研究目標與方法

本書的研究目標當屬於歷史學範疇的一個特殊的研究對象。一方面，它在性質上屬於冷戰時期美日對東亞地區進行戰略擴展的一個範疇，是美日同尚待統一的臺灣地區之間的關係；另一方面，在20世紀70年代，美日與臺灣均經歷了從「官方」關係到「民間」關係的轉變，其政治、經濟及軍事關係的演變也帶有一定的社會歷史特質。既有冷戰時期美國東亞戰略主導下的諸多影響，也有日臺積極追隨美國、以求生存的基本軌跡。

本書力求以臺灣特殊的歷史、地緣及經濟屬性等為前提進行基本描述。近代臺灣不僅有著不同於祖國大陸的特殊歷史過程（即日據殖民地時期）和特殊地緣不可替代的重要性，還有相對的區位經濟優勢。臺灣位於大陸東南海運及西太平洋南北航線的戰略要衝，是東亞—美洲、東亞—歐洲等國際航線的轉運樞紐，這種地理位置的重要性，在特定的歷史時期，與特定的區域經濟中心相聯繫，轉化為特定的區位經濟優勢。二戰後臺灣經濟被納入美國主導的資本主義經濟體系，其區位優勢則凸顯為對於美日兩個經濟中心貿易往來的便利以及作為東亞海運樞紐的重要地位。20世紀末臺灣的區位經濟優勢則開始進入以祖國大陸這一亞太新經濟增長中心「特惠地」的時代[24]。這種特殊的區位地緣優勢，亦是戰後臺灣經濟快速增長的一個重要因素。

冷戰格局下，中美、中日嚴重對峙，臺海兩岸關係幾乎完全斷絕，臺灣也只能依託與美日的經濟聯繫來謀得發展。在美國扶植下，以朝鮮戰爭的「特需繁榮」為起點，日本經濟恢復很快。臺灣在「美援」的援助下，島內經濟蓬勃而起。在80年代初期，成為亞洲「四小龍」之一，形成獨特的東方經濟發展模式[25]。這一時期，美國主導下的美日臺關係體系基本形成，更成為美國施行東亞戰略的重要平臺。

20世紀70年代世界經濟進入以亞太經濟為增長重心的時代；中日（1972年）、中美（1979年）相繼建交；巨大之衝擊使美日臺關係一度處於崩潰邊緣。70年代末期中國實行改革開放；自80年代起，臺海兩岸關係逐漸緩和，經貿往來日趨增多。無論按照歷史的邏輯、市場的規律，還是現實的發展，臺灣都已進入以中國大陸為主要發展依託的歷史階段，這是經濟全球化與中國經濟高速增長體動力系統偶合作用的必然結果。[26]

二戰後美國成為真正的「全球性超級大國」[27]。美國憑藉強大的國力欲建立其主導的世界新秩序，並將日臺納入其封鎖新中國的島鏈戰略系列。在中蘇結盟、朝鮮戰爭的大背景下，美國推動「舊金山對日和約」（1951年9月8日簽訂，1952年4月28日正式生效）提前簽訂，日本恢復主權國家地位。隨後，在美國的戰略安排下，1952年4月日臺「建交」，美國主導之美日臺關係的初級形態開始啟動。在戰後（1945—1995）五十年的過程中，美日臺關係具有特殊歷史過程的極端豐富性和多樣性，其所具有的世界性意義仍然是許多國家與地區雙邊關係所無法比擬的。因此，研究戰後美日臺關係的特徵以及在各自的社會發展過程中所發生的各種歷史現象，具有一定的學術價值和現實意義。

恩格斯在《反杜林論》前言中說，歷史研究的出發點不是原則，而是客觀存在的歷史。本書對戰後美日臺關係的演變過程進行分析的目標是揭示歷史現象的客觀事實及其因果關係；將其演變過程作為一個有機的整體加以考察、認識、掌握美日臺關係發展的歷史條件、特點、形式與趨勢，揭示其內在聯繫與互補、互動關係，探索美日臺關係今後的發展途徑與某種模式。

本書堅持以馬克思歷史唯物主義和政治經濟學的基本原理為指導，綜合運用歷史學與國際關係學等學科的理論與研究方法，對美日臺關係的歷史過程進行綜合、系統的分析研究。本書盡可能採用樸實的分析思考和分析方法，力求使分析結論保持更大的直觀性，這有助於提高對研究目標的辨識度。筆者以為，研究戰後美日臺五十年關係史這樣的時間極為久長、情況極其複雜的綜合性課題，直觀樸實的分析或許更具客觀性。簡言之，本書的宗旨是規避過度抽象的理論分析，力求客觀性和實用性。

第二節　從地緣政治的角度看近代史上的美日臺關係

一、臺灣的地緣政治環境

臺灣位於中國大陸東南約100 多公里的大陸架上，西隔臺灣海峽與福建省相望，東臨太平洋，東北為琉球群島，南面為巴士海峽，南北長而東西狹，臺灣本島面積約35873平方公里。臺灣省包括臺灣本島及蘭嶼、綠島、釣魚島等21個附屬島嶼，澎湖列島64

個島嶼。目前所稱的臺灣地區除臺灣省外，還包括臺灣控制下的福建省金門、馬祖等島嶼，總面積為36006平方公里。可見，臺灣是一個具有重要地緣戰略價值的島嶼。

臺灣自古以來就是中國領土的一部分，元代設置澎湖巡檢司[28]；明朝更加強了澎湖巡檢司的建設。清初康熙平定臺灣，在臺南設置臺灣府，隸屬福建巡撫管轄。清政府為了加強海防，於1885年宣布臺灣建省，成為中國的第20個行省。首任臺灣省巡撫劉銘傳[29]在島內積極推行自強新政，使臺灣成為當時中國的先進省份之一[30]。1895年甲午戰爭之後，臺灣淪為日本的第一個海外殖民地，實施了整整50年之久的殖民統治，1945年8月日本戰敗投降後，臺灣又復歸中國。

臺灣地緣政治地位極為重要。所謂地緣，即地理環境生成的地緣關係[31]。地緣政治「指出某些因素對決定國家政策的重要性，諸如在獲得國家利益，控制海上交通線，據有戰略要地等」[32]。地緣政治學則「根據各種地理要素和政治格局的地域形式，分析和預測世界地區範圍的戰略形勢和有關國家的政治行為，地緣政治學把地緣因素視為影響甚至決定國家政治行為的一個基本因素」[33]。19世紀到20世紀是地緣政治學的重要發展時期，有代表性的有美國馬漢的「海權說」[34]、德國拉采爾的空間論[35]、英國麥金德「陸權說」[36]以及美國斯皮克曼的「邊緣地帶」理論[37]等。斯皮克曼認為，「誰支配著邊緣地區，誰就控制歐亞大陸；誰支配著歐亞大陸，誰就掌握世界的命運」[38]。他斷言，位於歐亞大陸心臟地帶和西方世界控制的沿海地帶之間的「緩衝地帶」在未來政治格局中的地位將不斷上升，並成為統治沿海地帶的關鍵地區。按照斯皮克曼的邏輯，歐亞大陸的邊緣地帶歷來都是各強國爭相佔領和控制的核心地區，而臺灣列島介於亞歐大陸、太平洋邊緣部，介於陸權和海權兩大地緣及政治權力中心交接部；自古及今都是大陸國家與海洋國家兩種地緣政治力量角逐的要害地區。具有明顯的「邊緣地帶」理論的地緣戰略特徵。臺灣是中國第一大島嶼，孤懸於東南沿海，是集攻防於一體的戰略要地，歷來有中國東部七省（桂、粵、閩、浙、蘇、魯、冀）之「藩籬」、「東南之鎖鑰」之稱。

由於臺灣地緣戰略的重要性，臺灣相繼成為荷蘭、西班牙及英美日等國的侵吞目標。甲午戰爭、太平洋戰爭等證明了臺灣一直是大陸國家與海洋國家、陸權與海權兩種勢力爭奪的重要目標，更是近代以來歐美日列強企圖制衡、分裂中國的戰略要地。

日本有人把臺灣稱之為「東方的直布羅陀」，此話最恰當不過地反映了臺灣對於日本的重要性[39]。曾任臺灣駐華盛頓「經濟和文化代表處」顧問的黃介正博士從中國國防安全的角度分析了臺灣的地緣戰略地位：（1）臺灣是中國海防的關鍵。臺灣距離中國東南沿海大約100海哩。如果臺灣在中國的控制之下，臺灣可以作為中國的預警設施，作為第一層防衛。這就使中國的防禦縱深大為延長。（2）臺灣是中國通往大海的門戶。臺灣位於美—韓—日安全聯盟的南端。臺灣也位於以南海為內湖的東盟的北端。臺灣是中國跨越「第一島鏈」的戰略突破點。控制臺灣，解放軍海軍就能「舒服地」進入浩瀚的太平洋。（3）臺灣是亞太海運的閘門。在戰略上，臺灣處於亞太航運要道的中點，連接上海與香港、琉球與馬尼拉、橫須賀與金蘭灣，以及鄂霍次克海與馬六甲海峽之間的航道。亞洲太平洋地區海上重要的商業或戰略運輸都在臺灣監控範圍之內[40]。臺灣的戰略重要性亦是隨著中國與周邊國家及世界其他國家經濟政治交往的逐漸密切而日益增加的。自近代以來，臺灣的地緣戰略地位越來越重要。二戰後，臺灣被納入了美國的全球戰略軌道，成為遏制中國戰略防線中的關鍵一環。但是，隨著中國經濟的快速發展和國力的逐步強大，以及中國對全球政治、安全、經濟貿易的重要性的大幅度提高，臺灣的地緣戰略重要性也在發生變化[41]。

地緣政治與地緣戰略的概念應該是同等意義的，所謂地緣戰略，即由各種地理要素構成的政治格局地域形式，或者說是國家「制訂對外政策時的地理座標」[42]。在地緣戰略中，地理環境是影響國家政治行為的重要因素，並給國際格局打上地域特色的烙印。而地緣政治學分析的本質「正在於國際政治權力與地理環境的關係」[43]。從歷史發展的進程審視，自1648年威斯特伐利亞體系的多極均勢格局形成以來，國際關係格局先後經歷了威斯特伐利亞體系崩潰後的兩極格局、維也納格局的多極均勢格局、巴黎體系的多極格局、巴黎體系崩潰後的兩極格局、凡爾賽—華盛頓體系的多極均衡格局、反法西斯陣營對法西斯陣營的兩極格局和雅爾塔體系的兩極格局等[44]。而戰後東亞地區的國際環境則完全受制於世界冷戰格局，以推行新殖民主義為宗旨的美國東亞戰略則是其全球霸權理念在亞洲地區的體現。從完整意義上講，本書的敘述主題就是雅爾塔體系與冷戰格局下臺灣地區與美國、日本關係的演變過程。

二、近代日本對臺灣的領土圖謀

日本是一個典型的海洋島國，自明治時代起，日本統治集團就策定了對外擴張的海洋政策[45]，這就注定了近代日本對海洋的重視程度遠遠超過其他國家。日本防衛大學前校長五百旗頭真認為：日本四面環海、「天然屏障」成為安全保障上的優勢，而且擁有通往世界各地的海路交通及貿易上的優勢，以及不竭的世界影響力和可以廣為利用的海洋，這樣的國家習慣上稱為「海洋國家」。但他強調：日本雖為島國，但近代走的卻不是「海洋國家」而是「大陸國家」的道路[46]。

最早對臺灣懷有覬覦之心的是日本戰國梟雄織田信長[47]和他的繼承者豐臣秀吉[48]。豐臣秀吉統一日本後，積極向外擴張。他制定了北進中國大陸及朝鮮半島，南佔臺灣、進而向南洋地區擴張的龐大侵略規劃。16世紀後期豐臣秀吉以武力進犯琉球王國，強迫其向日本進貢[49]，隨後把侵吞的矛頭指向臺灣。1593年原田孫七郎（原田喜右衛門）攜帶豐臣秀吉詔書前往臺灣誘降。豐臣秀吉諭令「高山國」（即臺灣）王，威逼其入貢[50]。在誘降失敗後，豐臣秀吉下令準備進攻雞籠（基隆）和澎湖列島。但由於明朝早在1542年就增強了澎湖巡檢司的海防工事[51]，豐臣秀吉武力進犯臺澎的圖謀未能實現。

1603年德川家康[52]建立江戶幕府，採取更加積極的對外擴張政策。1604年山田長正率兵侵入臺灣，在多羅滿（今臺南縣）採掘金礦，來往於小琉球島（非今日之琉球群島，古代人稱臺灣為「夷洲」「小琉球」，這裡的「小琉球島」指當時臺灣高雄南一小島），還北上攻佔雞籠（基隆）。明朝得知日本侵入臺灣的情報後，隨即增兵澎湖，山田被迫撤走[53]。

1609年德川家康下令由薩摩藩出兵征伐琉球王國，將琉球王尚寧俘去日本，迫使其「稱臣納貢」[54]。同時，派遣有馬睛信[55]赴臺灣活動，尋求謀臺策略[56]。1616年德川家康命村山等安率兵征伐臺灣，這也是日本首次對臺大規模出兵[57]。1616年5月村山等安率戰船十三艘，三千多名士兵向臺灣進發，但其「遠征」臺灣的行動以失敗結束[58]。此後，日本對臺灣的侵擾活動依舊十分活躍，一直到1638年江戶幕府實施鎖國政策後，日本對臺灣的侵擾活動才一度沉寂。

進入19世紀，日本對臺灣的關注有增無減。1871年發生的琉球飄民事件[59]為日本提供了侵佔臺灣的口實。事件早已平息之後的1873年，日本政府欲以此為由，發起侵略臺灣、挑釁中國的軍事行動。熟悉臺灣蕃地事務的前美國駐廈門領事李仙得被聘請為日本外務省「征臺顧問」，李仙得建議以軍事手段為主，外交手段為輔，征伐臺灣[60]。同時他也提醒日本須事先探察清政府的虛實[61]。隨後，在李仙得等人陪同下，日本外務大臣副島種臣一行前往北京向清政府提出交涉[62]。清政府官員駁斥了日本的無理指責，但又說：「殺人者皆屬『生蕃』，姑且置之化外，未便窮治」[63]。日本抓住中國官員的這句「失言」，開始積極準備侵臺戰爭。

1874年2月日本政府制定《臺灣番地處分要略》，將臺灣視為「無主之地」[64]；4月又公然設立「臺灣番地事務局」，由大藏大臣大偎重信擔任事務局長官，陸軍大輔西鄉從道任統帥兵權的事務都督。隨後組成「臺灣生番探險隊」即征臺軍，先後動員兵員3000 多人，由正規常備兵及「殖民兵」等組成[65]。在此次日軍侵臺行動的初期，美國給予多方助援[66]。

1874年5月10日侵臺日軍在臺灣琅橋（今恆春）登陸；6月3日「攻踞牡丹社，並焚掠旁社多處」[67]。日軍還在龜山建立所謂「臺灣蕃地都督府」，修建醫院、軍營、開闢道路，並向後山各處蕃社分發日本國旗，以為久踞之計[68]。史稱「牡丹社事件」。

獲悉日軍侵臺後，清政府即派出船政大臣沈葆楨為欽差大臣、福建布政使潘蔚為幫辦，率領輪船兵並入臺，增兵設防。潘蔚還親臨琅橋侵臺日軍「陣地」，逼其退出臺灣[69]。在臺灣軍民的堅決打擊及疾病的困擾下，侵臺日軍日趨陷入困境，「臺灣地方熱甚，兵士多病」、「該國此役糜費百餘萬元，僱用西人充兵頭，皆給重價，約六個月為期」[70]。另外，戰事久拖亦嚴重影響列強的在臺經濟利益，最終在英美的調停下，日本被迫與清政府舉行談判[71]。最初日本圖謀以外交手段逼迫清政府割讓臺灣東部「生蕃」地區，但遭到嚴拒[72]。1874年10月30日簽訂《中日臺灣事件專條》[73]，除以「撫卹」及付給修道建屋費用為名五十萬兩白銀外，《專條》還實際上承認琉球是日本的屬國[74]；隨即侵臺日軍於12月1日撤出臺灣[75]。1875年6月強迫琉球改奉日本年號；1879年3月再強行改琉球為沖繩縣[76]，完成了佔據臺灣的前期戰略部署[77]。

1884年日本記者尾崎行雄就向日本政府進言稱：臺灣「取之者將控制東海而在東亞擁有非常之勢力。臺灣島之取捨，我輩政治家決不能等閒視之」[78]。以主張對外擴張而著稱的思想家德富蘇峰向日本政府提交《佔領臺灣意見書》稱：臺灣「對於中國來說，就如同位置極為關鍵的南大門，如欲向南擴張大日本帝國的版圖，首先就必須要控制此門」[79]。日本海軍將領中村純一郎在其向海軍軍令部長樺山資紀提交的《關於佔領臺灣島的建議》中強調：「臺灣是南中國海的咽喉，日本必須將其收入自己的版圖」[80]。這些論調可謂是近代日本侵臺戰略意圖的集大成者。

1890年12月日本首相山縣有朋發表了旨在鼓吹對東亞進行擴張的「二線說」理論。其核心內容就是，把日本本國的疆域稱之為「主權線」；而將朝鮮和中國（包括臺灣在內）等鄰國的疆域稱之為「利益線」，因為它是「與主權線之安危密切有關之區域」[81]。日本資源缺乏、國內市場狹小，要發展工業，就必須面向海外的資源產地和市場，為此，日本決意以武力建設一個「排他性經濟圈」即大東亞共榮圈[82]。日本北進大陸是著眼於掠奪資源，南進東南亞亦是著眼於資源。日本國力有限，推行由北及南的漸進戰略是必然的，但最終的擴張對象卻是整個遠東地區[83]。日本向東亞大陸及東南亞擴張的首要部署就是佔據臺灣，為統一陸海軍侵略臺灣的戰略部署，1894年日本政府任命主戰派樺山資紀海軍大將出任海軍軍令部長，積極準備對臺戰爭。此後，日本朝野大肆鼓吹「臺灣=（日本的）南進據點論」[84]，不斷渲染侵佔臺灣的浪潮。

1894年日本發動甲午戰爭，不僅透過戰爭獲得了第一塊海外殖民地——臺灣及澎湖列島，更重要的是，第一次與中國交手的結果，使它徹底消除了對這個亞洲巨人的敬畏，從此在征服中國的道路上，開始了它「居高臨下、恃強凌弱的殖民掠奪」[85]。佔據臺灣不久，臺灣第二任總督桂太郎建議以臺灣為跳板進一步擴張：「......臺灣之地勢，不獨對中國南部，更是對南方群島伸張羽翼的絕佳位置」[86]。隨後，日本決意把臺灣建設成向東南亞及太平洋擴張的「南進基地」。

三、近代美國對臺灣的戰略圖謀

美國對戰略地位重要且物產豐富的臺灣早已注意，臺灣不但土地肥沃，「禾稻不肥而長，物產繁滋」，資源礦產豐富，「磺、煤、樟腦、水藤、糖、蔗、靡不充餘」[87]。其戰略地位亦非常重要，若佔有臺灣島不僅有效控制臺灣海峽，同時具有西望中國大陸、北眺朝鮮半島、南下直通東南亞、東抵日本列島的地緣戰略優勢。自18世紀末起，隨著對臺灣的逐漸認識與瞭解，美國開始企圖「掠奪臺灣之經濟，霸佔臺灣之領土，統領臺灣之民智」[88]。1847年和1849年美國軍艦多次侵入基隆港，企圖攫取當地出產的煤炭做燃料[89]。1853年至1854年美國東方艦隊司令佩里以營救遇難美國人為名，率軍艦前往臺灣進行詳盡的調查。伊里隨後上書美國政府指出，臺灣「直接地面對著中國的許多主要商業口岸，只要在該島駐泊足夠的海軍，它不但可以控制這些口岸並且可以控制中國海面的東北入口」[90]。此外，佩里還建議在臺灣建立一個與香港、新加坡相匹敵的美國商業集散地[91]。1854年美國商人赫里斯寫信給美國國務院，建議「強迫購買」臺灣，使之成為美國領土[92]。1856年底英法分別藉口「亞羅號事件」和「馬神甫事件」向清政府發難，發動第二次鴉片戰爭。美國駐華公使彼得·伯駕致函美國國務院，建議與英法聯手，「法國即可佔領朝鮮、英國再行佔有舟山，美國佔據臺灣」[93]。1857年2月27日伯駕與美國東印度艦隊司令阿姆斯特朗在澳門商討了「在臺灣土地上升起美國國旗的策略及法律問題」[94]。

1858年6月美英法俄等列強脅迫清政府簽訂《天津條約》，臺灣的安平（今臺南）、滬尾（今淡水）、打狗（今高雄）、雞籠（今基隆）等港口成為開放的通商口岸。自此，美國勢力開始滲入臺灣島內，美國商人在臺灣修建港口，還取得樟腦的專賣權，美國海軍甚至還在打狗（高雄）升起了美國國旗[95]。

在伯駕等人的思維中，臺灣似已被認定是美國合法擁有的「海外飛地」[96]。因此，當1857年3月20日英國遠東海軍司令塞末爾上將表示出「對臺灣的興趣」時，伯駕竟然致函英國駐華公使包令提出「嚴正地抗議」[97]。但基於美國當時的實力，伯駕也不得不承認：「在目前美國海軍實力的條件下，我們實行侵臺，因而使中國政府對五口內的美僑採取敵對行動，則我們將無法保護這些美僑」[98]。

雖然美國南北戰爭剛剛結束，國力猶有未逮，但其攫取臺灣的野心並沒有收斂。1867年3月美國商船「羅佛號」從福建汕頭開往牛莊（今遼寧營口）途中，遭遇海上颶風漂流至臺灣島南端的七星岩觸礁沉沒。「羅佛號」船長亨特夫婦及船員10 餘人在琅嶠一帶登陸後，誤入龜仔角原住民科亞人地區。科亞人在歷史上曾多次遭受外來白人的殘酷屠戮，由此，科亞人將這些誤入部落領地的白人視為入侵之敵大多擊斃（史稱「羅佛號」事件）。鑑於軍力不及，在美國的請求下，英國派出停泊在安平港的「柯鷹號」軍艦趕赴出事地點。3月下旬「柯鷹號」到達龜仔角後英兵登島搜索，被英勇善戰的科亞人擊退。

隨後，美國駐廈門領事李仙得奉命趕赴福州，要求閩浙總督和福建巡撫嚴懲兇手；美國駐華公使蒲安臣亦在北京向清廷總理衙門提出抗議並要求查辦；6月美國海軍少將貝爾奉命率領由兩艘軍艦、181 名海軍陸戰隊員組成的特遣艦隊駛往臺灣。美軍在龜仔角遭到科亞人的痛擊，傷亡慘重。後經臺灣鎮總兵劉明燈的允可並徵得科亞人的同意，10月李仙得深入「番地」深處，與科亞人首領卓杞篤面議約定：卓杞篤所屬部落善待西方國家難民、外國船員不得進入村莊和射獵區山嶺。李仙得後來多次進入臺灣，成為所謂的「臺灣通」[99]。

美國鑑於其尚不強盛的國力現況，遂又制定「以日製華」的戰略，挑起中日圍繞臺灣的爭端，以圖「火中取栗」之實。美國駐日公使德朗在致美國國務院的密函中稱：美國支持日本不僅可以離間日本和中國，還可將臺灣、連同朝鮮一併置於「同情西方列強的一個國家（指日本）的旗幟下」[100]。如上所述，在1874年日本武力侵臺之際，美國公使德朗對日本外務大臣副島種臣說：臺灣「土地膏腴，米、蔗糖等產量豐富，礦坑也有幾所……臺灣蕃地雖屬中國所管轄的區域，政令卻不行，可謂無常主之地，誰敢取之則誰均可據為己有」[101]。在德朗的推薦下，副島種臣聘請李仙得為外務省征臺顧問[102]。

李仙得不僅熟悉臺灣島內狀況，會講閩南話，還攜帶有其多年蒐集之全套臺灣地圖、航海圖表及其深入島內拍攝的大量照片等，對日本侵臺極有參考價值。他對日本政府稱：「中國視福爾摩沙如異域，可任任何一國管轄，我認為在亞洲國家中，屬日本管轄最合適。請貴國取之，我願盡力協助」[103]。1873年2月李仙得隨同副島種臣一行來華期間，參與日本密謀，以清朝官員的「化外」、「未便窮治」等語為由，使其作為中國承認臺灣是無主之地的「證據」。李仙得不僅參與《臺灣番地處分要略》（1874年2月6日頒佈）的制訂，還成為「臺灣蕃地事務都督」西鄉從道的重要助手。除李仙得及多位美國軍官之外，美國太平洋郵輪公司「紐約」號運輸日軍前往臺灣；日本還購進美國商船「沙夫茨堡」號並改名「杜寮丸」，專門運送侵臺日軍；美國「蒙諾加賽」號軍艦艦長康茲甚至率美國軍艦隨日本兵船侵入琅嶠灣。至於美國為日本侵臺提供的軍火更是不計其數[104]。

在侵臺日軍即將出動前夕，講究現實利益的美國政府改變策略，反對日本的侵臺行動，甚至撤換了駐日公使德朗，又禁止美國商船運送侵臺日軍[105]。1874年10月30日《北京專條》簽約，雖然侵佔臺灣行徑未能如願，但日本攫取了琉球群島這一重要戰略要衝。

日本自臺灣退兵，亦使美國「假日本之手奪取臺灣的陰謀」就此破滅[106]。但在1899年美國佔據菲律賓以前，美國仍非常需要「正迅速躋於東亞的領導地位」，並「持有開啟東方鑰匙」的日本成為其東亞擴張的「戰略夥伴」。故在日本發起侵吞朝鮮、臺灣的戰爭時採取袒護日本的政策。「美國政府對日本的幫助已經不亞於一個同盟了」[107]。

美國不斷在西太平洋擴張其勢力，1897年6月16日美國與夏威夷簽署合併條約；1898年8月12日夏威夷正式成為美國的領地[108]。1898年4月22日美西戰爭爆發，12月西班牙被迫將菲律賓「轉讓」給美國。美國佔據菲律賓，不僅獲得進一步向東亞大陸擴張的跳板，同時亦對日本南進構成巨大阻礙。此時的日本已於1895年透過甲午戰爭佔據臺灣，亦阻止了美國攫取臺灣的進程，但美國始終沒有放棄對臺灣海峽地域的戰略圖謀。

由於美國「不願意讓一個敵對的強國主宰東亞」[109]，此後，美國以菲律賓和夏威夷為依託在西太平洋擴張。但直到1941年太平洋戰爭爆發之前，鑑於日本軍事實力的增強，美國沒有亦無法對臺灣投入太大的「關注」，也沒有挑戰日本對臺灣的佔據[110]。而且，鑑於日本佔據臺灣的現實，美國採取姑息政策，將對臺策略納入到對日關係中考慮，對華政策不僅不考慮臺灣因素，反而要考慮日本因素。總之，甲午戰爭後，美國將對臺關係納入到對日關係中來考慮，從而形成了奇怪的「旭日形象」[111]。

注　釋

[1].Martin Wight，Systems of States.Leicester University Press，1977。參照吳征宇：《馬丁·懷特與國際關係理論三大思想傳統——兼論對構建中國國際關係理論的啟示》（《世界經濟與政治》2011年第5期）；周桂銀、黨新凱：《權力政治、國家體系和國際關係思想傳統——馬丁·懷特的國際關係思想》（《歐洲研究》2005年第1期）；徐淼：《馬丁·懷特國際政治理論研究》（中國人民解放軍外國語學院碩士論文2006年）。

[2].學界普遍認為，在國際冷戰存在的同時，還形成美蘇中戰略三角關係。參照王緝思：《美國對華政策中的「戰略大三角」》（《美國研究》1992年第2 期），倪孝銓、羅伯特·羅斯主編：《美中蘇三角關係（70-80年代）》（人民出版社1993年）、牛軍：《冷戰時期的美蘇關係》第八章「冷戰中的中美蘇三角關係」（北京大學出版社2006年）等。肖慶則進一步闡述：中美蘇戰略三角的形成不等於原先的兩極世界在1970年代變成了三級世界了，它是兩極格局下的大三角。中國的國力不僅表現在經濟、軍

事、地緣優勢等硬國力上，還表現在文化、意識形態等軟國力上。大三角又是不對稱三角，中國明顯處於弱勢。見肖慶：《70年代中美蘇戰略大三角述評》（《佳木斯教育學院學報》2010年第5期）。

[3].Lowell Dittmer，「The Strategic Triangle：An Elementary Game-Theoretical Analysis，」World Politics，Vol.33 ，Issue4 ，1981 ，p.486.參照余麗：《從結構現實主義的角度看中美蘇戰略大三角關係》（《鄭州大學學報》2009年第4期）；包宗和：《戰略三角角色轉變與類型變化分析——以美國和臺海兩岸三角互動為例》，包宗和、吳玉山主編：《爭辯中的兩岸關係理論》，臺灣五南圖書出版公司1999年版。

[4].陶季邑：《近年來西方學術界關於毛澤東「一條線」外交戰略的研究綜述》，《史學集刊》2006年第6期。

[5].Gerald Segal，ed.，The China Factor：Peking and the Superpowers.New York：Holmes and Meier Publishers，1982.參照陶季邑：《近年來西方學術界關於毛澤東「一條線」外交戰略的研究綜述》。

[6].參照高鍔：《中日美三邊關係的現狀與問題》（《戰略與管理》1994年第6期）；李長久：《不平衡的中美日關係》（《世界經濟與政治》1998年第10期）；倪峰：《美國方面研究中美日三邊關係的現狀》，中國社會科學院國際合作局http：//bic.cass.cn/info/（2000年11月28日）。

[7].Ming Zhang and Ronald N.Montaperto，A Triad of Aonther Kind：The United States，China，and Japan.NewYork：St.Martin Press，1999.

[8].另外還有：［日］五十嵐善之極：《日中米（美）三國の國勢比較とその對應》，日本文藝社2000年版。

[9].［日］添谷芳秀、王建偉、［美］戴維·韋爾奇：《中美日三角關係的新視角：穩定構架的建立》，中國社會科學研究會編：《21世紀東亞格局下的中國和日本》，社科文獻出版社2007年版，第42、第77頁。

[10].其他還有：吳金平：《中美日三角關係在亞太》（《東南亞研究》2005年第6 期）；賈慶國：《中美日三國關係：對亞洲安全合作的影響》（《國際政治研究》2000年第2 期）；王嶼生：《中美日三角關係的演變和前景》（《和平與發展》2008年第3期）；劉建飛：《試析中美日三角關係的發展前景》（《中央黨政幹部論壇》1997年第6期）；張也白：《對美中日相互關係的一些認識》（《美國研究》1996年第3期）；唐永勝：《中美日三角關係與中國戰略姿態的選擇》（《戰略與管理》1997年第1期）；湯燕：《中美蘇大三角與中美俄大三角戰略關係比較》（《學理論》2012年第13期）等。

[11].本書參考的日文基本文獻主要有：石井明：《紀錄と考證：日中國交正常化と日中平和友好條約締結交涉》（岩波書店2003年）；竹內實：《日中國交基本文獻集》（蒼蒼社1993年）；諸方貞子：《戰後日中·日米關係》（東京大學出版會1992年）；池田直隆：《日米關係と「二つの中國」-池田·佐藤·田中內閣期》（木鐸社2004年）；由良善彥：《日臺國交斷絕》（開放經濟研究所1972）；陳肇斌《戰後日本の中國政策——1950年代東アジア國際政治の文脈》（東京大學出版會2000年）；古川萬太郎：《日中戰後關係史》（原書房1981年）；中村勝範等：

《日米同盟と臺灣》（早稻田大學出版社2003年）；平川幸子：《「二つの中國」と日本方式》（勁草書房2012年）等。另外，松田康博、蔡增家主編：《臺灣民主化下的兩岸關係與臺日關係》（臺灣政治大學當代日本研究中心2013年）等也是本書的重要參考。

[12].另外，有關冷戰後的美臺、日臺關係等著述也是本書的重要參考：郭建平《冷戰後美日歐盟與臺灣關係研究》（九州出版社2009年）、吳寄南《冷戰後的日臺關係》（上海人民出版社2009年）、巴殿君《冷戰後日本對臺灣政策研究》（九州出版社2010年）、孫雲《冷戰後美臺關係研究》（鷺江出版社2010年版）等。

[13].還有：約翰·普拉多斯《掌權者：從杜魯門到布希》（封長虹譯，時事出版社1992年）；丹·考德威爾：《論美蘇關係》（何立譯，世界知識出版社1984年）；斯鈉厄：《美國外交政策之形成》（香港今日世界社1963年）；金斯：《美國外交政策》（香港今日世界社1964年）；倫斯·奧爾森：《日本在戰後亞洲》（伍成山譯，上海人民出版社1974年）；保羅·肯尼迪：《大國的興衰》（蔣葆英譯，世界知識出版社1992年）；何寶山：《臺灣的經濟發展：1860—1970》（上海政協編譯委員會譯，上海譯文出版社1981年）等。還有［蘇聯］格列切夫：《第二次世界大戰後的美國殖民政策》（何清新譯，世界知識出版社1960年）等。

[14].其他還有：永野信利：《日本外務省研究》（復旦大學歷史系日本組譯，上海譯文出版社1979年）；吉澤清次郎主編：《戰後日美關係》（上海人民出版社1977年）；吉田茂：《十年回憶》（第1—4卷，韓潤堂等譯，世界知識出版社1963—1965

年）；豬木正道：《吉田茂的執政生涯》（江培柱等譯，中國對外翻譯出版公司1986年）；岡崎久彥：《2005年美日中決勝臺灣》（林玉珮譯，臺灣先智出版公司2001年）；和泉太郎：《日美臺三國同盟》（李毓昭譯，臺灣晨星出版社1999年）等。

[15].針對劉建飛的三角關係界定概念，任曉等人提出否定意見並指出，《中美日戰略關係演變（1899—1999）》一書實際上是對美日、中美、中日三對雙邊關係在各個時期的描述，而非對本來立意的中美日三角關係的研究。見任曉、胡泳浩等《中美日三邊關係》，浙江人民出版社2002年版，第8-9頁。

[16].張蘊嶺：《轉變中的中美日關係》，中國社會科學出版社1997年版，第31、33頁。

[17].任曉、胡泳浩等：《中美日三邊關係》，第11頁。

[18].時殷弘：《中美日「三角關係」——歷史回顧·實例比較·概念辨析》，《世界經濟與政治》2000年第1期。

[19].唐永勝：《用系統的方法分析中美日三角關係》，《當代亞太》1997年第1期。

[20].唐永勝：《中美日三角關係與中國戰略姿態的選擇》，《戰略與管理》1997年第1期。

[21].任曉、胡泳浩等：《中美日三邊關係》，第2頁。也有學者以為：「國際關係中的三角關係並不是一組普通意義上的三國關係，而是一組特殊的三國關係」。見賈慶國：《中美日三國關係：對亞洲安全合作的影響》，《國際政治研究》2000年第2期。

[22].張仕榮：《基於自組織理論解析美日臺三邊關係的結構型困境》，《當代亞太》2009年第4期。

[23]. 張小明：《國際關係理論與冷戰史研究》，《史學月刊》2005年第6期。

[24].石正方：《高雄港城經濟發展的困境與出路》，《亞太經濟》2004年第3期。

[25].有大陸學者認為：臺灣經濟是混合經濟，既不是集中指令性的計劃經濟，也不是純粹的市場經濟，而是一種由政府控制的實行計劃經濟誘導的自由經濟。引自田玨：《臺灣史綱要》（福建人民出版社2000年版，第265 頁）；也有人認為：臺灣的經濟性質屬「計劃性自由經濟體」，其經濟結構與體制則是「以對外依賴和對內壟斷為特徵的國家資本主義體制」。引自郜寶林：《臺灣經濟面面觀》，河南人民出版社1988年版，第21頁。

[26].石正方：《臺灣區域經濟轉型的兩岸視角》，《臺灣研究集刊》2004年第4期。

[27].王偉男：《中美關係中的臺灣問題（1948—1982）》，山東人民出版社2007年版，第3頁。

[28].據《島夷志略》記載：澎湖「地處晉江縣，至元年間，立巡檢司，以週歲額辦理鹽課中統錢鈔一十錠二十五兩，別無差科」。巡檢官至九品，「職巡邏，專捕獲」。引自張崇根：《臺灣歷史與高山族文化》（青海人民出版社1992年版，第124頁）。榮孟源認為澎湖巡檢司的設立時間應為元世祖至元（排除元順帝至元說）。引自榮孟源：《澎湖設巡檢司的時間》（《歷史研究》1955年第1期）。而陳孔立則認為應在元世祖至元二十九年至三十一年間，隸屬於福建省晉江縣。引自陳孔立：《元置澎湖巡檢司考》，《中華文史論叢》第二輯，中華書局1980年版。

[29].劉銘傳（1836—1896年），字省三，安徽合肥人。原任福建巡撫兼臺灣事務大臣。1884年調任臺灣任守衛專職，抗擊法國殖民入侵。1885年10月就任臺灣省巡撫，在島內推行「新政」，奠定了臺灣近代化的基礎。

[30].由於封建勢力的抵制，劉銘傳的新政遭受挫敗，最終「使臺灣社會經濟未能超越前資本主義之階段，主要生產仍停留在小農制農業和手工業之基礎之上」。見黃靜嘉《春帆樓下晚濤急—日本對臺灣的殖民統治及其影響》，商務印書館2003年版，第29頁。

[31].［日］新村出編：《廣辭苑》，岩波書店1984年版，第1537頁。

[32].《簡明大不列顛百科全書》第2卷，中國大百科全書出版社1988年版，第596頁。

[33].《中國大百科全書·地理卷》，中國大百科全書出版社1990年版，第118頁。

[34].參照鄧碧波、孫愛平：《馬漢海權論的形成及其影響》（《軍事歷史》2008年第6期）；章佳：《評馬漢的海權說》（《國際關係學院學報》2000年第4期）等。

[35].拉采爾著有《政治地理學》（1897年）、《美國政治地理研究》（1893年）等。參照李旭旦：《論K·李特爾、F·拉采爾和H·J·麥金德》，《南京師範大學學報》1985年第1期。

[36].［英］麥金德：《民主的理想與現實》（武原譯），商務印書館1965年版。

[37].斯皮克曼在綜合馬漢海權論、拉采爾空間論、麥金德陸權

論等的基礎上，提出「邊緣地帶」理論。參照［美］斯皮克曼：《和平地理學》（劉愈之譯），商務印書館1965年版；劉超：《評斯皮克曼的邊緣地帶理論》，《社會科學論壇》2003年第12期。

[38].［美］斯皮克曼：《和平地理學》，第78頁。

[39].朱聽昌：《論臺灣的地緣戰略地位》，《世界經濟與政治論壇》2001年第3期。

[40].［美］詹姆斯·利雷（李潔明）、楚克·唐斯（唐思）主編：《臺灣危機：過去、現在、未來》（華宏勛譯），新華出版社2000年版，第286頁。引自朱聽昌：《論臺灣的地緣戰略地位》。

[41].李振廣：《臺灣地緣戰略地位的形成與變遷》，《國際政治研究》2001年第4期。

[42].王逸舟：《當代國際政治分析》，上海人民出版社1995年版，第178頁。

[43].Saul Bernard Cohen，Geography and Politicsin a Divided World，London：Methuen，1964，pp.23.引自唐士其：《西方政治思想史》，北京大學出版社2002年版，第580頁。

[44].方柏華：《國際關係格局——理論與現實》，第69頁。

[45].參照張景全：《日本的海權觀及海洋戰略初探》（《當代亞太》2005年第5期）；嚴紹璗：《日本當代海洋文明觀質疑》（《日本學論壇》2005年Z1期）；何鋒：《日本的海洋國土觀》（《世界知識》2003年第7期）；朱鳳嵐：《21世界初的日本海洋戰略》（張蘊嶺、孫士海：《亞太地區發展報告——發展趨勢預測與熱點問題研究（2006）》，社科文獻出版社2007年）；王秀

萍《日本「海洋國家論」之歷史發展過程和主要內容》（《改革與開發》2011年第4期）；程銘：《從地緣政治角度看日本的海洋國家戰略構想》（《長春教育育學院學報》2011年第1期）以及鄒小興：《日本明治時代的海洋戰略與海外擴張》，東北師範大學碩士論文2011年等。

[46].［日］五百旗頭真：《日本外交史（1945—2005）》（吳萬虹譯），世界知識出版社2007年版，第8頁。

[47].織田信長（1534—1582）：日本戰國時代梟雄，於1571年率兵消滅室町幕府，後在京都被部將所逼剖腹自盡。

[48].豐臣秀吉（1536—1598）：原為織田信長的部將，後承襲織田信長的權力，於1565年統一全日本，建立中央集權，自任「關白」，成為統治日本的最高權力者。由於征伐朝鮮屢遭失敗，1598年憂鬱而死。

[49].琉球與中國明清時期一直保持著貿易往來，經濟比較富裕，覬覦中琉貿易實惠的日本遂以武力進行掠奪。參照張先清、謝必震《清代臺灣與琉球關係》（《中國社會經濟史研究》1998年第1期）；楊彥杰：《論明清之際的中琉關係》（《福建論壇》1995年第3期）；謝必震：《明清時期中國與琉球貿易研究》（廈門大學歷史系博士論文1998年）。

[50].楊彥騏：《臺灣百年糖紀》，臺灣貓頭鷹出版社2001年版，第28頁。

[51].至明代中葉，日本侵襲雞籠（基隆）、淡水時，福建官紳就提出要設防的建議。引自《明經世文編》卷461，葉向高：《答韓辟哉》；福建巡撫黃承玄也奏請加強澎湖防務。引自《明經世文

編》卷479，黃承玄：《條議海防事宜疏》。

[52].德川家康原為豐臣秀吉的部將，後在豐臣秀吉死後篡奪權力，於1603年建立江戶德川幕府，成為統治日本的實權人物，江戶幕府實施了260年的中央集權統治。

[53].鄭劍：《臺灣秘史》，團結出版社1998年版，第42頁。

[54].湯錦臺：《大航海時代的臺灣》，第64頁。

[55].有馬晴信長期從事日葡貿易，非常熟悉大陸、臺灣等地的情況，豐臣秀吉擬冊封他為隸屬於日本的「中國皇帝」。

[56].戴天昭：《臺灣國際政治史》，臺灣前衛出版社1996年版，第12頁。

[57].日本的圖謀事先為琉球王尚寧獲悉，他隨即秘密派遣通事蔡廛急赴明廷報告。《明實錄》記載稱「琉球國王中山尚寧遣蔡廛來言，邇間倭寇各島造戰船五百餘只，欲取雞籠山，恐其流突中國，危害閩海，故特移諮奏報」。

[58].村山等安的遠征船隊由於遇到暴風雨和臺灣土著居民的頑強抵抗，最終完全失敗。引自陳孔立：《臺灣歷史綱要》（九州出版社1997年版，第34頁）。之後，德川幕府為避免招致明朝的懲罰，隨即以「違背國策」的罪名，將村山等安全家處死，以示村山等安的「遠征」臺灣與幕府無關。

[59].陳孔立：《臺灣歷史綱要》（第282頁）；楊彥杰：《臺灣歷史上的琉球飄民遇風案》，《福建論壇》2001年第3期。

[60].《大隈文書》第一卷〔五〕（A4425），第五覺書，第40頁；[日]井上清：《日本軍國主義》第二卷（尚永清譯），

商務印書館1985年版，第104頁。

[61].《大隈文書》第一卷〔六〕（A4426），第五覺書第22號，第42頁；［日］信夫清三郎：《日本外交史》上冊（天津社會科學院日本研究所譯），商務印書館1980年版，第144頁。

[62].副島種臣出使北京的公開使命是「交換辛未條約批準書，慶賀清穆宗同治帝親政及大婚」。見［日］安岡昭男：《明治前期日中關係史研究》（胡連成譯），福建人民出版社2007年版，第5頁。

[63].其實，清政府官員在與日本特使的談判中所說的「化外之地」並不指臺灣全島，而僅為大致中央山脈以東的小片「番地」。見王藝生：《六十年來中國和日本》（卷一，三聯書店1979年版，第65頁）；參照左舜生：《中國近百年史資料》下冊，中華書局1954年版，第360 頁；［日］《日本外交文書（明治年間追補）》第一冊，第99-100頁。

[64].［日］《日本外交文書（明治年間追補）》第一冊，第122-123頁。

[65].藤井志津枝：《近代中日關係源起——1871-74年臺灣事件》，臺灣金禾出版社1992年版，第105-106頁。

[66].參照孔凡嶺：《1874年日本出兵臺灣探析》（《臺灣研究》，1997年第2 期）；米慶余：《琉球飄民事件與日軍入侵臺灣（1871—1874）》（《歷史研究》1999年第1期）；周峰：《清政府對1874年日本侵臺事件的外交方略》，《淮陰師範學院學報》2008年第4期。

[67].《李文忠公選集》「論臺灣兵事」（五月十一日）。

[68].陳碧笙：《臺灣地方史》，中國社會科學出版社1990年版，第151頁。

[69].［日］藤井志津枝：《近代中日關係史源起——1871-74年臺灣事件》（第168 頁）；陳碧笙：《臺灣地方史》，第151—152頁。

[70].《李文忠公選集》「論臺灣兵事」（五月十一日）。

[71].美國之所以積極進行調停，是因其國策是「......促成日清提攜，不容歐洲列強插手東亞事務」。見［日］安岡昭男：《明治前期日中關係史研究》（第13頁）。英國認為日本若獨佔臺灣，必將影響英國在臺灣的利益考量，故在向清廷施壓之同時，也催促日本退兵，誘使其北進，而圍繞遠東地區的日俄爭奪，符合英國的遠東戰略利益。見王繩祖：《1874年日本侵佔中國領土臺灣和英國的「調停」》，《南京大學學報》1962年第2 期。參照王秀俊：《1874年日本侵臺期間英國的調停活動研究》，東北師範大學歷史系碩士論文，2007年。

[72].［日］藤井志津枝：《日治時期臺灣總督府理番政策》（臺灣文英堂1997年版，第1 頁）。同時，日本還擬訂若中日談判一旦破裂，就進犯中國大陸，為此，日本秘密頒佈《支那征討敕命》，由川村海軍大輔率領日軍精銳在長崎港待命。見［日］《大久保利通文書》第六，第37-38頁。引自［日］安岡昭男：《明治前期日中關係史研究》（第9 頁）；清廷也獲悉日本在「長崎屯兵三萬，若大久保在京不能妥結，即遣兵北犯津沽」。見《李文忠公選集》「採集臺事眾議」（八月二十日）。

[73].《中日臺灣事件專條》又稱《北京專條》，全文共三款：一、日本國此次所辦，原為保民義舉起見，中國不指以為不是。

二、前次所有殺害難民之家，中國定給撫卹銀兩，日本所有在該處修道建房等件，中國願留自用，先行議定籌補銀兩，別有議辦之據。三、所有此事兩國一切往來公文，彼此撤回註銷，永為罷論；至於該處生番，中國自宜設法妥為約束，以期永保航客不能再受凶害。依據此約，清政府給日本人撫卹金十萬兩，修道建房費四十萬兩。引自包恆新：《臺灣知識辭典》（福建人民出版社1987年版，第63-64 頁）；其實，《北京專條》為英國公使威妥瑪一手擬訂，在英日的壓力下，清廷僅做少許修改，「釀成不敗而敗的局面」。見劉鋒：《1874年英美在1874年日本侵臺中的外交策略差及其原因》，《赤峰學院學報》2009年第3期。

[74].近年來，中國學者對此論點提出質疑，認為日本從來不擁有對琉球的合法主權。見徐勇：《戰後琉球政治地位之法理研究與戰略思考》（《戰略與管理》2010年第3/4期合編本）；張海鵬、李國強：《釣魚島歸中國，琉球也到可再議的時候》，《人民日報》2013年5月8日；雷玉虹：《「牡丹社事件」與日本吞併琉球國》，《世界知識》2013年3月16日。

[75].據日方的統計數字：侵臺日軍佔領瑯橋一帶七個月，在兵員3658人中，死亡593人（戰死12人，病亡581人，負傷17人），動用軍艦五艘，運輸船十三艘，支出軍費三百六十一萬六千餘元。引自陳碧笙：《臺灣地方史》（第153 頁）；有關此次侵臺戰爭的過程，詳見許毓良：《清代臺灣軍事與社會》，九州出版社2008年版，第354-357頁。

[76].［日］《日本外交文書》第十二卷，第177頁。

[77].日本吞併琉球引發中日關係的緊張，1879年美國前總統格蘭特在中日之間就琉球問題進行調停。日本提出「分島改約」的

建議，既將琉球南部鄰近臺灣的宮古、八重山二島及周圍各小島分予中國管轄（條約未提及釣魚島）；但中國方面則應「舉其所許西人者，以給予我商民」。見《李文忠公全書·譯署函稿》第十卷，第32-33頁（參照《日本外交文書》第十三卷）；當時日本擬以琉球南部群島主權換取日本商人進入內地自由通商和獲得與西人「一體均霑」（即同等待遇）的不平等條約。見鄭海鱗：《中日琉球交涉與釣魚臺問題》（鄭海鱗：《臺灣問題與中日關係論集》，海峽學術出版社2005年版，第155 頁）；清廷則主張分琉球為三：北部諸島歸日本，南部諸島歸中國，中部諸島恢復琉球統治。見［日］藤井志津枝：《近代中日關係源起——1871-74年臺灣事件》（第13頁）。由於清廷堅持恢復琉球國家地位，而日本堅持吞併琉球。清廷遂採取「延宕之法」，即不與日本簽定協議，不承認其吞併琉球，成為中日之間「琉球懸案」。參照戚其章：《日本吞併琉球與中日關於琉案的交涉》（《濟南教育學院學報》200年第5期）；米慶余：《晚清中日之間的「琉球問題」》（《日本研究論集》南開大學出版社2000年版）；賴正維：《「琉球處分」與近代中琉日關係研究》（福建師範大學歷史系碩士論文2009年）。劉培華認為日本此舉具有極大陰謀，日本的目的首先是「瓜分琉球土地，即用最荒涼的兩個小列島來引誘清朝統治者的辦法，換取中國對它吞併琉球這一既成事實的承認」。見劉培華：《近代中外關係史》上冊，北京大學出版社1986年版，第294頁。

[78].［日］依田熹家：《日本帝國主義和中國》（卞立強等譯），北京大學出版社1989年版，第6頁。

[79].［日］大江志乃夫：《近代日本と殖民地（2）帝國統治の構造》，岩波書店1992年版，第149頁。

[80].［日］伊藤潔：《臺灣·四百年歷史と展望》，中央公論社1996年版，第66頁。

[81].1906年山縣有朋進一步描述了稱霸亞洲遠東的藍圖：「長江流域及其以南地區之生產力富饒，足以使國家富強，而控制臺灣海峽，則足以稱雄遠東。東以朝鮮為根據，西自中國南部開始，漸次謀求實利之進展，則可接近完成我之雄圖矣」。引自米慶余：《日本近代外交史》，南開大學出版社1988年版，第231頁。

[82].有關日本推行大東亞共榮圈的研究，參照呂萬和、崔樹菊：《「大東亞共榮圈」迷夢的形成及其破滅》（《世界歷史》1983年第4期）；趙建民：《「大東亞共榮圈」的歷史與現實思考》（《世界歷史》1997年第3期）；林慶元：《大東亞共榮圈源流》（社科文獻出版社2011年）等。

[83].劉世龍：《美日關係（1791—2001》，世界知識出版社2003年版，第273頁。

[84].［日］大江志乃夫：《近代日本と殖民地（2）帝國統治の構造》，第148頁。

[85].武寅：《中國與日本：邦交正常化與關係正常化》，《中國社會科學》2007年第5期。

[86].［日］江口圭一：《日本帝國主義史研究》（周啟乾等譯），世界知識出版社2002年版，第81頁。

[87].寶鋆等纂：《籌辦夷務始末（同治朝）》卷93，故宮博物院1930年（影印本），第43頁。

[88].陳才俊：《〈天津條約〉前美國人關於臺灣的幾種主張》，《中山大學學報》2009年第5期。

[89].戴逸等：《甲午戰爭與東亞政治》，中國社會科學出版社1994年版，第226頁。

[90].［美］霍克斯：《美國艦隊向中國海和日本遠航記》（英文版）卷2，第180頁。引自《近代史資料》1954年第3期。

[91].黃嘉漠：《美國與臺灣（1784—1895）》，臺灣中研院近代史研究所1979年印行，第140頁。

[92].《美國外交檔案》，1862年，第822頁。引自卿汝楫：《美國侵華史》第2卷，三聯書店1956年版，第359頁。

[93].Peter Parkerto WilliamL.Marcy，Macao，December12，1856，DUSMC，Microcopy No.92，Roll No.14.U.S.35［th］Congress，2nd Session，Senate，Executive DocumentNo.22，pp.1081-1084.引自陳才俊：《伯駕鼓動美國佔領臺灣考述》（《廣東社會科學》2011年第6期）。參照梁建：《伯駕與早期中美關係》（《經濟與社會發展》2008年第10期）；陳孔立：《臺灣歷史綱要》，第244—245頁。

[94].Peter Parker：Memoranda，Macao，February 27，1857，DUSMC，Microcopy No.92，Roll No.15.USCS ED-22，pp.1210-1211.引自陳才俊：《伯駕鼓動美國佔領臺灣考述》。

[95].Peter Parkerto James Armstrong，Macao，March 25，1857，DUSMC，MicrocopyNo.92，RollNo. 15.USCS ED-22，p.1250.引自陳才俊：《伯駕鼓動美國佔領臺灣考述》。

[96].伯駕於1856年12月12日、1857年2月12日及3月10日三次致函美國國務院，建議美國佔領臺灣。見陳才俊：《伯駕鼓動美國佔領臺灣考述》。有關伯駕攫取臺灣的構思等，參照譚樹林：

《美國傳教士伯駕在華活動研究（1834—1857）》，群言出版社2010年版。

[97].《美國參議院檔案（1858—1859年）》，第1246-1247頁。引自卿汝揖：《美國侵華史》第2卷，第360-361頁。

[98].《美國參議院檔案（1858—1859年）》，第1210—1211 頁。引自卿汝揖：《美國侵華史》第2卷，第361頁。

[99].陳孔立：《臺灣歷史綱要》，第282—283頁。

[100].［美］泰勒·丹涅特：《美國人在東亞》（姚曾廙譯），商務印書館1959年版，第375頁。

[101].日本外務省調查部編：《大日本外交文書》第七卷，1939年，第5—8頁。

[102].外務大臣副島種臣辭職後，主政的大久保利通繼續聘請李仙得為政府「顧問」。1874年後李仙得與日本宗城福井藩主松平春岳（先後出任明治政府民部官知事、民部卿、大藏卿等職）的私生女池田絲結婚。1875年7月在日本退職後，作為外國人首次被授予旭日大勛章。1890年在日本政府的引介下，擔任朝鮮國王「皇室顧問」，為日本併吞朝鮮出謀劃策；1899年9月李仙得在漢城（今首爾）因為腦中風病逝。

[103].王藝生：《六十年來中國與日本》卷一，三聯書店1979年版，第107頁。

[104].參照劉鋒：《1874年英美在1874年日本侵臺中的外交策略差及其原因》（《赤峰學院學報》2009年第3期）；孔凡嶺：《1874年日本出兵臺灣探析》（《臺灣研究》1997年第2期）。

[105].日本外務省調查部編：《大日本外交文書》第七卷，第38—41頁。

[106].沈惠平：《美國對臺政策新解》，九州出版社2010年版，第102頁。

[107].［美］泰勒·丹涅特：《美國人在東亞》，第408頁。

[108].楊生茂主編：《美國外交政策史（1775—1989）》，第181頁。

[109].［美］費正清：《美國與中國》（第四版）（張理京譯），世界知識出版社2003年版，第243頁。

[110].汪小平：《戰時美國對臺政策（1941—1945）》，陶文釗等：《東亞格局中的中美關係》，中國社會科學出版社2003年版。

[111].沈惠平：《美國對臺政策新解》，第102—103頁。

第二章 戰後初期臺灣與美日關係形成的歷史背景

1944年7月布列敦森林體系及1945年4月雅爾塔體系表示著二戰後國際政治、經濟新秩序得以確立；1947年3月「杜魯門主義」的提出則表示著冷戰的開始。從此美蘇對抗取代美蘇合作，兩國爭奪勢力範圍的冷戰烏雲從歐洲蔓延到亞洲乃至籠罩全球。這就是戰後美日臺關係得以形成的重大歷史背景，同時，服從於冷戰格局的美日臺關係體系勢必成為美國實施其東亞戰略的重要機制。

第一節 雅爾塔體系-冷戰格局與新殖民主義

一、美蘇兩極格局與美國全球戰略的形成

在二戰進入戰略反攻階段後，美英蘇中等盟國就確立戰後國際新秩序問題進行了一系列集體協商。1944年7月12日製訂《布列敦森林體系》（美國新罕布希爾州布列敦森林），為戰後國際貨幣金融體系的確立奠定了基礎[1]。1945年2月4日至11日羅斯福、斯大林和邱吉爾在蘇聯克里米亞半島雅爾塔舉行三國首腦會議，最後簽署《克里米亞公報》，宣告了新的國際關係體系——雅爾塔體系的正式形成[2]。

二戰結束不久，美蘇圍繞一系列國際問題發生嚴重對立，美蘇戰時同盟關係迅速為一種對抗性關係所取代[3]。1945年4月羅斯福總統病逝，杜魯門繼任總統伊始便宣稱「全世界應該採取美國制度」[4]。1946年3月5日英國前首相邱吉爾在美國密蘇里州富爾頓

發表「鐵幕演說」稱：「從波羅的海的什切青到亞得里亞海邊的里雅斯特，一幅橫貫歐洲大陸的鐵幕已經降落下來」[5]。9月24日美國政府發表《美國與蘇聯關係報告書》（史稱《克利福德報告書》），建議美國應首先採取步驟，制止蘇聯進一步的擴張[6]。

1947年3月12日杜魯門在國會聯席會議上發表演說，公開提出以干涉別國內政為旨意的「杜魯門主義」[7]。它既是美國在全世界擴張勢力的宣言書，也是對蘇聯等社會主義國家發動全面冷戰的宣言書。1947年6月美國實施援助歐洲的「馬歇爾計劃」。到1947年下半年，以美蘇相對抗的兩極格局基本形成[8]。如此，美蘇在意識形態上尖銳對立；在經濟上互相封鎖；在軍事上則相互威懾。1949年8月以美國為首的北大西洋公約組織成立，在歐洲大陸「形成了一個遏止蘇聯、東歐的包圍圈」[9]；1955年以蘇聯為首的華沙條約組織成立，形成兩大軍事集團的對峙局面。

自1950年2月14日中蘇簽訂《中蘇友好同盟互助條約》後，不僅使「期待中蘇關係很快破裂的美國決策者失望之極」[10]，亦顯示冷戰狂飆從歐洲蔓延至東亞地域。本來，美國一度宣佈臺灣和朝鮮半島不在其東亞防禦範圍，採取了「脫身」策略。然而，由於中蘇同盟的出現，「美國對臺灣和遠東的政策便開始悄悄地發生了變化」[11]。由此，當年6月朝鮮戰爭爆發後，美國便認定這場戰爭是在中蘇的支持下發生的。而美國「不能容忍新中國在政治、經濟和軍事上進一步崛起，成為亞洲的蘇聯」[12]。可見，美國迅速介入朝鮮戰爭「雖然帶有一定的偶然性，但其背後卻存在著美國捲入戰爭的政策和理念的基礎。這個基礎就是世界冷戰格局的出現，特別是中國加入以前蘇聯為首的社會主義國家陣營而導致冷戰在遠東的出現」[13]。

冷戰格局下，美國在政治上拒絕承認新中國並極力阻止其進入聯合國，並恢復對臺灣國民黨當局的經援和軍援。在經濟上透過

「巴黎統籌會」等機構對新中國實施比對蘇聯和東歐社會主義國家更加嚴厲的封鎖，並一直持續20世紀60年代末。在軍事上透過與臺灣及日韓澳等國簽訂雙邊或多邊條約，「對新中國實施戰略與安全上的威懾」[14]。美國甚至把臺灣視為其西太平洋上一艘「不沉的航空母艦」[15]。

1951年1月4日時任美國國務院顧問杜勒斯稱：「美國在太平洋地區的防禦範圍，不能脫離日本-琉球群島-臺灣-菲律賓-澳大利亞這一島鏈線」；1965年2月升任國務卿的杜勒斯進一步擴充其島鏈概念，將臺澎列島亦正式納入其島鏈戰略範疇。此後，漸次形成對華遏止、防衛美國的三大島鏈。第一島鏈北起位於西太平洋、靠近亞洲大陸沿岸的阿留申群島、日本群島、球球群島、菲律賓群島、印度尼西亞群島等。其中日本群島自東向西南呈弧形延伸，事實上把守著中國進入太平洋的大門。臺灣島位於第一島鏈的中心，是該島鏈距中國大陸最近的一環。第二島鏈則源自南方諸島、馬里亞納群島、雅浦群島、帛琉群島及哈馬黑島等，其中，關島是美國在西太平洋最大的軍事基地。第三島鏈主要由夏威夷群島組成。它是美國本土防禦前線，是支援亞太美軍的戰略後方。三大島鏈層層包圍中國大陸，整個中國近海區域，如黃海、東海、南海、都成為半封閉的海域。美國同時從朝鮮半島、臺灣海峽和印度支那三個方向對新中國實施強硬的戰略遏止[16]。如1950年代美國航母一度進駐臺灣並秘密部署核武器[17]。

二戰期間，美國得到了最大的戰爭收益。二戰後，歐洲的復興、中國的發展與日本的重建都有賴於美國的資本和技術[18]。為對抗蘇中等社會主義國家，美國開始制訂新的全球經濟戰略，即在歐洲復興德國、在亞洲復興日本。1946年3月美國國防部長霍姆斯·福雷斯特爾、助理國務卿迪安·艾奇遜等先後建議美國應該促使德日經濟的恢復。在反覆醞釀後的基礎上，由國務院、陸軍部和海軍部組成的三部協調委員會最終把實現多邊主義和世界貿易復興的美國政策置於作為歐洲和亞洲地區性「工場」（work-shop）的德國和日本的復興之上。這樣，在復興德國和日本的新戰略基礎上，最終，美國的全球經濟戰略終於形成[19]。

美國學者威廉·博登在《太平洋聯盟：美國外交政策和日本貿易復甦（1947—1955）》（1984年）一書中將美國全球經濟戰略進一步概括為：美國謀求建立由工業和資本主義國家組成的具有三極的同盟體系；美國為西半球的生產中心，日本為亞洲的生產中心，歐洲（尤其是西德）則是歐洲、非洲和中東的生產中心。其他一切都將產生於三個生產極之間和三極與其周圍地區之間的結構關係[20]。美國透過與西德組成「大西洋同盟」而控制歐洲、非洲和中東經濟，與日本組成「太平洋同盟」而主宰東亞經濟。為實現美日共同主宰東亞經濟的戰略目標，美國首先積極支持日本經濟復興，使其恢復「亞洲工廠」的地位和作用。即（1）將日本經濟與美國經濟相結合，即把美國的原料、資金、技術投放日本市場，擴大日本的生產規模，再讓日本利用美國資源生產的商品打入英、荷、法的傳統東南亞市場，以所得收益支付從美國的輸入品從而充當美國對外輸出的馬前卒。（2）使日本在經濟上與東南亞相結合，從而阻止日本與中國大陸和朝鮮恢復傳統經濟關係以遏止社會主義國家的經濟發展。「太平洋同盟」旨在經濟上既保證一個有利於美國生產者的全球經濟的形勢，在政治上又保證一個有利於美國的均勢[21]。

20世紀50年代美國主導下的美日臺關係發展迅速，形成密切的政治、經濟及軍事合作體系。而中日僅存有民間層次的「貿易關係」；經過朝鮮戰爭較量的中美亦嚴重對立。60、70年代以後，隨著中蘇分裂及中日、中美關係正常化，集團對抗的兩級冷戰體制又為中美蘇大三角的國際格局所取代。在這個三角格局內，又有中美日、中日蘇、日美蘇等小三角關係的存在，使亞太地區成為大國利益交織最為密集、大國關係最為複雜的地區。這一複雜的大國關係結構處於亞太地區這個利益與矛盾的系統空間內，系統內各行為主體緊密聯繫、相互依存、彼此競爭，形成了錯綜複雜的網狀關係和相互制約的戰略格局[22]。由此可見，冷戰格局下的東亞嚴峻形勢是催生美日臺關係的直接外部動因，就美國推行其東亞遏止戰略的動機而言，「共產主義在亞洲的發展，嚴重損害了美國的利益」[23]。

臺灣在戰後與美日的經濟合作中，不僅「使臺灣經濟融入美國自由經濟的資本主義體系中，也使臺灣當局在瀕臨滅頂之災又復活起來」[24]。日本更是在美國的強力扶持下，經濟實力迅速恢復。戰後初期日本作為美國的「亞洲盟友」，積極配合美國的亞洲戰略，以所謂戰後賠償為平臺，對東南亞地區實施經濟滲透[25]。由於歷史的因素，華僑經濟勢力始終在東南亞地區有很大影響，戰前臺灣總督府就積極推動臺灣籍民到此地移民或經商，充當日本經濟擴張的「尖兵」[26]。按照美國的東亞戰略安排，臺灣仍然是日本進入東南亞地區的「橋頭堡」。1951年9月「美日安全條約」、1952年4月「日臺和約」相繼簽訂後，美國東亞戰略的前期部署基本完成，美日臺關係發展迅速。

二、戰後美國推行「新殖民主義」

戰後美日臺關係中所呈現出的美國對日臺（包括對韓國等東亞國家）的社會改造、以及美日聯手對臺灣的經濟控制，儼如新殖民主義在戰後臺灣的「實踐版」，是一種很特殊的、表面為平等形式而實則不平等的「三邊關係」。戰後初期英、法、荷等國企圖在東南亞恢復舊的殖民統治版圖，但戰後經濟實力居絕對優勢的美國予以強力阻止[27]。美國欲在東亞地區實施新殖民主義，即對其勢力範圍國家與地區實施與殖民地統治相似的一系列殖民政策，但並不擁有實質意義上的殖民地[28]。

針對二戰後歐美對非洲的政經滲透，加納前總理恩克魯瑪曾指出：「新殖民主義已經代替殖民主義而成為帝國主義的主要工具……新殖民主義的實質是，在它控制下的國家從理論上說是獨立的，而且具有國際主權的一切外表。實際上，它的經濟制度，從而它的政治政策，都是受外力支配的」[29]。中國學者樊亢認為：「新殖民主義是帝國主義在戰後舊殖民主義體系瓦解後，為維護其既得利益，對已經獲得政治獨立的發展中國家推行的一種新的剝削與掠奪方式」[30]。英國學者傑克·沃迪斯也指出：新殖民主義的一個主要目的是防止前殖民地走向社會主義，阻止其脫離資本主義軌道。帝國主義正在致力使前殖民地「沿著資本主義道路前進，並且公開鼓勵與促進新的資本主義力量，他們希望新的資本主義力量將有助於完成這個任務，同時又不讓其強大得足以結束對帝國主義的依賴。這也是新殖民主義的一個本質特徵」[31]。沃迪斯強調，新殖民主義的中心內容是新殖民主義經濟政策，新殖民主義的目的之一就是保持帝國主義與發展中國家之間的以往存在的經濟關係。「基本上講，新殖民主義的各種形式旨在達到兩個主要目的：為外在大國的利益—經濟、軍事、政治—服務；在發展中國家創造內在的條件，這些條件有助於使政治權力掌握在那些準備與帝國主義合作並且最適合推行這種合作的社會階層手中。這個內在目的對於帝國主義新策略的成功運作是必不可少的」[32]。美國出於其世界霸權戰略，成為戰後世界範圍內新殖民主義的主要推行者。

世界歷史發展的不平衡是新殖民主義存在的一個條件，臺灣與美日的交往關係中隱現的一些「不平等」模式特徵，完全符合新殖民主義的理論架構。縱向看，戰後美國不僅扶植日本經濟復興，還以美日合作形式長期獨佔臺灣及東亞其他國家的經濟市場。還有，戰前日本殖民統治下形成的臺灣產業結構，形成戰後臺灣經濟長期依賴日本的羈絆。橫向看，則是當代資本主義發展的必然，只要資本主義存在，就有新殖民主義產生的根源。「新殖民主義是由現代壟斷主義本質決定的，是壟斷資本主義對外關係的一種體現。壟斷資本的本質為了追求高額利潤，壟斷資本需要市場、原料和投資場所」[33]。如此，美國實施的新殖民主義既否定了西歐殖民主義者對東亞的獨佔性，又排除了新獨立的國家對舊殖民主義經濟關係的干涉。從而實現商品和資本能暢通無阻地透過東亞國界的願望，進而導致美國對東亞商品市場、投資場所和原料產地的全面佔有[34]。

美國在東亞地域推行新殖民主義的目的更多是政治性，即把臺灣納入敵視新中國的西方陣營；日本追隨美國對臺策略則是出於政經夙願，驅使已脫離其殖民統治「籬笆」的臺灣繼續沿襲戰前殖民地發展形式，長期作為日本的產品銷售市場、原料供應市場和資本投資場所。為此，日本積極配合美國，對臺灣社會經濟的發展過程進行多方面的控制與干涉。臺灣戰後經濟恢復與經濟發展，有很大程度上是受「美援」的影響而致，依照美國的「要求」，臺灣當局推行了資產階級性質的土改，保留並發展了本土資本的經濟實力，使其成為影響臺灣社會經濟發展的一股重要勢力。

美國學者斯塔夫里阿諾斯說：「如果說殖民主義是一種憑藉強權來直接進行統治的制度，那麼新殖民主義就是就是一種讓予政治獨立來換取經濟上的依附和剝削的間接的統治制度」[35]。20世紀60年代中期，經濟逐漸回覆的日本開始取代美國對臺灣進行「經濟援助」，日本企業開始對臺大量投資，漸次加強日本對臺灣經濟的獨佔性控制。簡言之，新殖民主義的模式就是「用經濟力量，爭奪或建立經濟殖民地」[36]，這非常切合戰後美日臺關係的發展過程。如美日聯手在出口貿易、技術開發等方面控制臺灣，並形成日本提供中間材料—臺灣加工—出口美國的三角經濟模式；美日大企業進入島內，控制了臺灣主要經濟領域的命脈；其他，在高科技、新能源等方面均為美日資本控制，臺灣儼然是美日的「新殖民地」[37]。

其實，美國最初計劃首先在中國推行新殖民主義，故在二戰末期美國就確立「扶植和控制蔣介石，把以中國為軸心的亞洲納入美國勢力範圍的亞洲戰略」[38]。隨即對國民黨的援助力度亦急劇提高，僅在1945年抗戰勝利前半年，美國援華總額就達4億多美元，數倍於前幾年的總和[39]。美國的初步戰略設計是：「以國民黨統治的中國為試點和重點在全東亞推行新殖民主義，以其強大的經濟實力主宰東亞經濟；徹底消除日本的戰爭和經濟競爭潛力以防止它東山再起，確保自己獨霸東亞經濟的前景不受威脅」[40]。早在1942年3月至5月，以美國助理國務卿戴維斯為首的戰後對外政策諮詢委員會就提出美國要以中國為主要盟友，建立一個至少能維持20年有效的太平洋安全體系的設想[41]。為防止日本在戰後再度成為軍事強權，美國還企圖使中國成為「看管日本的力量」[42]。為使中國配合其構築戰後東亞秩序構想，美國不僅支持臺灣回歸中國，甚至主張將香港主權交還中國[43]。但美國促使日本交還臺灣，其出發點絕不是基於中國的民族和國家利益來考慮的[44]。美國的戰略目標就是以美式民主政治來改造中國，並使其「能在國際鬥爭中站在美國的一方」[45]。

只是歷史發展的規律大大超出美國決策者的預料，1949年10月1日新中國誕生；國民黨退據臺灣；1950年《中蘇友好同盟互助條約》簽約（2月14日）[46]；朝鮮戰爭（6月25日）爆發等等。這一系列的重大事件促使美國改變其既定的東亞戰略，轉而扶植日本、臺灣及東南亞國家，形成遏止中國的戰略包圍圈。

第二節　冷戰格局下美國對臺灣的戰略考慮

一、20世紀40年代末至50年代初的美國對臺政策

二戰尚未結束的1945年4月12日美國總統羅斯福因病逝世，副總統杜魯門繼任總統。杜魯門任總統期間，正是美國戰後對臺政策的緣起與戰後美臺關係形成的最重要時期。羅斯福總統的首席外交顧問霍普金斯當時認為，由於戰後日本可能重新成為美國的敵人，美國需要在菲律賓、臺灣以及任何美國願意的地方建立軍事基地。美國的目標是要中國成為依靠美國的一個亞洲大國，這樣，源於日本和美國在亞洲的角逐和較量，臺灣再度成為美國所注意的地方[47]。在開羅會議後的德黑蘭會議期間（1943年11月），霍普金斯再次提醒羅斯福總統：「在臺灣回歸中國之後，亦應考慮在島上建立海、空基地事宜」[48]。但隨著國民黨在大陸的敗退，致使美國戰後初期的對臺政策發生相當巨大的變化。

至1949年，美國政府及軍方均認為繼續實施對臺灣國民黨當局的軍事、經濟援助是不明智的；9月23日美國參謀長聯席會議決定不再派軍事代表團到臺灣，美國也不阻止中國人民解放軍登陸臺灣；10月20日美國國家安全委員會宣佈：「美國政府不打算使用任何武裝力量干涉臺灣」；杜魯門亦同時強調：「臺灣的戰略價值並不成為美國軍事行動的理由」[49]。至12月美國最高決策層確定：「軍事佔領臺灣不符合美國的國家利益」[50]。由臺灣「脫身」的戰略趨向相當明晰。

但美國並未放棄臺灣，它只是對國民黨失去「耐心」。1945年10月25日臺灣光復後，美國在臺北設立總領事館，以表示支持國民黨政府對臺灣的管轄。但在1947年「二二八事件」爆發時，

美國駐臺總領事館公然介入「臺獨」活動[51]。3月3日美國駐臺北總領事館向華盛頓建議，以目前臺灣在法律上還是日本的一部分為由，用聯合國的名義進行直接干涉，同時向中國保證，待有了一個「負責的中國政府」後再歸還中國。這是「臺灣地位未定論」和「聯合國託管」方案的先聲[52]。美駐臺北副總領事兼駐淡水領事喬治·克爾甚至在美國領事館內召開「臺灣人民代表大會」，公開支持廖文毅等「臺獨」分子。但美國政府為避免引起與國民黨當局的外交糾紛，特意提前召回克爾。因為，這一時期美國政府「不支持任何把臺灣從中國分裂出去的提案」[53]。5月26日卸任回國的克爾向美國國務院遞交報告建議：為了防止臺灣被共產黨所控制，臺灣必須置於聯合國或美國監督之下[54]。同年8月美國總統特使魏德邁赴臺調查後亦稱：「有跡象表明臺灣人對美國監護或聯合國託管是會接受的」[55]。臺灣省主席魏道明立即對此予以強烈駁斥[56]。美國駐臺北總領事克倫茨舉行記者招待會進行「闢謠」[57]，事態始得平息。

隨著大陸內戰局勢的急劇變化，美國對臺灣的未來走向日趨關注。1948年9月7日美國國務院政策設計委員司提出一份「重審並制定美國對華政策」的備忘錄（編號為PPS39），承認國民黨在大陸的失敗，但美國應繼續承認國民黨政府[58]。事實上，正是基於美國政府及軍方對臺灣重要戰略地位的既定考量，才構成了朝鮮戰爭後美國對臺政策的重大調整[59]。

由於國民黨的迅速潰敗，美國以中國大陸為據點在東亞地區推行新殖民主義的規劃完全落空。1949年1月19日美國國家安全委員會向白宮提交一份《美國對「福爾摩沙」（臺灣）的立場報告》稱：「美國的基本目標是不讓臺灣和澎湖落入共產黨手中。目前為達此目的的最實際手段是把這些島嶼同中國大陸隔離開」[60]。美國軍方認為臺灣對於美國在西太平洋的安全有重要的戰略地位：

（1）在中國大陸易手之後，美國即失去利用中國其他地區作為軍事基地的可能性，因而臺澎地位更加重要，必要時可以用作戰略空軍行動的基地，並據以控制鄰近的航道；（2）如果為「不友好的」力量所控制，一旦發生戰爭，「敵人」就可以利用它控制馬來亞地區到日本的航道，並進而控制琉球及菲律賓；（3）目前臺灣是日本糧食和其他物資的主要來源地的重要供應地，如果切斷這一供應來源，日本就會成為美國的負擔而不是資產。為此，參謀長聯席會認為，「透過外交和經濟手段，不讓共產黨統治臺灣，從而保證其留在對美國友好的政府手中，是符合美國的戰略利益的」[61]。

1949年3月麥克阿瑟在東京宣稱「在對日和約簽訂之前，臺灣仍屬於盟軍總部」[62]；4月初美國駐臺北代理總領事在臺北公開表示：「臺灣應包括在美國防禦體系之內」。4月15日美國國務院新聞事務特別助理邁克爾·麥克德莫公然將「臺灣的地位」與「戰時的庫頁島」相提並論，聲稱「其最後地位將由一項和約決定」。這是美國政府密謀已久的「臺灣地位未定論」的首次官方亮相[63]。6月麥克阿瑟正式向國民黨政府駐日本代表團[64]建議，將臺灣交盟軍總部和聯合國代管；10月美國國務院建議臺灣交聯合國託管[65]。美國參議員史密斯等人進而提出在臺灣組成由美國人、國民黨人和「臺灣人」的聯合政權[66]。

1949年4月23日國民黨政府南遷廣州；12月7日再由廣州遷至臺北；12月11日國民黨中央黨部也遷入島內。蔣介石於1950年3月1日「復任總統職」，再次確立其在島內的獨裁統治.

此刻，美國政府意識到「透過外交和經濟手段來防止臺灣失陷」的方針是不能奏效的。國民黨已經「失去」整個大陸，臺灣進一步落入共產黨手中也僅僅是個時間問題。美國決定面對現實，準備從臺灣問題上「脫身」。但美國同時更期待毛澤東成為東方的

「鐵托」而轉向反蘇[67]，為此，美國應該在臺灣問題上作出一點高姿態[68]。為引導中國按照美國離間中蘇關係的「楔子」戰略構思發展，1949年12月19日艾奇遜國務卿主持美國國家安全會議並透過一項決議，決定美國軍事力量不直接捲入臺灣防務。12月23日美國國務院制訂《關於臺灣的政策宣傳指示》（史稱「第28號密令」），要求各駐外機構予以執行[69]。這表示著美國即將施行拋棄臺灣國民黨當局的「脫身」戰略。

1950年1月5日杜魯門發表聲明，重申1943年《開羅宣言》、1945年《波茨坦公告》的精神，承認臺灣已歸還中國，美國無意在臺灣取得特權或建立軍事基地，無意「在目前形勢下」進行軍事干涉，也不會向臺灣提供軍事援助。1月12日國務卿艾奇遜發表著名的「劃線」講話，正式把臺灣（另包括朝鮮半島）劃出美國的東亞「防線」之外。史實證明，美國決策者的承諾往往是「靠不住的」[70]。杜魯門雖聲明不提供軍援，但卻表示「美國政府擬依照現有法律權力繼續進行目前的經濟合作署的經濟援助計劃」[71]。在4月臘斯克出任國務卿後，則積極主張增加對臺灣的援助。美國軍方則堅持恢復軍援，5月25日美國國防委員會批準對臺軍援；美國軍方不僅要求按「公共法」第472條給臺灣一億二千五百萬美元的援助，還催促國務院按所謂美臺《互助防禦法》（1949年10月6日國會透過）給臺灣七千五百萬美元的援助[72]。5月26日美國副國務卿魏布斯密電指示美國駐臺大使稱：在出現緊急情況時，美國大使館應有秩序地撤出臺灣[73]。美國軍方預計臺灣「大約將於1950年底置於中國共產黨控制之下」[74]。

1950年2月4日《中蘇友好互助同盟條約》在莫斯科簽訂，美國施行「楔子」戰略的企圖就此破滅[75]。美國開始重新調整其對臺戰略安排，雖然當時國務院與軍方仍存在分歧，但完全「是為了離間中蘇關係而產生的戰略上的分歧」[76]。6月25日朝鮮戰爭的爆發，更促使美國加快這一過程。美國當初將臺灣交還中國的戰略設想是：「中國將在戰後成為其在東亞的一個支柱性的盟國，臺灣將掌握在一個親西方的中國政府手中」[77]。但朝鮮戰爭促使美國對臺政策「徹底改變」。6月27日杜魯門發表聲明（史稱「六二七聲明」），宣佈派遣第七艦隊封鎖臺灣海峽，並公開聲稱：「臺灣未來地位的決定必須等待太平洋安全的恢復，對日和約的簽訂或經由聯合國的考慮」[78]。「六二七聲明」亦表明美國「擺出了威脅新中國的戰略態勢」[79]。

臺灣當局對於杜魯門聲明實際上承擔保護臺灣免遭大陸進攻的責任表示歡迎，但同時也對其中「含有將臺灣置於國際共管之下的意思」感到擔憂[80]。6月28日蔣介石兩次召集高級幕僚商議對策，會後授權臺灣「外長」葉公超發表聲明稱：「臺灣系中國領土之一部分，此乃有關各國所公認」、美國政府之提議「當不影響開羅會議關於臺灣未來地位之決定，亦不影響中國對臺灣之主權」[81]。

中國總理兼外長周恩來於1950年6月27日、6月28日和8月24日三次向聯合國提出強烈抗議，要求美國遵守開羅宣言，立即把第七艦隊和一切武裝部隊撤離臺灣和臺灣海峽。11月28日中國代表伍修權在聯合國安理會上嚴正控訴美國侵佔臺灣並提出建議：安理會立即採取有效措施，使美國政府從臺灣完全撤出它的武裝侵略力量，以保證太平洋與亞洲的和平與安全[82]。可見，朝鮮戰爭徹底改變了美國的臺海政策，不但使中共在20世紀50年代提出的解放臺灣的方針成為不可能，而且也宣佈了美國對臺「脫身」意圖的失敗[83]。

在重新「防衛」臺灣的同時，12月3日美國宣佈對中國大陸（包括香港、澳門）實施貿易禁運[84]。美國還企圖使臺灣問題「國際化」，形成兩岸永久「分裂」局面。美國一方面阻撓中國人民解放臺灣，另一方面亦不允許國民黨軍隊反攻大陸，其製造「兩個中國」的戰略圖謀開始確立。1953年4月2日美國把1949年以來設在臺灣的「臨時代辦處」升格為美國駐臺灣「大使館」，這就更表明美國製造「兩個中國」的決心[85]。

1953年1月20日艾森豪威爾就任第34 屆總統，杜勒斯就任國務卿。3月6日美國《新紐約時報》透露杜勒斯密謀策劃由聯合國託管臺灣的內幕，引發臺灣的強烈抗議[86]。2月2日艾森豪威爾發佈命令稱「不再使用第七艦隊來屏蔽共產黨中國」[87]；美國國務院對臺灣駐美「大使」顧維鈞就這一政策的解釋是：臺灣軍隊「對共產黨大陸可以按照他們的意願採取任何行動」[88]。其意就是允許國民黨軍隊反攻大陸，此即「放蔣出籠」政策。但美國駐臺「大使」蘭金又奉命「告誡」蔣介石，希望臺灣不要對大陸進行任何重大的進攻。同時助理國務卿艾里遜向國民黨駐美「大使」表達了同一希望[89]。這反映了美國製造兩岸「分裂」的真實圖謀。

美國此時已確定「將臺灣作為自由中國替代共產黨中國的中心」[90]的「兩個中國」的政策，具體策略是，「保持國民黨政府的存在，並宣佈其為中國合法政府；發展為一個在臺灣的中國國家。這個國家將日益強大並成為有吸引力的反共基地」[91]。美國「兩個中國」的政策還明顯地體現在美臺「共同防禦條約」（1954年11月2日簽訂），這個條約公然把臺灣視為一個「主權」國家。「共同防禦條約」對於美國有兩重含義。一方面，該條約的簽訂奠定了美臺軍事安全關係的基礎；另一方面，該條約包含著美國使臺灣與大陸永久分離的企圖。在條約中，美國承諾繼續向臺灣提供軍事裝備和其他援助，並在必要時使用美國的武裝力量阻止大陸解放臺灣[92]。

二、朝鮮戰爭——美國調整臺海政策的重要契機

1950年6月25日朝鮮戰爭爆發，正在日本的美國國務院顧問杜勒斯立即給美國政府發出急電，建議立即出兵朝鮮[93]。7月2日美軍在釜山登陸，朝鮮戰爭「國際化」；7月7日美國操縱聯合國安理會透過向朝鮮派遣「聯合國軍」的決定[94]。美國出兵朝鮮威脅中國的戰略安全。10月3日周恩來總理透過印度警告美國：如果美軍越過三八線，「我們要管」[95]。美國對於中國的警告置若罔聞，10月7日以美軍為首的聯合國軍越過三八線，並迅速向中朝邊境逼近。10月8日毛澤東頒佈命令：「為了援助朝鮮人民解放戰爭......著將東北邊防軍改為中國人民志願軍，迅即向朝鮮境內出動」[96]。10月9日首批志願軍6個軍26萬人開始渡過鴨綠江入朝參戰[97]。

朝鮮戰爭促使美國的臺灣政策迅速改變，美國決意保護退守臺灣的國民黨當局，重新將臺灣納入其戰略防禦圈内，並恢復提供軍援和經援。1945年至1950年6月美國一直承認中國對臺灣擁有主權，但朝鮮戰爭使美國從根本上改變了這一立場。為使其軍事干預合法化，美國甚至威逼臺灣國民黨當局：「如果美國已經認為臺灣屬於中國的領土，美國將失去它派遣第七艦隊保衛臺灣的法律依據」[98]。為使其分裂臺海兩岸的行為「合法化」，美國開始質疑《開羅宣言》、《波茨坦公告》的法律權威性[99]。英國也聲稱《開羅宣言》並不具有國際協定的法律效力[100]。英國甚至攻擊「中國在朝鮮問題上違背了開羅宣言」，因此，「在朝鮮問題解決之前無法解決臺灣問題」[101]。

朝鮮戰爭爆發後，蔣介石亦力圖軍事介入朝鮮戰爭，但杜魯門最終未予採納，此亦為美國「企圖將臺灣從大陸割離出來的長期願望的實現手法」[102]。可見，美國分裂臺海兩岸政策早已既定，並非只是由於朝鮮戰爭。朝鮮戰爭的爆發「只是讓美國插手臺灣事務的時機提前而已」[103]。

1953年3月5日史達林病逝；7月27日《朝鮮半島軍事停戰協定》在板門店簽訂[104]。如果說朝鮮戰爭是美國重新介入臺灣問題的起點，那麼從這時造成1958年第二次臺灣海峽危機結束，就是美國對臺政策和美臺關係格局基本確定的時期。朝鮮戰爭結束後，美國東亞政策的主旨是要防止所謂「共產主義擴張的威脅」，中國則是美國在亞洲實行遏止政策的主要對象。在這一背景下，臺灣的戰略意義在美國人眼中極大地升值了[105]。

美國亦不斷加強對臺灣的經濟援助，推動臺灣經濟迅速發展。從1952—1956年間5年間，臺灣的國民生產總值（GNP）的年均增長率為6.1%，而1952和1953年兩年的增長率分別為8.21%和9.19%，1955年、1956年分別為3.87%和3.66%[106]。1951年6月底美國又增撥臺灣經援款4170萬美元，使得1951年度的經援總額達到9770萬美元[107]。

綜上所述，美國介入朝鮮戰爭的大戰略目標雖失敗了，但它借此機會把臺灣納入其圍堵新中國的西方戰略陣營，取得東亞地區局部的戰略利益。而對於臺灣來講，朝鮮戰爭是其重新獲得美國全面援助的絕好機會；朝鮮戰爭使東亞地區長期處於政治、軍事上的嚴重對立，也是戰後美日臺關係長期維系並得到發展的重大社會歷史背景之一。

第三節「美援」主導下日臺社會改造與美日臺關係的發初

一、從懲治到扶植——美國對日佔領政策的大幅調整

如上所述，就戰後初期美國東亞戰略而言，美國曾把中國置於

非常重要的位置，它的基本目標之一是「建立一個統一的非共產黨國家，由蔣介石領導，同中國進行貿易，作為美國的盟友，起保持亞洲均勢的作用」。而作為戰敗國的日本只是美國改造的對象，美國對它規定了嚴格的非軍事化和民主化的改造目標[108]。1944年11月美國設立了國務院、陸軍部、海軍部協調委員會（簡稱「三部協調委員會」），負責研究並制定對日佔領政策。1945年6月11日三部協調委員會第150號文件規定：「在可能的程度上永遠使日本非軍事化、非軍國主義化」[109]。8月29日經杜魯門批準後發給駐日佔領軍總司令官麥克阿瑟的SWNCC150/4號文件《日本投降後初期美國對日政策》（簡稱《初期政策》）明確指出：為了「確保日本今後不再成為美國的威脅」，「必須完全解除日本的武裝」[110]。9月22日頒佈的《投降後美國的初期對日方針》（簡稱《對日方針》）和11月1日頒佈的《為日本佔領及管理對聯合國最高司令官的初期基本指令》（簡稱《基本指令》）兩個文件更明確規定：對日佔領的最終目標是「必須確保使日本不再成為美國及世界和平與安全的威脅」；同時規定，對日佔領及管理等「一切權力」歸於佔領軍「最高司令官」。甚至強調美國對「日本經濟的經濟復興或加強不負任何責任」[111]。

隨即，在美軍佔領總部（GHQ）主導下，開展了以解散財閥、農地改革、勞動改革為「三大支柱」的戰後經濟民主化改革，其中，解散財閥是重中之重。美國認為，「所有的財閥都是軍國主義者」[112]，「財閥是最大的戰爭潛力」，它們使對外「侵略和征服成為可能」[113]。解散財閥「目的在於從心理上和制度上破壞日本的軍事力量……分散工業的控制力量」[114]。按照GHQ解散財閥的指令，日本政府於1947年4月制訂《禁止私人壟斷及確保公正交易法》（一般簡稱為《壟斷禁止法》），再於12月制訂《排除經濟力量過度集中法》，開始實施解散財閥。1945年12月9日GHQ向日本政府發出《農地改革備忘錄》，要求其提出農地改革計劃，以期「排除促進經濟民主化的障礙」[115]。

二戰結束後，作為戰敗國的日本面臨向亞洲受害各國進行戰爭賠償的局面。1945年11月16日負責指導日本賠償的美國總統特使兼全權代表埃得溫·波利擬訂出日本戰爭賠償報告書（史稱「波利報告書」）[116]。12月3日日本外務省向GHQ提交《關於日本賠償能力的報告書》，請求美國儘可能地減輕日本的賠償負擔[117]。但遭到美國政府的拒絕[118]。12月17日杜魯門總統批準「波利報告書」，並要國務卿貝爾納「就應實施」[119]。1946年1月14日三部協調委員會以第236/4號文件的形式正式公佈「波利報告書」。

為爭取美國放寬對日賠償基準，日本外務省再於1946年1月17日提出《迄今為止對波利代表團提出事項的要點》，繼續促請美方放寬對日本工業水平的限制[120]。1月20日GHQ對日本政府發出指令，首次指定393家飛機製造廠、陸海軍工廠和戰爭物資實驗室用於賠償。至8月24日被指定賠償的各類工廠數達1006家[121]。3月17日麥克阿瑟發表演講稱，對日本的佔領政策由（1）非軍事化；（2）政治民主化改革；（3）經濟復興的三個方面組成[122]。但為因應中蘇同盟以及朝鮮戰爭等形勢，美國的佔領政策從「以非軍事化和民主化為中心的改革」驟變為「積極扶植日本復興」。

美國首先停止剛剛啟動的日本戰爭賠償的設備拆遷、中止解散財閥。其次是增加對日扶植力度，如提供19.5億美元經援，供應日本糧食總進口的一半以上[123]。再就是為日本開啟東南亞地區等海外貿易市場，以助其經濟的盡快恢復。這一系列措施是美國調整其戰後亞洲戰略的重大舉措。此刻美國對日本的主要目標是，「在日本問題得到和平解決之前及之後，促進日本民主力量的發展和經濟穩定」[124]。

美國隨即加快其對日政策的戰略性調整，1948年1月6日美國陸軍部長羅亞爾發表有關調整對日政策的演講，這表示著「美國對日政策轉變的基本認識過程已經完成」[125]。美國認為「一個強大的日本，與美國結成牢固的聯盟，最好能夠對共產黨中國構成制衡並有助於加強自由世界在遠東的力量，這種局面最能服務於美國的利益」[126]。10月7日美國國家安全委員會頒佈《關於對日政策的勸告》（極密 NSC13-2 號）的文件，明確表示「今後對日政策的主要目標是經濟復興」[127]。1948年末美國提出《日本經濟穩定計劃》（史稱「穩定經濟九原則」）[128]，美國對日佔領政策已由戰後初期的改造和削弱日本，變為在經濟上積極復興日本[129]。

1947年3月12日美國國務院擬定出新的對日經濟計劃：第一，盡快排除美國支持日本經濟的開支；第二，建立有活力的日本經濟；第三，允許日本為復興遠東經濟作出巨大貢獻[130]。7月22日三部協調委員會制訂第381號文件規定：不再進一步從日本搞資本拆遷[131]。1948年4月29日美國國家安全委員會（第13/2號文件）建議中止拆遷賠償；5月12日遠東委員會美方代表馬克依宣佈停止實施賠償計劃[132]。這樣，從1947年4月美國宣佈實施先期賠償至1949年5月馬克依宣佈停止賠償為止，日本被拆除用作賠償的機械設備共53946臺，特種測量器械3198臺。日本移交的賠償物資計2.8萬捆，價值約4500萬美元，使用船舶106 艘[133]。按日本外務省的統計，日本最終的純賠償僅為10.1億美元（相當於3643.49億日元，不含和約簽訂前按1941年價格計算的1.65億日元）。如果按照當時日本人口9500萬人平均計算，每個家庭僅負擔2萬日元[134]。

日本戰後實施戰爭賠償，理應是「戰敗國基於國際法必須因所犯罪而履行的國際義務，是確認侵略罪行的必要形式之一，無論是出於人類道義原則，還是出於國際條約的規範，日本政府都有義務、有責任對因日本軍國主義侵略而遭受巨大損失的亞洲各國給予賠償」[135]。對於美國的違信，1945年5月19日和25日中國代表在遠東委員會兩次發表聲明，「要求摧毀日本軍事工業，實現公允的賠償」[136]。

雖然最後的「舊金山對日和約」第14條規定：日本應向同盟各國給予經濟賠償，可以用商品、勞務等形式支付[137]。但「合約」只是「在個別問題上有利於請求賠償國，而在整體上依然有利於美、日兩國」[138]。由此，停止戰爭賠償為日本恢復經濟保留了實力。如在美國的庇護下，被真正解散分割的財閥大企業僅有17家，本擬分割的財閥五大銀行安然無恙[139]。

不僅如此，1945年至1951年美國以佔領地區救濟基金和佔領地區經濟復興基金的名義，向日本提供21.28億美元的物資援助[140]。1953—1966年日本還從美國控制下的世界銀行得到8.6億美元。世界銀行貸款的年利率為4.625—6.625%之間，償還期限為14—26年[141]。體現美國戰略意圖的世界銀行對日優惠貸款，對戰後日本經濟的復興與發展起了不可估量的重要作用[142]。借助美國的政治支持、安全保護和經濟援助，戰後日本在亞太地區動盪不安、但又相對和平的國際環境中，專心致志地發展經濟。1955年進入經濟高增長期，1960年代先後超過英法德等國，成為僅次於美國的第二資本主義經濟大國。美國在日本「建立了其亞太戰略體系中最大、最穩固的戰略基地，並以此為依託形成了亞太地區安全保衛的網絡機制」[143]。

為穩定日本社會，在GHQ的主導下，臺灣與日本較早恢復了雙邊貿易關係，以臺灣產稻米、砂糖等傳統農產品供應日本，以穩定日本嚴重缺糧的社會秩序[144]。1950年1月10日美國國務卿艾奇遜認為今後的日本「必須能夠自由地買進原料、自由地出口產品」[145]。6月25日朝鮮戰爭爆發後，美國加快調整這一政策，要求日本積極與臺灣及東南亞各國發展貿易，但同時嚴格限制日本與中國大陸進行任何貿易。[146]

戰前中國大陸曾是日本農產品和礦產品的重要來源地[147]，戰後日本亦欲恢復與中國大陸的經濟聯繫，但遭到美國的斷然拒絕。遏止中國是美國東亞戰略的核心目標，為徹底阻斷中日恢復經濟聯繫的紐帶，美國一直想把日本經濟引向英國的勢力範圍東南亞[148]。在美國的巨大壓力下，1951年12月24日吉田茂首相致函杜勒斯（史稱《吉田書簡》），向美國承諾不與新中國發展經濟關係[149]。雖然日本經濟界普遍認為東南亞經濟基礎落後，只有與中國開展貿易才能使經濟得到恢復[150]。但在美國的壓力下，日本不得不秉承美國的旨意去「開發」東南亞[151]。

20世紀50年代初期英國為保住其在東南亞的殖民利益，堅持主張日本把經濟擴張的矛頭指向中國等東亞大陸。但美國卻積極推動日本向東南亞地區滲透經濟勢力，這樣既能阻止中國與日本發生經濟聯繫，也可以借日本經濟勢力進入東南亞地區抵消英國的舊殖民勢力。簡言之，美國的東亞戰略安排其實就是美英戰略利益尤其是經濟利益發生衝突的產物，亦基本確定了日本在東南亞地區實行經濟擴張的戰略方向。按照美國的東亞戰略設計，在經濟上促使日本與東南亞建立緊密經濟聯繫，不僅使日本充當其推行新殖民主義的「戰略夥伴」，亦可同時將日臺及東南亞置於美國的有效控制之下。為了順利地運營美國所構想的以自由貿易為原則的國際經濟體系，也需要在復興西歐經濟的同時，復興亞洲經濟[152]。美國更認為日本「應在亞洲的經濟開發中扮演重要的角色」[153]。如此，既可以解決日本在失去中國大陸市場之後的經濟出路問題，以減輕美國的負擔，同時又可以了卻美國對東南亞各國的「赤化」之憂[154]。

佔領初期，GHQ嚴格管控日本的對外貿易。「日本在1934—1936年對中國大陸、朝鮮和臺灣的出口，曾佔日本出口總值的41%，到1951—1953年則只有9%」[155]。隨著美國佔領政策的驟變，日本對外貿易也開始逐步恢復。1950年5月GHQ代表日本與菲律賓簽訂了易貨貿易臨時協定；9月GHQ又代表日本與臺灣簽訂農產品貿易協定，臺灣產稻米、砂糖等陸續輸入日本。1952年4月28日「舊金山對日合約」生效後，在美國的支持下，日本對東南亞地區積極實施「賠償」與「準賠償」的外交方略[156]，將最初確定的「勞務賠償」變為「產品賠償」，而且是「生產資料」。「以生產資料進行賠償，可以發展被賠償國的產業，生活水平，進而擴大日本與被賠償國的通商關係」[157]。日本以「賠償外交」為手段，逐漸向東南亞滲透其經濟勢力。

二、美國對臺灣的經濟援助

美國對臺灣的經濟援助淵源於二戰之後對國民黨政府的援助。自1945年始，美國主導的聯合國「救濟與重建署」對中國國民黨政府予以大量經濟援助；1947年起美國資本開始滲入臺灣經濟各個領域。為贏得更多的美國對臺經援，臺灣省政府聘請美國懷特工程公司派員擔任臺灣制訂島內經濟恢復和發展規劃的總顧問以及各大公營企業的顧問[158]。

1948年2月美臺簽訂《合作開發臺灣協定》，規定雙方共同開發臺灣礦產資源；1948年4月2日美國國會透過《援華法案》；6月美臺雙方確定由美國向臺灣提供價值800萬美元的化肥共84000噸，臺灣則向美國償還茶葉540萬磅、鳳梨罐頭6萬箱、樟腦260萬磅。同年7月3日國民黨代表王世杰與美國駐華大使司徒雷登在南京簽訂《中美經濟援助協定》（計12條項，有效期至1950年6月30日[159]）；9月美國宣佈從第一、二批對華經援貸款中撥給臺灣糖業公司100 萬美元；臺灣鐵路局150 萬美元；臺灣電力公司250 萬美元。10月美國又宣佈增撥臺灣電力公司350 萬美元；臺灣煤礦75萬美元；臺灣益民肥料公司400萬美元；臺灣新竹資委會肥料廠100萬美元。合計美國在1948年9月和10月兩個月期間即向臺灣投資425萬美元，佔當時美國國會批準的對華經援總額的14%。到1948年底，美國資本已滲入臺灣發電業、製糖業、化肥製造業等主要工業部門，臺灣經濟恢復所急需的農用化肥、原棉、五金、石油、機械等都由美國提供[160]。臺灣傳統農產品及食品等的出口亦主要以美國為基本市場。

美國對臺援助是其「外交政策工具箱中一個重要且有效的工具」[161]。美國的目的就是要透過援助對臺灣當局不斷施加壓力或影響，從而把臺灣納入以美國為首的西方陣營，滿足其在東亞地區進行冷戰的需要[162]。為此，美國在重新恢復對臺灣的經濟、軍事援助之同時，也向臺灣當局發出令其「改革」的信號，要求其「堅持更合美國之意的政府改組」[163]。蔣介石亦意識到臺澎列島已是國民黨「最後的希望」[164]，遂於1949年12月15日發表談話，表示其為爭取美援而進行適當改革的意向[165]。為使美援切實執行，在美援會、農復會和經安會等運用美援的機構中，多由臺方技術官員和美方人員配合運作[166]。美國不僅積極對臺經援，更期待臺灣今後成為「其他亞洲國家的典範」[167]。

按照美國的東亞戰略設計，對臺經援可以促成東亞政治局勢按照美國預期的方向變遷，而美國在這一有利的政治局勢中可汲取更多的戰略利益。簡言之，美國欲以經濟援助為工具謀求低成本的政治利益。美國最初對臺灣的經濟援助，完全出自其冷戰戰略的需要。尤其是在朝鮮戰爭中，美國愈感臺灣社會的穩定、經濟力量的增長會對美國的安全做出重要貢獻。由此，美國政府認為，對臺灣進行的經濟援助，實為「購買」美國安全的有效手段。美國在向臺灣提供大量經濟援助維護臺灣經濟穩定、社會安定的同時，也達到了它自身要追求的目標，即佔據臺灣的戰略利益，在臺灣維持一個親美的政權，這也是美國自利性的表現之一[168]。

從1951年美國正式向臺灣提供經濟援助到1965年美援宣告結束為止。15年中美國共向臺灣提供各種類型的經濟援助14.82億美元，平均每年為9800萬美元[169]。從1950年6月朝鮮戰爭爆發後到1960年代中期，臺灣接受的美援總額達41.5億美元，其中軍援和經援分別約佔57%和43%[170]。15年間美國對臺經援15億美元，平均每年1億美元[171]。在1952年—1960年期間，美國經濟援助構成臺灣省內總資本形成的40.7%，1961—1968年期間也佔12%。據西方學者統計指出，從1958年到1965年，按每人平均所獲得的美援總數，臺灣居世界第五位，而且比世界120 個國家同期所獲得的每人外援平均數幾乎高六倍[172]。

在臺灣經濟恢復與發展初期，「美援」起了相當重要的作用。如上所述，按照1948年簽訂之《臺美經濟援助協定》（又稱「臺美雙邊協定」），美國向臺灣提供經濟援助2.75億美元，實際支付1.7億美元。其中的約1千萬美元，供臺灣地區經濟建設專用。其中，臺糖、臺鐵、臺電等公營大公司獲得美國對臺的第一批援款[173]。1949—1952年臺灣獲得美援總額達5.16億美元，其中包括4.68億美元的經援和0.48億美元的軍援。這期間臺灣人均接受的援助為66.7美元。值得注意的是，與此後各年度所獲美援相比的不同之處是，這5.16億美援全部為無償贈送[174]。

美援極大地促進了戰後臺灣經濟的發展，亦對美臺關係的全面提升影響極大。透過美國對臺的援助和扶持，美臺援助關係全面、深入地滲透和反映到臺灣當局的組織結構與經濟政策的制定與實施之中，這種關係對此後的臺灣政治轉型造成了一定影響[175]。

美國「援助」臺灣期間，經濟權力在非政治構成要素中的地位越來越凸顯，甚至成為美國壓制、控制臺灣的最重要的現實基礎之一。如美國迫使臺灣當局放棄「反攻大陸」的軍事冒險、進行社會經濟改革、裁減軍隊、增加經濟建設支出、大力發展民營企業、放寬經濟管制等要求。對於身處絕境，對美國的經濟、軍事援助依賴極深的國民黨臺灣當局而言，這些「要求」無疑伴隨著巨大的壓力。在美國提出的「要求」不能得到臺灣當局明確答覆之前，其常採用的辦法就是以削減援助額進行施壓或威逼。由此，在美國的壓力下，臺灣島內的制度逐漸有所「創新」，可以說「是在美國政府的壓力下的一種強制性制度變遷，對政治體制和經濟體制進行了適應美國要求的改造。同時國民黨政府為了更多地吸引美援和更好地用美援，也主動地對本地區既有制度進行改造，這是一種誘致性制度變遷」[176]。

1954年12月美臺簽訂「共同防禦條約」後，美臺關係空前密切，臺灣的政治穩定、經濟發展在某種程度上獲得了保證，島內社會形勢開始趨於穩定。美國政府也透過其「駐臺美援使團」（「駐臺美援使團」是指美國「共同安全署」、「國外業務署」、「國防合作署」、「國際合作署」等美國援外機構的「駐臺分署」以及美軍顧問團、美駐臺「使館」的統稱）以及農復會、美援會、經互會等運用美援機構不斷向國民黨當局施加壓力，要求國民黨作長期打算，不能因過度的「反攻大陸」軍事開支規模而影響島內經濟的恢復和建設。農復會、美援會、經互會等機構「成為美國對臺灣的經濟事務施加影響的渠道，同時也成為臺灣當局制定和推行整體和部門經濟發展計劃的中樞機構」[177]。

在美國的要求下，臺灣當局內部也「進行了相應的制度安排和機構設置」，如在美國催促設立的經濟安定委員會，就是典型的美國制度結構影響臺灣經濟發展的事例。1950年底經濟合作總署駐臺分署署長穆懿爾（Raymond T.Moyer）建議設立一個由高層經濟官員組成、定期舉行會議審議重要財經問題的經濟安定委員會，但因臺灣方面抵制而未被立即採納。後來經美國駐臺公使蘭金當面敦促蔣介石，這個機構才於1951年3月得以正式成立[178]。

三、美援促使日、臺從屬於美國關係的發軔

在冷戰的大背景下，中蘇同盟、朝鮮戰爭等給臺灣和日本帶來起死回生的機會，美國不僅恢復了對日臺的軍事、經濟援助，美國還以第七艦隊「防衛」臺灣海峽，主導「舊金山對日合約」的簽訂，提前結束對日軍事佔領。按照美國的東亞戰略意圖，日臺於1952年4月簽訂「日臺合約」，由美國主導之美日臺關係的初始形態開始啟動。在戰後東亞冷戰格局的形成初期，美國把日本列島與臺澎列島納入其全面封鎖新中國的島鏈戰略體系之中，日臺也借此得以絕處逢生。如此，大體規定了戰後日臺的政治與經濟的發展動向，來自美國的經濟援助從根本上左右著日臺經濟的發展。後來的事實說明，臺灣與美國、日本日趨緊密的經濟合作關係成為臺灣經濟得以「騰飛」的兩大支柱。1984年臺灣學者劉進慶就此指出：如果「臺灣經濟沒有仰賴日美兩國，將不可能發展為今日的經濟成長」[179]。此刻，美國視臺灣是其「在遠東地區的一項重要資產」，同時也認為「日本由於其發達的工業，相對先進的技術培訓及其人口素質比較高，可以成為對中共形成獨立的軍事威脅的亞洲力量」[180]。

中國學者指出，日據時期較好的經濟基礎是臺灣利用美援實現經濟起飛的必要前提；嚴密的運用程序、嚴格的監督檢查制度，是美援得到合理有效運用的有力保證；臺灣當局所實施的符合實際的經濟政策與發展戰略配合了美援的運用。可以說，臺灣經濟的起飛和高速增長，既利用了適時到達的美援，又利用了有利的國際經濟環境[181]。國民黨臺灣當局接受「美援」，既渡過政治經濟危機，又被限定經濟的發展方向，促使臺灣經濟從屬於美日經濟體系。可

以說，臺灣接受「美援」的過程就是臺灣經濟的發展過程和從屬於美日經濟的演變過程。二戰之後，美國成為世界最強盛的經濟、軍事大國，許多在戰爭中國力衰微的國家（包括英、法等），都期望得到來自美國的援助。但美國對外援助是其「執行對外政策的工具」[182]。美國對待不同的援助對象，其援助政策取向則大相逕庭。如美國在戰後並未將其標榜的自由民主價值觀念，作為附加條件納入到對臺的具體援助政策之中。其邏輯是，自由民主導向的政治改革極易破壞受援國的政治穩定，進而損害美國的國家利益。二戰後美國對發展中國家與地區的援助政策與策略是，寧可支持非民主的、親美的威權獨裁政權，也不借援助去支持那些很可能反美的「自由民主政權」[183]。由此，並不符合美國「民主理念」的國民黨臺灣當局獲得「美援」，這也成為美國推行其新殖民主義政策的典範之一。

臺灣當局獲得如此優惠的「美援」，完全是由於其自身在「冷戰」時期美國全球戰略的地位所致。離開「冷戰」時期的特殊歷史條件，臺灣便不會受到美國如此「厚愛」[184]。「美援」不僅奠定了戰後經濟發展的基礎，更使臺灣的政治、軍事和經濟從屬於美國。長達15年的「美援」過程曾隨著美臺雙邊制度和機構的變化而有所調整，具體看就是美國從軍事上介入臺灣轉為從經濟上支配臺灣的過程。從具體過程看，「美援」物資約半數是提供轉為軍事和政治的消費，另一半則進入社會經濟再生產過程而實現「資本化」，表明「美援」與臺灣公營企業的資本聯繫不斷密切。實際上，當時「美援機構把大部分經援款項送到公營企業」[185]，美國企業亦主要以臺灣公營企業為投資對象和合作夥伴。由此，臺灣工業化的迅速發展，以及美臺經濟關係的日趨密切等，主要是以美臺合作企業或在臺美國企業的資本積累為中心來展開的。列寧講過「資本輸出總要影響到輸入資本的國家的資本主義發展，大大加速那裡的資本主義發展」[186]。在「美援」的施行過程中，一方面美國資本滲透到臺灣的各個部門，為美國壟斷財團推銷剩餘商品、直接間接地獲取經濟、政治利益創造了便利條件；另一方面客觀上促進了臺灣資本主義的發展，也使臺灣經濟更加依賴於美國資本[187]。

隨著美援的流入及本島經濟的逐步好轉，對外貿易亦逐漸恢復。至1952年臺灣對外貿易總額已達32650萬美元，其中出口額為1950萬美元，出口產品以農產品和農產加工品為主，這兩項之和佔輸出總值的95.2%，工業品只佔3.6%。出口農產品及農產加工品仍以傳統的糖、米兩項為大宗，佔輸出總值的比重高達77.7%。進口總額為20690萬美元，其中資本貨物、農工原料的進口佔絕大部分，總值達17060萬美元，佔進口總值的87.3%[188]。臺灣對外貿易對象以美日為主，如1953年從美日兩國的輸入額佔進口總額的66.92%（不包括美援進口），對美日兩國的輸出額佔出口總額的56.06%[189]。可見，臺灣對外貿易嚴重依賴美日兩國，至20世紀90年代初冷戰結束時這種態勢始終未有大的改觀。

在美國的援助下，日本、臺灣經濟開始進入恢復與發展的進程，日本借助「朝鮮戰爭」帶來的「特需景氣」，自1955年進入經濟高增長期。由於日本是一個資源匱乏的島國，經濟發展主要依賴對外貿易的開展。按照美國的戰略設計，日本把對外貿易的主要對象轉向東南亞等地，同時也積極發展同臺灣的經濟關係。隨著臺灣經濟的發展，日臺經濟關係日趨密切，日本則進一步透過臺灣與東南亞（華人經濟圈）建立起更為密切的經貿關係，這就是當時日本復興經濟的重要戰略目標。

四、推動日、臺的土改是美國戰後東亞戰略的重要一環

戰後，美國成為主宰全球及東亞地區的超級大國，戰後初期的1945—1946年美國首先在日本強制推行以剷除「寄生地主制」為目標的「農地改革」[190]。1947年在朝鮮半島（韓國）也進行了

美國主導的土地改革[191]。透過實施資產階級性質的土地制度再分配，美國認為基本達到對日韓兩國社會體制「美國模式化」改革的基本要求。更重要的是，透過對日本土地制度的改革，基本剷除了封建土地制度這一產生軍國主義的土壤[192]。

面對光復初期臺灣島內的政治、經濟困頓，美國以剛剛結束的日本農地改革為榜樣，多次督促臺灣當局推行土改，並將是否恢復美援與土改掛鉤。臺灣當局急迫穩定其在臺灣的統治，遂按照美方的要求，把土地改革與抑制通貨膨脹並列為當時最迫切的兩大任務之一。在美國戰後的外援計劃中，一般都包含有幫助受援國實施土地改革的內容，對於包括臺灣在內的亞洲國家和地區，美國更把推動土地改革作為美援最重要、最優先的項目之一。除提供資金支持，更重要的是進行政策推動。即透過直接參與與制定土改政策和方案並監督其實施，影響臺灣土改政策的趨向[193]。美國透過「農復會」[194]向臺灣派出大批曾經參與指導過日本土地改革的專家顧問以及大量資金，全力促成臺灣土地改革的推行。

例如，對於臺灣土改第一步的「三七五減租」，由美方控制的「農復會」不僅協助臺灣當局制定了「臺灣省耕地三七五減租辦法」，作為減租的基本政策和方案，還跟蹤檢查，監督這一方案的執行，並根據執行情況隨時提出調整方策。當「農復會」在實地考察中發現臺南一些地主以威脅手段迫使佃農退耕現象後，立即建議設立經常性的減租督導檢查制度，以貫徹減租法令，制止退租及調處糾紛。「農復會」的建議馬上為臺灣當局採納，保證了「三七五減租」順利完成。在制定公地放領計劃時，「農復會」中的臺方代表主張限制公地放領數量；但美方代表則認為農戶比公營機構更能有效地利用土地資源，力主儘量擴大公地放領數量。臺灣當局亦無條件地接受美方建議，決定公營機構所有土地，除必須保留者外，盡依「公地放領法」放領，以使更多的土地轉入農民手中。可見農復會對於土改的重大影響，「舉凡法令辦法之擬定、計劃之制定、工作之指導及成果之考核，該會均派專家參與，其間若干重大措施，且出於該會之創意與建議」[195]。正是在美國的積極推動下，臺灣土地改革得意較為迅速、徹底、和平地實行，農業中限制生產力發展的封建生產關係基本消除，掌握了推動的自耕農數量大增，佔總農戶的比重從土改前的32%增加到78%[196]，形成了以自耕農為主體的農業生產方式，較快地促進了臺灣農業經濟的發展[197]。

從美國積極推動日臺土改的作為看，其以土改促進和推動日臺「美國模式」資本主義化的取向極為明顯。日臺土改是依照美國東亞戰略而精心設計的一場「社會變革試驗運動」，日臺土改過程也是美國更加深入控制日臺的過程，日臺進一步成為美國在東亞的「戰略協作夥伴」。若將日臺土改做一簡略綜合，有以下兩大特點：

第一、美國的影響均佔有最重要的地位。縱觀日本、臺灣兩地土地改革的進程和背景，即可發現二者有著諸多的共同點，首先不可否認的就是美國的主導性因素。首先，戰後日本土改「是美國佔領者為剷除軍國主義經濟基礎而實施的一項資產階級自上而下的土地改革」[198]。1868年明治維新後日本形成封建性寄生地主土地制，這種落後的土地所有制不僅嚴重農業生產的發展，更嚴重的是促使日本軍國主義向外擴張的慾望愈加強烈。由此，要徹底剷除軍國主義勢力，必須革除其滋生的土壤——寄生地主土地所有制，這是美國推動日本土地改革的主要動因。日本土地改革是在美軍佔領當局（GHQ）的嚴厲監督下，依照美國的設計藍圖和模式所進行的一場社會變革運動，是在美國對日本實施軍事佔領的特定歷史條件下進行的。

臺灣的土地改革與日本當時所處政治、經濟環境等極為接近。國民黨政府退居臺灣後，除面臨來自大陸的武力威懾外，島內社會動盪、經濟蕭條等，面臨著空前的「生存危機」。為求得在臺灣的政權存續，國民黨臺灣當局完全接受了美國的政治、軍事的「保護」。如前所述，美國在施行對臺經援之同時，也迫使其按照美國的民主模式進行了一定程度的「社會改造」，其中，臺灣封建性濃厚的土地制度成為首當其衝的「改造」目標。1949—1951年的土地改革是在美國「高壓」下，由國民黨威權統治下進行的一場自上而下的資產階級土地改革。在土改取得一系列積極意義之同時，臺灣當局也獲得了維系戰後政治穩定、經濟發展至關重要的「美援」。

列寧曾指出：「在分析任何一個社會問題時，馬克思主義理論的絕對要求，就是要把問題提高到一定的歷史範圍之內」[199]。在戰後世界冷戰下的動盪時期，美國透過推動日臺兩地的土地改革及其他一系列美國式「改造」措施，把日臺納入了其包圍新中國、抵禦社會主義陣營的西方陣營，並使其充當遠東反共的前哨基地。傳統經濟學認為，資本、勞動和土地是近代經濟發展的三大基本要素，這些要素的構成和配置一般是透過制定相關的經濟制度固定下來的。一定的經濟要素構成和配置，不僅會影響到經濟發展的進程，也會決定國民經濟的性質和社會發展的方向。美國主導的日臺土地改革正是以構築日臺兩地美式經濟制度為重點而展開的，由此也構成美日臺關係中不可或缺的社會經濟基礎。

第二、日臺土改為重新構建戰後日臺經濟關係的框架奠定了基礎，也是美日臺關係框架形成的必備經濟前提。1895—1945年日據臺灣時期，中國傳統封建土地制度與日本獨佔資本下的土地制度並存，臺灣土地制度具有濃厚之封建性。長達50年的殖民統治使日臺政治、經濟及文化等方面有著深深的社會與歷史的「同質性」。所以，美國推動日臺幾乎同時進行土地改革，促使其進行一定程度的社會經濟結構與制度「調整」，但並未發生「質」的差距，反而促進了日臺經濟上聯繫的便利性。但是，美國主導的土改雖取得一時的「權宜」，卻在隨後日臺的農業發展中「暴露出許多侷限性和惰性，甚至成了農業進一步發展的阻礙之一」[200]。

注　釋

[1].參照王在幫：《布列敦森林體系的興衰》（《歷史研究》1994年第4 期）；李岐東、彭志文：《「布列敦森林體系」與戰後世界金融秩序》（《宏觀經濟管理》2010年第3期）。

[2].方柏華：《國際關係格局——理論與現實》，第93頁。

[3].袁明主編：《國際關係史》，北京大學出版社1994年版，第302-310頁。

[4].［美］約瑟夫·M·瓊斯：《十五個星期》，1955年版，第166頁。引自楊生茂主編：《美國外交政策史（1775—1989）》，第437頁。

[5].［美］小阿瑟·M·施萊辛格：《世界強權的動力：美國對外政策歷史文獻（1945—1973）》第2卷，1973年版，第214頁。引自楊生茂主編：《美國外交政策史（1775—1989）》，第441頁。

[6].袁明主編：《國際關係史》，第313-314頁。

[7].參照趙菊玲：《試評杜魯門主義》（《歷史教學》1986年第3期）。為獲取美國民眾支持，杜魯門政府「利用用媒體不斷批評、指責蘇聯，極力將蘇聯刻畫為一個『極權主義國家』，從而迅速轉變了蘇聯在戰時給美國民眾留下的良好形象，為推行『冷戰』政策奠定了民眾基礎」。見劉疆：《美國民眾對蘇聯態度的轉變與「杜魯門主義」的出臺》（《南都學壇》，2003年第3期）；按照杜魯門主義構想，美國制定了戰後的遏止戰略。見［美］托馬斯·

佩特森、徐國琦：《杜魯門主義與遏止戰略》，《歷史教學》1988年第4期。

[8].王繩祖主編：《國際關係史》第七卷，世界知識出版社1995年版，第116-121頁。

[9].楊生茂主編：《美國外交政策史（1775—1989）》，第457頁。

[10].王偉男：《中美關係中的臺灣問題（1948—1982）》，山東人民出版社2007年版，第9頁。

[11].沈志華：《中蘇同盟、朝鮮戰爭與冷戰在亞洲的興起》，楊奎松主編：《冷戰時期的中國對外政策》，北京大學出版社2006年版，第34-35頁。

[12].林利民：《遏止中國：朝鮮戰爭與中美關係》，第431頁。

[13].沈志華：《中蘇同盟、朝鮮戰爭與冷戰在亞洲的興起》，第37頁。

[14].王偉男：《中美關係中的臺灣問題（1948—1982）》，第11頁。

[15].1950年6月14日駐日盟軍總司令官麥克阿瑟公開宣稱：臺灣相當於20 艘不沉的航空母艦。引自林金莖：《戰後中日關係之實證研究》，臺灣中日關係研究會1983年版，第76頁。

[16].王偉男：《中美關係中的臺灣問題（1948—1982）》（第10頁）；周潔：《美國太平洋島鏈戰略及中國的對策》，《北京電力高等專科學校學報》2012年第13期。

[17].美國《原子科學家快報》（1999年10月）根據美國國防部解密文件《1945年7月至1977年9月核武器保管與部署史》報導稱，美國於1954年12月在琉球部署核武器，並且派遣載有核武器的航空母艦「中途島號」進駐臺灣海域；1958年1月在臺灣部署鬥牛士巡航導彈等。引自臺灣中央社1999年10月19日電訊。

[18].楊生茂主編：《美國外交政策史（1775—1989）》，第434頁。

[19].張德明：《東亞經濟中的美日經濟關係研究（1945—2000）》，人民出版社 2003年版，第33頁。

[20].William.S.Borden，The Pacific Alliance，P.10.引自張德明：《東亞經濟中的美日經濟關係研究（1945—2000）》，第33頁。

[21].William.S.Borden，The Pacific Alliance，P.11.引自張德明：《東亞經濟中的美日經濟關係研究（1945—2000）》，第34頁。有關美國推動太平洋同盟的構想，參照［日］添谷芳秀：《日本外交と中國：1946—1972》，慶應通信社1995年版，第50頁。

[22].林曉光：《亞太地區的大國關係與戰略格局——以中、美、日三國關係為視點》（《世界經濟與政治論壇》2001年第3期）。參照［日］渡邊昭夫主編：《戰後日本の對外政策——國際關係の變容と日本の役割》（有菲閣1985年版，第220-253頁）；劉世龍：《70年代以來中日關係中的美國因素》（《日本學刊》1997年第1期）；劉建飛、林曉光：《21世紀初期的中美日戰略關係》（中共中央黨校出版社2002年版）等。

[23].劉建飛：《美國與反共主義——論美國對社會主義國家的意識形態外交》，中國社會科學出版社2001年版，第58頁。

[24].林長華：《戰後美臺經濟關係概論》，九州出版社2001年版，第162頁。

[25].張景全：《日本的東北亞和東南亞戰略初探》（《日本問題研究》2003年第3期）；胡德坤、徐建華：《美國東亞遏止戰略與日本對東南亞經濟外交》（《世界歷史》2002年第5期）。

[26].參照卞鳳奎：《日據時期臺灣籍民在大陸和東南亞地區活動之研究（1895—1945）》（黃山書社2006年）；陳艷雲：《日本南進東南亞與臺灣總督府關係研究1895—1945》（言實出版社2007年）；蔡史君：《日本南侵與「臺灣本島人利用論」——臺灣總督府華僑政策「具體方案」的史料發掘》（《南洋問題研究》2001年第3期）。

[27].美國欲將東亞變成另一個新殖民主義盛行的拉丁美洲。見William S.Borden，Tne Pacific Alliance，The University of Wisconsin Press，Wisconsin，1984，PP.6-7.引自張德明：《東亞經濟中的美日經濟關係研究（1945—2000）》，第20頁。

[28].參照張順洪等：《國內外學者對新殖民主義的認識與研究》（《史學理論研究》1998年第4期）；李德超：《美援——美帝國主義的新殖民主義的重要形式》（《教學與研究》1963年第5期）；葉宗奎、任大奎：《論美國殖民主義》（《教學與研究》1964年第3期）：孫理之：《新殖民主義的形式與實質》（《國際問題研究》1963年第3期）；高岱：《「殖民主義」與「新殖民主義」考析》（《歷史研究》1998年第2期）；劉文濤：《國內外學術界關於殖民主義史的研究》（《歷史教學》2002年第4期）等。

[29].［加納］克瓦米·恩克魯瑪：《新殖民主義：帝國主義的最後階段》（北京編譯社譯），世界知識出版社1966年版，第1頁。

[30].樊亢：《資本主義興衰史》，北京出版社1984年版，第398頁。

[31].［英］傑克·沃迪斯：《新殖民主義介紹》（Jack Woddis，An Introduction to Neo-colonialism），英國勞倫斯和威沙特出版公司1967年版，第50—57 頁。引自張順洪等：《國內外學者對新殖民主義的認識與研究》。

[32].［英］傑克·沃迪斯：《新殖民主義介紹》，第61—117頁。引自張順洪等：《國內外學者對新殖民主義的認識與研究》。

[33].張順洪等：《英美新殖民主義》，第32頁。

[34].張德明：《東亞經濟中的美日經濟關係研究（1945—2000）》，第20頁。

[35].張順洪等：《國內外學者對新殖民主義的認識與研究》。

[36].陳其人：《殖民地的經濟分析史與當代殖民主義》，上海社會科學院出版社1994年版，第268—269頁。

[37].臺灣學者劉進慶認為：在世界冷戰體制下，在「對美援及對日貿易的依賴關係發展構造性定型過程中，臺灣經濟也必然地確立了對美日依賴體制。而此一依賴，與冷戰體制下的軍事、政治依賴同時決定性地影響了臺灣的政治經濟。同時美日對臺灣『新殖民地主義支配』也因而成為現實」。見劉進慶：《戰後臺灣經濟分析》，人間出版社1992年版，第350—351頁。

[38].楊生茂主編：《美國外交政策史（1775—1989）》，第461頁。

[39].楊生茂主編：《美國外交政策史（1775—1989）》，第411頁。

[40].張德明：《東亞經濟中的美日經濟關係研究（1945—2000）》，第22頁。

[41].《美國對外關係，華盛頓和卡薩布蘭卡會議》（Foreign Relations ofthe United States：The Conferences at Washington and Casablanca，1943），1966年，第497—506頁。引自於群、程舒偉：《美國的香港政策》，《歷史研究》1997年第3期。

[42].沈惠平：《美國對臺政策新解》，第103頁。

[43].姜春珲：《試析「香港問題」中的美國因素》（《環球視野》http：//www.globalview.cn）；但羅斯福並非是將香港主權全部交還中國，而是要將香港由英國單獨管轄變成國際共管。見於群、程舒偉：《美國的香港政策》。

[44].劉麗華、張仕榮：《美國臺海政策的演變分析（1945—2007）》，內蒙古大學出版社2007年版，第47頁。

[45].劉建飛：《美國與反共主義——論美國對社會主義國家的意識形態外交》，第58頁。

[46].內容詳見《新華日報》1950年2月15日「號外」。

[47].陳毓鈞：《美國與臺灣的歷史關係》（《太平洋學報》1995年第3期）。引自沈惠平：《美國對臺政策新解》，第103-

104頁。

[48].FRUS，1949Vol.9，p.571-572.引自沈惠平：《美國對臺政策新解》，第104頁。

[49].bIbid.94 A/5-350；and 94 A/3-2750。引自李世安：《1945年至1954年間美國對臺灣政策的變化》，《中國社會科學》1994年第5期。

[50].「美國的亞洲政策」（美國國安會第48號系列文件），1949年12月23-30日。見周建明、張成至主編：《美國國家安全戰略解密文獻選編（1945—1972）》第二冊，社會科學文獻出版社2010年版，第746頁。

[51].朱天順：《中國國民黨與中國統一》，《臺灣研究集刊》1986年第4期。

[52].FRUS，1947VⅡ，p.433.引自資中筠、何迪：《美臺關係四十年（1949—1989）》，人民出版社1991年版，第20頁。

[53].李世安：《1945年至1954年間美國對臺灣政策的變化》。

[54].FRUS，1947VⅡ，p.467.引自資中筠、何迪：《美臺關係四十年（1949—1989）》，第20頁。

[55].FRUS，1947VⅡ，p.725.引自資中筠、何迪：《美臺關係四十年（1949—1989）》，第21頁。

[56].FRUS，1947VⅡ，p.477—479.引自資中筠、何迪：《美臺關係四十年（1949—1989）》，第22頁。

[57].FRUS，1947VⅡ，p475—476.引自資中筠、何迪：《美

臺關係四十年（1949—1989）》，第22頁。

[58].任海鵬、武軍：《1949—1972年美國對華政策及其演變》（《北京科技大學學報》1999年第4期）；王樹林：《等待塵埃落地時——新中國成立前後美國對華政策的歷史透視》（《長白學刊》2005年第2期）。

[59].1953年3月22日美國國家安全委員會128號文件強調臺灣對美國在遠東的地位的「極端重要性」。還提出三點政策主張：第一，在必要時採取單方面行動，確保臺灣能用作美國軍事基地；第二，第七艦隊繼續行使保護臺灣的使命；第三，發展臺灣的軍事潛力。見「國防部代部長福斯特致國家安全委員會執行秘書雷伊的備忘錄」（1952年3月22日）；FRUS，1952—1954，p21—22.引自資中筠、何迪：《美臺關係四十年（1949—1989）》，第65—66頁。

[60].FRUS，1949，Vol9，p303.引自汪小平：《美國對華政策與臺灣問題（1950—1955）》。中國社會科學院近代史研究所編：《近代史研究所青年學術論壇2004年卷》，社科文獻出版社2004年版。

[61].資中筠、何迪：《美臺關係四十年（1949—1989）》，第23頁。

[62].1949年3月16日新華社時評。

[63].夏明星等：《解放戰爭時期中共反對美國圖謀臺灣的鬥爭》，《黨史縱覽》2007年第11期。

[64].國民黨駐日代表團的前身是——中國駐盟軍總部軍事聯絡官辦事處；1946年5月9日改稱中國駐日代表團，隸屬國民政府

外交部，負責與駐日美軍佔領當局（CHQ）的聯絡事宜等。見《蔣中正總統檔案》，檔號002060100212009。引自楊子震：《中國駐日代表團研究——初探戰後中日、臺日關係之二元架構》，臺灣《國史館館刊》2009年第19期。

[65].陳志奇：《美國對華政策三十年》，中華日報社1980年版，第36頁。

[66].卿汝楫：《美國侵略臺灣史》，中國青年出版社1955年版，第67頁。

[67].沈志華：《中蘇同盟、朝鮮戰爭與對日合約—東亞冷戰格局形成的三部曲及其互動關係》，《中國社會科學》2005年第5期。

[68].謝益顯主編：《中國當代外交史（1949—2009）》，第58頁。

[69].國臺辦研究局編：《臺灣問題文獻資料選編》，人民出版社1994年版，第855-858頁。

[70].宮力：《50年代的臺灣海峽緊張局勢及中國採取的對策》，姜長斌、［美］羅伯特·羅斯主編：《從對峙走向緩和——冷戰時期中美關係再探討》，世界知識出版社2000年版，第27頁。

[71].《中美關係（文件和資料選編）》，北京人民出版社1971年版，第231頁。

[72].Foreign Relations，1950 ，Vol.VI.，P.347.引自李世安：《1945年至1954年間美國對臺灣政策的變化》。

[73].Foreign Relations，Vol.VI.，1950 ，P.346.引自李世安：《1945年至1954年間美國對臺灣政策的變化》。

[74].FRUS，1949IX，p393.引自資中筠、何迪：《美臺關係四十年（1949—1989）》，第36頁。

[75].徐友珍、汪武芽：《杜魯門對臺政策聲明出臺的背景因素分析》，《武漢大學學報》2005年第4期。

[76].謝益顯主編：《中國當代外交史（1949—2009）》，第59頁。

[77].王建朗：《臺灣法律地位的扭曲——英國有關政策的演變及與美國的分歧（1949—1951）》。

[78].《美國國務院公報》1950年7月3日。引自《中美關係資料彙編》第二集上卷，世界知識出版社1960年版，第90頁。

[79].謝益顯主編：《中國當代外交史（1949—2009）》（第35 頁）；但英國駐淡水領事館在致英國政府的一份分析報告中則認為，「美國對臺政策只是想阻止將臺灣交給中國共產黨，它在任何意義上都不表明願意支持國民黨」。見 British Consulatein TamsuitoForeign Office，Jul.1950 ，FO371/FC1016/88.引自王建朗：《臺灣法律地位的扭曲——英國有關政策的演變及與美國的分歧（1949—1951）》。

[80].王建朗：《臺灣法律地位的扭曲——英國有關政策的演變及與美國的分歧（1949—1951）》。

[81].《中央日報》1950年6月28日。

[82].謝益顯主編：《中國當代外交史（1949—2009）》，第

60-61頁。

[83].蔣孝山：《50年代初美國對臺「脫身」政策的評析》，《長春工程學院學報》1994年第2期。

[84].陶文釗主編：《中美關係史1949—1972》，上海人民出版社1999年版，第105頁。

[85].lJ.C.Kuan ，A Review ofU.S.-R.O.C.Relations（1949—1978），p.19.引自李世安：《1945年至1954年間美國對臺灣政策的變化》。

[86].Relations Between United States and Formosa，Report by K.Ran-kin to the State Department，No.569.引自李世安：《1945年至1954年間美國對臺灣政策的變化》。

[87].《中美關係（文件和資料選編）》，北京人民出版社1971年版，第275頁。

[88].《顧維鈞日記》第10分冊，中華書局1989年版，第13頁。

[89].Foreign Relations of United States，Vol.XIV.，P.139.引自李世安：《1945年至1954年間美國對臺灣政策的變化》。

[90].崔丕：《艾森豪威爾對臺灣政策的演進》，《華東師範大學學報》2009年第5期。

[91].mIbid.，p.631.引自李世安：《1945年至1954年間美國對臺灣政策的變化》。

[92].牛軍、肖蓉：《淺析美國對臺灣政策及美臺關係的歷史演變》，《中國軍事科學》1996年第3期。

[93].陶文釗：《中美關係史（1949—1972）》，上海人民出版社1999年版，第19頁。

[94].［美］約翰·斯帕尼爾：《杜魯門與麥克阿瑟的衝突和朝鮮戰爭》（錢宗起等譯），復旦大學出版社1985年版，第74頁。

[95].《周恩來外交文選》，第25-27頁。

[96].《毛澤東選集》第5卷，人民出版社1977年版，第32頁。

[97].謝益顯：《中國當代外交史（1949—2009）》，第35頁。

[98].臺灣「外交問題研究會」編印：《金山合約與中日合約的關係》，《中日外交史料叢編》第八卷，1966年，第27—28頁。

[99].1950年12月28日美國政府在答覆蘇聯關於對日合約問題的備忘錄中宣稱：「美國認為像開羅宣言這一類的宣言，應該參照聯合國憲章加以考慮，因為聯合國憲章所規定的義務，勝過其他任何的國際協定」。見《美國對外關係文獻》第12卷，美國世界和平基金出版社，第490頁。引自資中筠、何迪：《美臺關係四十年1949—1989》，第96頁。

[100].1955年2月1日開羅宣言簽署人之一的英國首相邱吉爾宣稱，開羅宣言只是一項包含共同目的的聲明，並不約束參加的國家。英國外相艾登則補充稱：這一宣言不過是申述了臺灣應於戰後歸還中國的「意圖」。見《英國國會辯論記錄》（1955年）。引自資中筠、何迪：《美臺關係四十年1949—1989》，第83頁。

[101].王建朗：《臺灣法律地位的扭曲——英國有關政策的演變及與美國的分歧（1949—1951）》。

[102].鮑紹霖：《「臺獨」幕後—美國人的倡議與政策》，海峽評論出版社1993年版，第85頁。

[103].陳佳宏：《海外「臺獨」運動史——美國「臺獨」團體之發展與挑戰——50年代中至90年代中》（臺灣前衛出版社1998年版，第58頁）；從某種意義上說，朝鮮戰爭爆發不過是給美國重新實行干涉政策提供了一個機會和藉口而已。見肖蓉、牛軍：《淺析美國對臺灣政策及美臺關係的歷史演變》。

[104].青石：《朝鮮停戰內幕——來自俄國檔案的秘密》，《百年潮》1997年第3期。

[105].肖蓉、牛軍：《淺析美國對臺灣政策及美臺關係的歷史演變》。

[106].李宏碩：《臺灣經濟四十年》，山西經濟出版社1993年版，第365—366頁。

[107].「中華民國年鑑社」編印：《中華民國年鑑》，1952年，第583頁。

[108].仇朝兵：《1947—1948年美國對日政策的轉變及其影響》，《哈爾濱工業大學學報》2003年第2期。

[109].FRUS，1945VI，p.552.引自劉世龍：《美日關係（1791—2001）》，第376頁。

[110].［英］F.C.瓊斯等：《1942—1946年遠東》下冊（復旦大學外文系譯，上海譯文出版社1979年版，第743—744頁）。但也有學者指出：美國決策當局始終未下決心使日本永遠非軍事化……即使在要求日本非軍國主義化的呼聲最高時，美國也未徹底排除最終重新武裝日本的可能性。見劉世龍：《美日關係（1791

—2001）》，第376頁。

[111].黃安年主編：《當代世界史資料選集》第二分冊（首都師大出版社1996年版，第409-411頁）；日本外務省編：《日本佔領及び管理重要文書集》第1卷，第92、96、136-138頁。

[112].日本大藏省編：《昭和財政史》第3卷，東洋經濟新報社1976年版，第314頁。

[113].歷史學研究會編：《日本同時代史》第1卷，青木書店1990年版，第186頁

[114].［日］輯西光速等：《日本資本主義的發展》（閻靜先譯），商務印書館1963年版，第433頁。

[115].日本大藏省編：《昭和財政史》第17卷，東洋經濟新報社1981年版，第41頁。

[116].日本大藏省編：《昭和財政史》第20卷，東洋經濟新報社1982年版，第43頁。

[117].［美］永野信利：《日本外交のすべて》，日本行政問題研究所1989年版，第23頁。

[118].［日］內野達郎：《戰後日本經濟史》（趙毅等譯），新華出版社1982年版，第35頁。

[119].［日］邁克爾·沙勒：《美國佔領日本》，牛津大學出版社1985年版，第38 頁。引自劉世龍：《美日關係（1791—2001）》，第381頁。

[120].日本大藏省編：《昭和財政史》第20卷，第223-224頁。

[121].1947年11月24日美軍佔領總部指令把橫濱第一海軍工廠的部分設備移交中國、荷蘭、英國。同年12月2日美軍佔領總部又指令拆遷包括名古屋陸軍工廠、橫須賀海軍工廠在內的17家工廠中的機床及其附屬設備約19600 臺。1948年1月16日第一艘載著1610 噸日本機器設備的「海康」號輪駛往中國，是為拆遷賠償之始。見劉世龍：《美日關係（1791—2001）》，第399頁。

[122].［日］五百旗頭真：《日本外交史（1945—2005）》，第44頁。

[123].［日］內野達郎：《日本戰後經濟史》，第88、49頁。

[124].《美國的亞洲政策》（美國國安會第48號系列文件），1949年12月23-30日。見周建明、張成至主編：《美國國家安全戰略解密文獻選編（1945—1972）》第二冊，第744頁。

[125].楊棟樑：《日本近現代經濟史》，第212頁。

[126].《美國國家安全委員會報告·美國對日政策》（第5516/1號文件），1955年4月19日。引自周建明、張成至主編：《美國國家安全戰略解密文獻選編（1945—1972）》第二冊，第823頁。

[127].日本大藏省編：《昭和財政史》第17卷「資料1」，第79-81頁。

[128].日本大藏省編：《昭和財政史》第17卷「資料1」，第83頁。

[129].張健：《戰後日本的經濟外交》，天津人民出版社1998年版，第105頁。

[130].日本大藏省編：《昭和財政史》第20卷「英文資料」，第516頁。

[131].美國國家檔案館：RG353/4E3，Records of the SWNCCC and the SANACC，1944—1949，SWNCC/SANACC，第59盒。引自劉世龍：《美日關係（1791—2001）》，第401頁。

[132].［日］安原和雄等：《戰後日本外交史》第4卷，三省堂1984年版，第124頁。

[133].楊棟樑：《日本的戰爭賠償》（《日本研究》1995年第3期）；崔丕：《美國關於日本戰爭賠償政策的演變》（《歷史研究》1995年第4期）。

[134].外務省賠償問題研究會編：《日本の賠償》，世界ジアーナル社1961年版，第26頁。

[135].林曉光：《日本政府開發援助與中日關係》，世界知識出版社2003年版，第96頁。

[136].《對日合約問題史料》，人民出版社1951年版，第155頁。

[137].《國際條約集（1950—1952）》，世界知識出版社1961年版，第340-341頁。

[138].崔丕：《美國關於日本戰爭賠償政策的演變》。

[139].楊棟樑：《日本近現代經濟史》，第220頁。

[140].日本大藏省編：《昭和財政史》第19卷，第106-107頁。

[141].［日］尾崎英二：《世界銀行》，日本國際問題研究所1969年刊行。

[142].［日］西垣昭、下村恭民：《開發援助の經濟學》，有斐閣1993年版，第135—136頁。

[143].林曉光：《日本政府開發援助與中日關係》，第33頁。

[144].王鍵：《光復初期至1960年代日臺貿易重新啟動過程之探析》，《東北亞學刊》2007年第3期。

[145].［日］上村伸一：《佔領·獨立·「新時代」—戰後外交十五年》，時事通訊社1961年版，第51頁。

[146].FRUS，1951，VI，pp.1044、1045.1050.引自崔丕：《美國關於日本戰爭賠償政策的演變》。

[147].第二次世界大戰前，日本的對外貿易大致有三個重要的方面：一是以出口生絲，進口棉花、石油、機械、鐵屑為主要內容的對美國貿易；二是以出口棉布、紡織品、雜貨和進口鐵、鋁等重工業原料及橡膠、羊毛、棉花為主要內容的對大英帝國的貿易；三是以出口工業製品、機械等，進口農產品、糧食、礦產原料為主要內容的對中國貿易。見［日］有澤廣巳主編：《日本的崛起：昭和經濟史》，鮑顯銘譯，黑龍江人民出版社1987年版，第344頁。

[148].［日］兒島襄：《媾和條約》，新潮社1995年版，第501頁。

[149].蔣立峰主編：《中日關係三論》，第47頁。

[150].［日］《世界》1950年3月號，第61-64 頁。引自廉德瑰：《美國與中日關係的演變》，世界知識出版社2006年版，第

49頁。

[151].楊棟樑：《日本近現代經濟史》，第233頁。

[152].［日］渡邊昭夫：《亞洲·太平洋の國際關係と日本》，東京大學出版會1992年版，第10頁。

[153].［日］齋藤真：《戰後資料·日美關係》，評論社1972年版，第72頁。

[154].張健：《戰後日本的經濟外交》，第22頁。

[155].［美］勞倫斯·奧爾森：《日本在戰後亞洲》，第12頁。

[156].鹿島和平研究所編印：《日本外交主要文書·年表》第2卷（1961—1970）；日本外務省編印：《我が外交の近況》第6號，1962年6月。

[157].日本外務省編印：《我が外交の近況》第1號，1957年9月。

[158].FRUS，1951，Vol.7，p.1823.引自牛可：《美援與戰後臺灣的經濟改造》，《美國研究》2002年第3期。

[159].美國曾於1949年停止執行這一協定；直到1950年朝鮮戰爭爆發後，才決定恢復執行。

[160].黃嘉樹：《國民黨在臺灣》，南海出版公司1991年版，第20頁。

[161].周弘：《戰略工具——美國的對外援助政策》，《國際貿易》2002年第1期。

[162].杜繼東：《美國對臺灣地區援助研究（1950—

1965）》，鳳凰出版社2011年版，第215頁。

[163].資中筠：《追根溯源——戰後美國對華政策的緣起和發展（1945—1950）》，上海人民出版社2000年版，第126-131頁。

[164].［美］高立夫：《海島中國》（艾思明譯），臺灣洞察出版社1987年版，第44頁。

[165].蕭錚：《土地改革五十年—蕭錚回憶錄》，中國地政研究所1980年版，第336頁。

[166].文馨瑩：《經濟奇蹟的背後——臺灣美援經驗的政經分析（1951—1965）》，自立晚報社1990年版，第179-180頁。

[167].牛可：《美援與戰後臺灣的經濟改造》。

[168].杜繼東：《美國對臺灣地區援助研究（1950—1965）》，第203頁。

[169].趙既昌：《美援的運用》（臺灣聯經出版公司1985年版，第219 頁）；也有不同統計記載：1951年至1965年美國政府對臺灣經濟援助總額14.89億美元，到1965年實際到位數14.65億美元，剩餘金額1967年全部到位。見NeilH.Jacoby，U.S.Aid toTaiwan，Fredrick A.Praeger，publishers，NewYork，1966，P.40，44.

[170].Samuel P.S.Ho，Economic Development of Taiwan，1860—1970（New Haven：Yale University Press，1978），p.110.引自牛可：《美援與戰後臺灣的經濟改造》。

[171].文馨瑩：《經濟奇蹟的背後—臺灣美援經驗的政經分析

（1951—1965）》（第91頁）。有關「美援」的總數，國內學界還有不同統計。林長華認為從1951年至1965年的15年間，「美援」［開發援助除外］的總額為：計劃額149，608萬美元，批準額147，250萬美元，實際提供額144，330萬美元，年實際提供額平均約達1億美元。不同年度其規模略有差異，但其金額大體相當於臺灣當時的國民收入的5%—10%。見林長華《戰後美臺經濟關係概論》（第29頁）；茅家琦認為在1951年至1965年的15年間，「美援」的總數為148，200萬美元。見茅家琦：《臺灣三十年1949—1979》，河南人民出版社1988年版，第83頁等。金泓汛等：《臺灣經濟概論》，第328頁。

[172].金泓汛等：《臺灣經濟概論》，第328頁。

[173].趙既昌：《美援的運用》，第6—10頁。

[174].範愛軍：《臺灣經濟研究》，第8頁。

[175].杜繼東：《美國對臺灣地區援助研究（1950—1965）》，第193頁。

[176].崔天模：《美援與臺灣的制度創新》，《經濟學家》2002年第4期。

[177].牛可：《美援與戰後臺灣的經濟改造》。

[178].［美］卡爾·蘭金：《蘭金回憶錄》（海英譯），上海人民出版社1975年版，第260頁。

[179].劉進慶：《從近代化的觀點分析東亞國民經濟的構造和轉換》，《世界經濟評論》第28 卷第9號，1984年9月。

[180].《美國國家安全委員會政策聲明·附錄國安會關於美國的

中共小組研究報告》（美國國安會第166/1號文件），1953年11月6日。引自周建明、張成至主編：《美國國家安全戰略解密文獻選編（1945—1972）》第二冊，第797頁。

[181].張健：《美援與臺灣經濟發展》，資中筠、何迪：《美臺關係四十年（1949—1999）》，第256頁。

[182].［美］羅伯特·沃爾特斯：《美蘇援助對比分析》（陳源等譯），商務印書館1974年版，第9頁。

[183].孫代堯：《臺灣威權體制及其轉型研究》，中國社會科學出版社2003年版，第63頁。

[184].張健：《美援與臺灣經濟發展》，資中筠、何迪：《美臺關係四十年（1949—1999——》，第257頁。

[185].牛可：《美援與戰後臺灣的經濟改造》。

[186].列寧：《帝國主義是資本主義的最高階段》，《列寧選集》第二卷，第785頁。

[187].陳福敏：《「美援」的作用與臺灣經濟的性質》，《臺灣研究集刊》1985年第1期。

[188].張果為：《臺灣經濟發展》下冊，正中書局1970年版，第430—432頁。

[189].張果為：《臺灣經濟發展》下冊，第442頁。

[190].1945年11月16日日本政府頒佈《農地調整法改革方案》，開始自行開展農地改革，史稱「第一次農地改革」。但美國認為「第一次農地改革」過於保守，沒有達到美國預期之目的。根據1946年6月美國佔領當局發出的農地改革指令，10月日本政府

（吉田茂內閣）頒佈《修改農地調整法》、《創設自耕農特別措置法》，開始進行「第二次農地改革」。主要內容是：1.國家徵購不在村地主的全部出租地和在村地主超出1町步（北海道為4町步）的出租地；2.國家有償徵得的土地出售給佃農；3.土地買賣須經由3名地主、2名自耕農、5名佃農組成的市町村農地委員會協議；4.土地徵購和出售限2年內完成；5.殘留出租地的地租為貨幣地租，租率水田不得超過25%，旱田不得超過15%。見歷史學研究會編：《日本史史料集·5·現代》，岩波書店1997年版，第158頁。

[191].在美國的支持下，韓國在李承晚統治的1947至1952年間進行了土地改革，出賣沒收的曾為日本人佔有的土地，廢除租佃制，國家贖買地主的土地賣給佃農，規定私人擁有土地最多不能超過7.5英畝，使地主的經濟實力嚴重削弱，自耕農數量大大增加，被稱為朝鮮土地政策史上第一次規定平等原則，緩和了農村的社會矛盾。見董向榮：《淺析臺灣和韓國在縮小城鄉差距方面的努力與成就》，《臺灣研究集刊》1993年第3期。

[192].參照唐若玲：《簡論日本軍國主義的形成》（《海南師範學院學報》2002年第4期）；湯重南：《日本軍國主義的社會經濟基礎》（《中國社會科學院院報》2010年5月17日）。

[193].資中筠、何迪：《美臺關係四十年》，第242頁。

[194].「農復會」的全稱是「中國農村復興聯合委員會」（美臺根據「1948年援華法」設立），參照黃俊杰：《臺灣土改的前前後後——農復會口述歷史》，九州出版社2011年版。

[195].趙既昌：《美援的運用》，第118頁。

[196].［美］何寶山：《臺灣的經濟發展：1869—1970》，

第186頁。

[197].臺灣土地改革在當時促進了社會經濟的一定進步，但也留下一系列嚴重隱患。如土地的全面私有化嚴重影響了土地的有效使用和規模經營，衍生了土地資源配置不均的弊端等。見洪朝輝：《土地改革的比較研究：臺灣經驗與教訓》，中國改革網http：//www.chinareform.net/2011年12月5日。

[198].吳廷璆：《日本史》，南開大學出版社1994年版，第813頁。

[199].列寧：《論民族自治權》，《列寧選集》，人民出版社1960年版，第512頁。

[200]. 參照吳建光：《土地規模經營的道路——南朝鮮、日本和臺灣的比較分析》（《亞太經濟》1989年第3期）；洪朝輝：《土地改革的比較研究：臺灣經驗與教訓》。

第三章　戰後美日臺關係的基本形成

20世紀40年代後期開始的美蘇冷戰對抗，極大地影響和規定了東亞地區的國際關係格局，也是戰後以來決定美日臺關係發展的最大外部因素。20世紀50年代初期受中蘇同盟、朝鮮戰爭等的影響，東亞地區形成中蘇與美日抗衡的地區冷戰體制，兩岸先後發生的兩次臺海危機，對於美臺關係、日臺關係的演變有著諸多影響。在這種國際環境的嚴峻形勢下，美日臺關係在總體上服從於美國的世界冷戰戰略。

第一節　朝鮮戰爭—美國東亞戰略的重大調整

一、朝鮮戰爭——美國促使日本重整軍備的契機

1945年8月二戰結束時，日本軍隊共有740萬人；按照盟國「非軍事化」的對日佔領政策，至1945年11月本土的390 萬日軍被全部遣散；海外的350萬日軍則在當地解除武裝，分批遣返日本。至1946年初，日本僅有治安警察93935人[1]。為確保東亞地區的永久和平，1947年6月19日由包括美國在內的11個戰勝國組成的遠東委員會作出決議稱：「日本不得再有任何陸軍、海軍、空軍、秘密警察組織，或任何民間航空，或憲兵，但得有適當之非軍事警察」[2]。

1950年6月25日朝鮮戰爭爆發；26日杜魯門總統下令駐日美軍空軍援助韓國軍隊；27日又下令美國海軍第七艦隊進駐臺灣的

高雄、基隆兩大港口，並開始在臺灣海峽巡邏，防止解放軍可能對臺灣的軍事進攻；7月2日駐日美國陸軍登陸朝鮮半島[3]。至此，美國海陸空三軍直接軍事介入朝鮮內戰，使之演變為國際性戰爭。

朝鮮戰爭之前，美國決策層就認為，「從軍事的角度看，如果要成功地抵禦蘇聯將來的入侵，美國必須在亞洲保持一種最低限度的地位……這種最低限度的地位至少應包括在亞洲沿海島嶼連線上維持美國目前的軍事地位，以及在戰時阻止共產黨佔領這條線。這條線是美國的第一道防禦線，也是其第一道進攻線……這條防禦線應包括日本、琉球群島和菲律賓」。「這種最低限度的地位可以控制主要的交通線，它們是美國在亞洲重要地區戰略發展所必需的」[4]。朝鮮戰爭爆發之後，美國確信這是蘇聯即將向東亞區域進行軍事擴張的開端，必須予以堅決阻止。

如此，由於朝鮮戰爭的影響，美國加快調整其東亞戰略，放棄了既定的削弱和壓制日本經濟與軍事實力的佔領政策，並重新把日本定位為美國在東亞戰略中的堅強「盟國」。美國不惜促使日本重整軍備來重建東亞的均勢，以遏止中蘇等社會主義國家。就朝鮮戰爭的重大影響，日本學者五百旗頭真認為：「從外交史的觀點來看，重要的是這場戰爭令美國眼中的日本價值急劇上升。在此之前，隨著冷戰的開始，美國政府已經開始認識到日本在對蘇戰略上的價值。美國認識到，從工業能力、人口、地理位置來看，如果日本落入敵手，對美國的國防勢必形成威脅；如果能夠將日本作為己方夥伴加以利用，則可以成為非常有效的戰略據點。如果說，截止到朝鮮戰爭爆發之前這種認識還有些抽象的話，那麼朝鮮戰爭的爆發則具體證實了日本的軍事戰略價值。更清楚地說，如果沒有日本這個後勤基地，以美國為中心的聯合國軍甚至無法維持在朝鮮半島的作戰」[5]。

由於駐日美軍幾乎全部投至朝鮮戰場，在日本的美軍僅有

3000人，戰後以來一直由美軍擔當的日本防務出現力量真空，這就是美國促使日本重整軍備的現實背景。1950年7月8日麥克阿瑟致函吉田茂首相，授權日本政府組建7.5萬人的國家警察預備隊，並增加8000名海上保安廳人員。同年12月美國遠東戰區司令部專門委員會提出計劃，要求將警察預備隊盡快編成四個各為1.5 萬人的步兵師[6]。美國的計劃有兩個目的，一方面是補充駐日美軍的不足，維持日本國內的治安。另一方面是趁機為日本重新武裝開一個頭，萬一需要，可以考慮把這支武裝力量迅速擴大作為侵朝美軍的預備兵力[7]。當時日本政府的判斷亦是：警察預備隊與軍隊是同質的，其唯一的區別是，前者只在國內行動，而後者則可派往海外[8]。8月10日日本政府頒佈「籌建警察預備隊令」，8月23日至10月12日招募74580人，其中舊軍人佔51.8%[9]。自國家警察預備隊建立之日起，就處於美軍的雙重控制之下。首先，美國陸軍顧問團（計780人）在包括營地在內的各個級別上實行控制；其次，美國對日方的裝備構成和數量擁有控制權[10]。

朝鮮戰爭初期，北朝鮮軍一度佔領朝鮮半島近90%的土地；而美韓軍隊被趕到了以釜山為核心的幾十平方公里的狹小區域內。麥克阿瑟7月中旬三次急電杜魯門總統，要求增兵朝鮮。麥克阿瑟甚至趕赴臺灣，與商談借兵增援事宜[11]。9月15日美軍登陸仁川，朝鮮戰場局勢驟變。10月7日美軍大舉越過三八線，向中朝邊境挺進。10月19日晚中國人民志願軍渡過鴨綠江，並於當年先後發起三次大規模戰役，將美軍擊退至三八線以南。隨後戰場進入膠著狀態。

鑑於朝鮮戰場的嚴峻形勢，1951年初美國決定提升日本國家警察預備隊的軍備水平，開始向日本提供坦克和榴彈砲等重武器，美國的目的是要警察預備隊承擔防禦本土的責任。朝鮮戰爭期間，日本還派出掃雷艦隊，協助美軍在朝鮮東海岸元山進行的第二次登陸作戰[12]。

1950年6月22日美國國務院顧問杜勒斯在東京與吉田茂首相晤談，要求日本立即建立10 萬人的軍隊。但吉田茂予以婉拒[13]。1951年1月25日杜勒斯再次訪日，督促日本政府加快重整軍備。1月31日吉田茂內閣對美承諾「增加警察和海上保安人員數量」[14]。2月3日外務省條約局長西村熊雄向美方提交題為《重整軍備的最初步驟》和《關於對日美聯合保障協定的意見》的2份備忘錄。備忘錄主要內容是：在「舊金山對日合約」和《美日安全條約》生效之同時，日本將擴充5萬兵力（包括陸上保安隊和海上保安隊兩部分）[15]。

隨著朝鮮戰爭的繼續進行，美國亦進一步推進日本重整軍備的速度。1951年5月17日杜魯門總統簽署國家安全委員會第48/5號文件，該文件規定：在《對日合約》簽訂之前，「為促進有效之軍事機構的形成，幫助日本組織、訓練、裝備國家警察預備隊和海上安全巡邏隊」；在《對日合約》簽訂之後，「幫助日本發展適當之軍事力量」[16]。9月美軍佔領總部向美國陸軍部提出建議案，要求「日本國家警察預備隊到1952年底擴充為8個步兵師（15.6萬人）；到1953年底擴充為10個步兵師（30萬人）」[17]。

但是，日本政府並沒有完全依照美國的戰略意圖擴充軍力，堅持以發展經濟為中心，並根據其經濟實力逐漸擴充其軍備。吉田茂拒絕美方要求的理由是：「不能只根據軍事上的要求決定兵力數量。目前，充實國家的經濟力量以安定民生，乃是先決問題。日本由於戰敗，國力消耗殆盡，如同一匹瘦馬。如果讓這匹瘦馬負荷過多的重載，它就會累垮」[18]。在日本政府的一再拖延抵制下，美國無奈接受日本政府（吉田內閣）延緩擴充軍備的要求。1954年4月9日美國國家安全委員會第5516/1號文件規定：「美國應避免壓日本增大其軍事力量，結果危及其政治、經濟的穩定」[19]。

1953年1月艾森豪威爾就任美國總統，為繼續促進日本重整軍備，1953年3月8日美日簽訂《美日共同防禦協定》（全稱「日本國與美利堅合眾國之間的相互防衛援助協定」。簡稱「MSA」協定）以及《購買農產品協定》、《經濟措施協定》和《投資保障協定》等三個有關協定[20]。為了承擔協定規定的義務，7月日本根據《國家防衛廳設置法》和《自衛隊法》，正式設立自衛廳，陸海自衛隊亦同時建立[21]。至此，美國根據MSA協定，進一步在政治、經濟、軍事上控制了日本。1956年春美國參謀長聯席會議按照日本政府的要求最終確定日本重整軍備計劃。至此，美日在重整軍備問題上歷時五載的交鋒最終結束。1957年日本政府（鳩山內閣）制訂出《第一次防禦力量整備計劃》，日本重整軍備的步伐開始加快。美國促使重整軍備不僅使日本軍事實力逐漸提升，增加東亞地區不穩定因素，也把日本拉入美國的東亞戰略體系中，更是戰後美日安保體制形成的重要前提。

二、朝鮮戰爭與「舊金山對日合約」——美日安保體制的形成

還在朝鮮戰爭激戰期間，美國急於提前召開舊金山對日和會，以盡快恢復日本的國家主權，使其充當美國在東亞的「戰略夥伴」。表面上看，朝鮮戰爭似是促使美國改變對日政策的主要因素，其實，朝鮮戰爭之前美國就已開始調整其對日政策。1948年3月25日美國前駐蘇大使凱南（時任美國國務院政策設計司長）與麥克阿瑟共同提出「對日政策建議書」：即在經濟上援助日本、主張締結非懲罰性的對日合約、合約簽訂後美軍繼續留駐日本等。這些建議最後體現在國家安全委員會 NSC13/2 號文件（1948年10月9日頒佈），成為美國轉變對日政策的表示性文件[22]。

朝鮮戰爭促使美國決策層在調整對日政策問題上達成一致。1950年6月26日參謀長聯席會議主席佈雷德利向杜魯門總統提出建議：「韓國、日本、琉球、臺灣、菲律賓和東南亞，都是同一個問題的不同部分」，它們的地位「相互依賴」，美國「急需一個互相配合的全面的遠東政策」[23]。9月7日美國國務院與國防部達成聯合備忘錄，強調美國應享有外國軍隊在日本駐留的批準權和指揮權，不否定日本擁有自衛權和保持必要規模軍隊的權利。該備忘錄作為國家安全委員會第60/1號文件得到杜魯門總統的批準，只待朝鮮戰場處於有利情況便可實施[24]。

9月15日麥克阿瑟指揮美軍在仁川登陸成功，極大地扭轉了美國在朝鮮戰局的敗勢。於是美國開始啟動舊金山對日和會的議事日程。10月26日晚杜勒斯約見蘇聯駐聯合國代表馬立克，向他轉交美國制訂的「對日合約七原則」備忘錄[25]。杜勒斯特別強調：臺灣地位問題暫時凍結，建議由聯合國重新加以考慮。馬立克主張恪守有關的戰時國際協議，還強調說：「臺灣問題純屬中國內政」[26]。

為奉行「抗美援朝、保家衛國」的國策，中國人民志願軍入朝作戰。中國的這一戰略舉措，迫使美國既定的對日和會計劃延緩實施。11月20日杜勒斯明確宣稱將由臺灣國民黨當局代表「中國」參加對日和會[27]。12月4周恩來總理發表聲明指出，臺灣當局「沒有資格參加任何有關對日合約的討論和會議」；「中華人民共和國中央人民政府是代表中國人民的唯一合法政府，它必須參加對日合約的準備、擬制與簽訂」[28]。12月7日周恩來召見蘇聯羅申大使，提出以下朝鮮停戰條件，即所有外國軍隊撤出朝鮮；美國軍隊撤出臺灣海峽和臺灣島等[29]。

朝鮮戰場的動態極大地影響著美國舉行對日和會的進程。面對中朝聯軍的猛烈攻勢，1950年底至1951年初，美韓軍隊被迫退回三八線以南。美國五角大樓和白宮甚至一度討論美軍自朝鮮半島全面撤退的問題[30]。但隨後美軍憑藉其現代化裝備優勢發起大規模反攻，雙方軍隊均損失巨大，3月底至4月初第四、第五次戰役結束後中朝聯軍退至三八線以北[31]。沈志華認為：朝鮮戰局再次出現逆轉，對日和會問題的解決自然也就朝著與中蘇願望相反的方向發展下去[32]。

戰場上的優勢地位使美國在對日和會問題上的態度強硬起來。在3月30日美國再次遞交給蘇聯大使館的照書中，不僅重複了有關託管日本幾個島嶼及承認日本享有單獨或集體自衛權等條款，而且強調，不參加本條約的國家，將不給予任何法律基礎上的權力和利益。對《開羅宣言》和《波茨坦公告》關於臺澎列島歸還中國的規定，只提日本放棄這些領土，但未提其歸屬[33]。美國不僅拒絕新中國參加對日和會，還竭力設置障礙阻撓蘇聯的與會[34]。

為中國參與對日和會創造有利條件，1951年6月23日馬立克建議朝鮮「交戰雙方」停火與休戰。此時，中蘇希望先實現朝鮮停戰，再解決對日合約問題。美國的策略則堅持先實現對日媾和，再談朝鮮停戰問題[35]。

如此，美國利用1951年春夏季取得朝鮮戰場上的軍事優勢，加緊推動對日合約的簽署。美國不僅迫使日本政府承諾不與新中國締約，而且與英國達成「國共雙方均不參與合約簽署、合約只言明日本放棄臺灣主權而不明文交給中國」的妥協[36]。6月15日杜勒斯將美英妥協案通報臺灣駐美「大使」顧維鈞[37]，同時還對其承諾：「余知日本政府對貴國態度甚好，必願與貴國簽約，而反對與中共成立關係」[38]。

美國此時的東亞戰略極為明確，若在舊金山對日和會前簽訂朝鮮停戰協議、朝鮮半島實現和平的話，美國就很難拒絕新中國正式參加對日和會，其繼續保留在日本列島的美國海空軍事基地的任何依據也將不復存在。所以，7月10日開城停戰談判開始不久，美方就不斷製造事端，致使停戰談判陷於停頓[39]。這樣，實現了美國拖延朝鮮停戰談判而提前舉行對日和會的既定戰略目的。

9月5日對日和會在美國舊金山歌劇院開幕；9月8日日本同與會48個國家簽訂「舊金山對合約」（1952年4月28日生效）；蘇聯、波蘭、捷克三國代表則拒絕在合約上簽字。「對日合約」締結5個小時後，國務卿艾奇遜和吉田茂首相在舊金山軍人俱樂部簽訂《美日安全條約》，確立了戰後美日安保體制的基本框架。

「舊金山對日合約」公然違反《開羅宣言》和《波茨坦公告》的精神，宣稱臺澎列島等的歸屬問題要留待英美蘇中四國決定，甚至要交由聯合國大會決定，為「臺灣地位未定論」製造所謂法律依據。它完全體現了美國的東亞戰略意圖，如在其第二條第二款中規定：「日本放棄對臺灣及澎湖列島的一切權利、權利根據及要求」；第六款規定：「日本放棄對南威島（南沙群島）及西沙群島之一切權利、權利依據與要求」[40]。但《合約》「只提放棄，不言歸屬」的規定，無疑是對中國主權的極大侵犯。尤其是《合約》以一個多邊的國際條約開了「臺灣地位未定」的惡例[41]。

1951年9月8日臺灣當局「外交部長」葉公超發表聲明稱：《舊金山對日合約》歧視臺灣，因而對臺灣沒有任何約束力[42]。9月18日周恩來總理發表聲明：「舊金山對日合約由於沒有中華人民共和國參加準備、擬制和簽訂，中央人民政府認為是非法的，無效的，因而是絕對不能承認的」[43]。

1952年2月28日《美日行政協定》（全稱是《美利堅合眾國和日本國基於安全條約第三條的行政協定》）簽訂；1954年3月8日《美日共同防禦條約》簽訂[44]。這樣，「舊金山對日合約」以及《美日安全條約》、《美日行政協定》、《美日共同防禦條約》等相繼簽訂，表示著防衛範圍覆蓋東亞地域的美日安保體制最終形成。尤其是《美日安全條約》的「遠東條款」規定由美日軍事「協防」臺灣海峽地區，意味著戰後美日臺關係進入制度化發展的軌道[45]。

「舊金山對日合約」簽訂後，「美國不僅擁有對於島國日本的防衛不可或缺的強有力的海空軍事力量，而且擁有在東亞發揮作用的意志與能力。另外，美國在朝鮮半島保持軍力，從結果上來看，對日本也造成一定的威懾作用，避免了日本重走軍國主義之路」[46]。

第二節　美日臺關係的形成與確立

一、「日臺合約」——戰後日臺關係的起點

「舊金山對日合約」及《美日安全條約》簽訂後，美國又積極推動日本與臺灣建交。美國的戰略意圖是透過與日、韓、臺分別簽訂雙邊安全條約，「構成美國為首的亞太地區以反共為號召的戰略防線和安全網絡」[47]。9月17日美國駐臺「公使」蘭金通知臺灣「外交部長」葉公超：「美國已促使日本政府派員以貿易代表身份來華，洽談兩國之間的雙邊條約，日本政府業已同意」[48]。鑑於國民黨僅佔據臺澎列島的實際狀況，注重現實的日本採取了一系列「動作」，以便在談判中壓制臺灣、取得更多利益[49]。10月26日吉田茂首相在參議院發言中稱日本可以考慮在上海設立商務辦事處[50]。吉田茂的言行引發臺灣的不滿，10月30日臺灣請求美國對日本予以「嚴正約束」；11月5日蘭金約見葉公超，轉達美國政府反對吉田發言的立場[51]。日本被迫改變對臺態勢，採取迎合美國要求的外交姿態，11月17日設立日本外務省臺北事務所，作為日臺正式「建交」前的「外交代表機構」。但仍未明確提出將與臺灣

當局進行和談，也未開始與和談相關的預備性工作[52]。

在臺灣的一再要求下，也為了對日施加更大的壓力，12月15日杜勒斯以美國總統特使身份赴日。杜勒斯明確告誡吉田首相：如果日本不與臺灣簽訂合約，美國國會就不會批準「舊金山對日合約」[53]。吉田當面承諾接受美方建議，但又希望「讓日本作為自由國家的先導。擴大與中國的接觸」[54]。為使日本政府無條件遵從美國的戰略安排，12月18日杜勒斯在離開日本時，將一封寫好的親筆信交給吉田茂，並令其簽字後交還美國方面。12月24日吉田茂正式致函杜勒斯稱「完全同意」。至此，在美國的高壓下，日本全面接受了美國要求其與臺灣簽訂合約的「指令」。隨後，美日雙方以此信為基礎進行多次磋商與修改，產生了基本上由美方定稿的《吉田書簡》[55]。《吉田書簡》明確指出：日本將「與臺灣方面締結重新恢復與建立兩政府間正常關係的條約。這個雙邊條約的條款將適用於現在及以後可能成為中華民國政府管轄的全部領土……日本政府不打算與中共政權締結兩國間條約」[56]。由此確定戰後日本對臺外交的基本走向[57]。1月23日中國外交部授權副部長章漢夫發表聲明，指出《吉田書簡》是「對中華人民共和國最嚴重、最露骨的挑釁行為」[58]。

就當時日本對臺海兩岸的需要而言，臺灣遠低於大陸。日本主要出於對經濟利益的考慮，想同中國大陸恢復經貿往來。因為戰前日本對中國大陸的經濟依賴已經達到很高的程度，其海外資源的60%以上來自中國，佔日本海外商品和投資市場60%以上的份額也是中國。隨著戰後經濟的逐步恢復，日本希望重新獲得中國的原料與市場。而臺灣在戰前只是日本的農業殖民地，在經濟上對日本沒有太大的吸引力。一方面，臺灣的資源不如大陸豐富，市場極其有限；另一方面，國民黨政權剛剛從大陸敗退。從經濟意義上來看，日本同臺灣交流的利益十分有限[59]。不過，日本更希望與臺海兩岸同時建立一種「平衡」的關係，以實現日本戰後經濟重建的利益最大化。另外，日本對臺灣也缺乏信心。日本朝野一致認為，臺灣「反攻大陸」的想法猶如天方夜潭，就連臺灣的國民黨政權也會因經濟狀況的惡化而很快處於崩潰的困境。更有人進一步認為：美國雖然要求日本與臺灣簽訂合約，但一旦拋棄臺灣後，就將這個包袱甩給日本[60]。

在美國的強大壓力下，日本政府為「最好地保障日本的經濟和政治利益」，不得不選擇對美「一邊倒」的外交策略，並「把它當作為順應世界形勢和日本需要的唯一方針」[61]。不過，日本政府雖選擇臺灣當局為合約的談判對象，但在《吉田書簡》中又「希望最終與日本的鄰邦中國建立全面的政治的和平與通商關係」[62]。日本最初只想與臺灣簽訂一個通商航海條約。為應對與日本的合約談判，親自確定對日和談「三原則」：1.「中華民國」須保持與對日作戰各盟國之平等地位；2.日臺合約應與舊金山合約基本一致；3.日本政府須承認「中華民國」對於全部中國領土的主權[63]。臺灣當局還模擬「舊金山對日合約」制訂出「日臺合約草案」共22條[64]。但日本政府為「盡快取得美國及西方集團的信賴」，確定僅在「吉田書簡所允許的範圍內簽約」[65]。

1952年2月17日日方首席代表河田烈（前大藏大臣）赴臺，臺灣當局則派出「外交部長」葉公超出任臺方首席代表[66]；同時還成立了由陳誠、張群等12人組成的「對日合約最高決策小組」。2月20日臺灣與日本的合約談判在臺北正式舉行。日臺合約談判自始就圍繞代表資格、領土主權適用範圍等問題爭端迭起，談判多次跌宕起伏。3月25日日臺一度達成妥協案，但日方忽在28日全部推翻，後在美國的干預下終達成臺灣損益頗多的修正案。痛斥稱：「此等日人之背義失信，甚於其戰前軍閥之橫狡，其果能獨立自由乎？」[67]。

4月15日杜魯門總統簽署文件，「舊金山對日合約」即將生效，日本利用臺灣急於在生效前實現締約的心理，持續逼迫臺灣當局讓步。而處於守勢的臺灣當局漸屈從於日本的外交威逼，但日方也作出一定的妥協[68]。經過67天的討價還價，4月28日下午3時（「舊金山對合約」生效的7個半小時前）日臺雙方在臺北簽訂「日臺合約」，宣佈正式結束戰爭狀態，並建立「外交關係」。「日臺合約」重複「舊金山對日合約」的條款，日本宣佈放棄在臺灣的所有權利和特權，但拒絕表明其歸屬[69]。「日臺合約」簽訂之同日，美國參議院迅即批準「舊金山對日合約」。

5月5日周恩來總理發表聲明：「對於美國所宣佈生效的單獨對日合約，是絕對不能承認的；對於公開侮辱並敵視中國人民的[70]『合約』是堅決反對的」②。冷戰時期美國主要依據「舊金山對日合約」與「日臺合約」限定的所謂「法律依據」干涉臺海關係。推行「臺灣地位未定論」是美國在亞洲實施冷戰政策的需要，是企圖將中國大陸和臺澎地區製造成歐洲的德國、亞洲的朝鮮，把臺灣限定在美國的東亞冷戰格局之中，以適應美國在西太平洋的戰略需要[71]。

「日臺合約」奠定了此後日臺關係的政治基礎，美國將日臺納入其遠東防線的戰略目標順利實現，美日臺關係的東亞區域部分得以充實奠定。「日臺合約」把「臺灣牢牢地綁在了美國冷戰戰略的戰車上，使其與日本一道成為美國在亞洲的重要夥伴」[72]。「日臺合約」對日臺經濟關係的影響也是很明顯的。20世紀50—70年代日本是臺灣的主要進口來源國，又是日本在亞洲地區僅次於香港的對外投資地區，儘管長期的經濟合作使臺灣經濟對日本存有嚴重的依賴，但「臺灣經濟的高速發展卻與穩定的日臺關係及密切的日臺經濟關係不無相關」[73]。

二、「美臺共同防禦條約」——戰後美臺關係的起點

朝鮮半島的戰事平息後，臺海局勢則發生新的變數。對於臺灣當局來講，朝鮮戰爭停戰不僅意味著其借朝戰重返大陸的夢想徹底破滅，而且從軍事上看，朝鮮戰事一休，中共針對臺灣的軍事力量將會因此而得到加強，這將給臺灣當局的生存造成更大的威脅。不僅如此，朝鮮戰爭的結束還會給美臺關係帶來新的不穩定因素等[74]。

由此，臺灣當局採取積極的對美外交斡旋，欲在朝鮮停戰後設法維持並進一步爭取美國對臺灣的支持，其中爭取與美國簽訂「共同防禦條約」成為臺灣當局對美外交中的關鍵環節。1953年1月20日艾森豪威爾就任美國第三十四屆總統。3月19日臺灣駐美「大使」顧維鈞向新任國務卿杜勒斯正式提出關於締結共同防禦條約的建議，但為杜勒斯回絕[75]。

美國政府最初認為若與臺灣簽訂「共同防禦條約」，將「不僅意味著美國將不得不進行一場耗資巨大、曠日持久、未必能勝的戰爭，而且還很有可能牽發一場世界大戰」[76]。而維持臺海兩岸「隔離」現狀，最終實現「兩個中國」的前景則最符合美國的戰略需要。但此刻中國政府決心打破臺灣海峽事實上的隔離狀態，而炮擊金門是「既能表明解放臺灣的意志，又能向世人表示內戰還在繼續的最好辦法」[77]。

9月3日解放軍炮擊金門、馬祖等島嶼，揭開了第一次臺海危機的序幕。為避免直接的軍事捲入，美英經過磋商，由紐西蘭出面要求聯合國「斡旋停火」，但遭到臺灣當局的激烈反對[78]。10月7日饒伯森再次提出備忘錄建議：應在紐西蘭提案提出之前舉行美臺「共同防禦條約」的談判[79]。10月18日艾森豪威爾與杜勒斯議

決採納饒伯森的建議，但同時也表示在締約後「很有必要」對國民黨加以限制，使之「不從『庇護所』 向外進攻」[80]。

此時解放軍繼續炮擊金馬等島嶼，11月1日起戰事有擴大之勢。這種空前的壓力迫使臺灣當局作出重大讓步，僅要求在紐西蘭提案提交聯合國之前締約。在11月3日開始的締約談判中，美臺仍在圍繞條約適用範圍問題上處於爭執狀態，美國要求把條約防禦範圍明確限制為臺澎列島，但臺方則不予認同[81]。在美國的壓力下，11月4日臺灣當局提出新的條約草案，對於防禦範圍做了重新表述：「本條約所適用之『領土』 一詞，就中華民國而言，應指臺灣、澎湖以及經共同協商所決定之其他領土；就美利堅合眾國而言，應指其他在西太平洋區域内之各島嶼領土」[82]。美國默認了臺灣當局的意見，1954年12月2日美臺簽訂「共同防禦條約」[83]。

雖然「共同防禦條約」正文規定美國將承擔防衛「臺、澎及其他雙方都認為必須防衛的領土」，但在美臺關於條約的秘密換文中則明確規定：美國的條約義務只限於臺澎，並且，臺灣軍隊針對大陸採取的任何大的軍事行動都需事先徵得美國的同意[84]。條約公然將臺灣置於美國的軍事保護之下，臺灣變成了美國在西太平洋「集體防禦」中的一環。

1955年1月19日解放軍攻佔一江山島，逼近國民黨軍隊據守的大陳島。面對再度緊張的臺海局勢，1月24日艾森豪威爾請求國會授權，以在必要時動用美國軍隊「防衛」臺澎列島，但他同時也宣稱：「我並不主張美國把它的防禦義務擴大到正待批準的條約所規定的臺灣及澎湖列島範圍以外」[85]。隨即國會參眾兩院分別以85：3和409：3 的絕對多數透過了《臺灣決議案》（亦稱「福摩摩沙條約」）。隨後，參議院以64：6的絕對多數透過《美臺共同防禦條約》。在美國的壓力下，臺灣當局再次作出妥協，2月8日起在美軍第七艦隊「協防」下國民黨守軍陸續撤出大陳島[86]。2月下旬至3月初杜勒斯鼓吹中國將面臨由朝鮮—日本、臺灣地區和東南亞構成的「三重威脅」，宣揚美國將在臺澎問題上進行「全力防禦」。杜勒斯甚至與艾森豪威爾共同發出對中國進行核打擊的威脅[87]。3月5日美國海軍參謀長卡爾奈發出預言稱：中國將於4月中旬進攻金門、馬祖[88]。

美臺「共同防禦條約」「並不意味著美國對華政策的改變。相反，它只是以法律的形式重申了美國為維護其戰略利益，分裂中國的扶蔣反共政策」[89]。它更是美國推行其「封鎖」新中國的東亞戰略的重要一環。自從朝鮮戰爭以來，美國就把中國看做是其在亞洲的最大威脅。美國在歐洲對外政策的宗旨就是遏止蘇聯，而在東亞和東南亞則是遏止中國[90]。於是，美國便沿著中國東南沿海建立範圍廣泛的、針對中國的多邊軍事防禦體系。為此，先後簽訂一系列軍事性條約，《美泰軍事援助條約》（1950年10月7日）、《美菲共同防禦條約》（1951年8月30日）、《美澳新共同防禦條約》（1951年9月1日）、9月8日《美日安全條約》（1951年9月8日）、《美韓共同防禦條約》（1953年10月1日）、《美日共同防禦協定》（1954年3月8日）等。

朝鮮戰爭停戰後，美國開始組建由其主導的「亞洲版北約」。在日內瓦會議召開前夕，美國向英法提出建立東南亞和西太平洋軍事同盟的方案；日內瓦會議期間美國又向日韓提出建立「東北亞聯盟」的計劃，但由於日韓分歧嚴重而最終擱置。日內瓦會議期間的1954年9月8日美國與英法澳新等國在馬尼拉簽訂《東南亞集體防衛條約》（包括其附件的《東南亞集體防衛條約議定書》[91]和《太平洋憲章》），表示著美國「亞洲太平洋集體安全保障體系」的建立[92]。以上條約均以新中國為假想敵，形成對中國大陸的「島嶼鎖鏈」，而臺灣是這條鎖鏈上的中間環節。美臺「共同防禦條約」實際上就成了把臺灣國民黨當局與上述國家連在一起的戰略同盟紐帶。這一條約企圖將美國對中國內政的干涉「合法化」，它既為美國干涉中國解放臺灣作出了安排，又為美臺在必要時共同對中國大陸採取軍事行動留下了「伏筆」[93]。

三、美日臺關係框架的基本確立

如上所述，臺灣透過與日本簽訂「日臺合約」、與美國簽訂「共同防禦條約」等，基本確立其戰後對外關係的兩大主軸。美國還在其與日本簽訂的《美日安全條約》中，公然將臺澎列島納入其「共同防衛」範圍，臺灣當局也樂見其成，形成軍事威懾臺海局勢的戰後美日安保體制。至此，美國主導下極不規則的政治、經濟及軍事的美日臺關係框架愈加牢固。所謂極不規則就是臺灣始終處於美日的合作獨佔之下，其政治、經濟長期依賴美日。「三邊關係」形成的諸原因中，既有中蘇同盟、朝鮮戰爭等的特殊因素，更有美國將日臺納入其遏止新中國的戰略防線的考量等。其中，朝鮮戰爭是促使美國重新在經濟上扶持、軍事上保護日臺的最直接的重大契機。

在美國的東亞戰略中，日臺最初被置於同樣重要的位置。1947年台灣爆發「二二八事件」時，美國就企圖以目前臺灣在法律上還是日本的一部分為由，用聯合國的名義進行直接干涉[94]。1949年秋季國民黨自大陸全面潰敗，奉行現實外交策略的美國一度期待與新中國政府進行某種「友好性接觸」[95]，遂一度暫停對臺灣的經濟與軍事援助。美國中情局甚至估計臺灣「大約將於1950年底置於中共控制之下」[96]。然而，從美國的根本利益出發，它絕不會輕易棄守臺灣。在美國軍方的堅持下，「1950年上半年，美國政府為改變杜魯門1月5日聲明中所闡述的對臺政策的醞釀已經成熟，朝鮮戰爭的爆發則為美國決策者最後拿定主意採取行動提供了契機」[97]。正如1953年2月就任美國駐臺「大使」蘭金所言：「不惜動用美國海、空力量確保臺灣不落入共產黨之手……這個政策早就存在，只是未經言明而已……朝鮮戰爭爆發以後，這就被認為是幾乎是理所當然的了」[98]。

如此，美國在軍事介入朝鮮戰爭的同時，宣佈武力保護臺灣，恢復對臺灣的軍事、經濟援助，重新將臺灣納入其戰略防禦圈內。同時，美國大力扶植日本恢復經濟，並把日本定位為美國遠東戰略的堅強「盟國」。美國這一重大戰略調整，最大的受益者顯然是同處於戰後政治、經濟困境中的日本與臺灣。

朝鮮戰爭爆發後美援大舉進入臺灣，成為重建戰後美臺關係的序幕；朝鮮戰爭的「特需」更成為戰後日本經濟恢復與騰飛的起點，日本經濟很快進入高增長時期。朝鮮戰爭促進美國加緊扶持日本。1951年美國主導召開「舊金山對日和會」，提前恢復日本的國家主權，還簽訂了《美日安全條約》和《美日行政協定》，使日本在政治、經濟、軍事上從屬於美國。美國還推動日臺較早建立了雙邊貿易關係，以臺灣提供農產品以穩定日本國內的經濟秩序。1952年8月22日美國安全委員會第135/號文件「附錄」宣稱：「……當務之急仍是將扶持日本作為一個主要的目標。因為一個強大、友好的日本可以在太平洋充當西方防禦的天然橋頭堡，它將會為維持自由世界在亞洲的地位作出巨大的貢獻」[99]。

在美臺的雙重「利益」需求下，1954年12月美臺簽訂「共同防禦條約」，同時美國國會透過《臺灣決議案》，授權美國總統動用包括核武器在內的軍事力量防衛臺灣。隨後，這兩項法案的透過，表示著美國有了與國民黨當局共同保衛臺灣的法律依據。

出於雙方的政治需要，在對臺灣實施軍事保護的同時，美臺確立以美國單方援助臺灣的美臺經濟關係，從而把臺灣經濟納入美國為首的資本主義經濟體系之中。臺灣的最大需求則是在美國的經濟、軍事的援助下逐漸「復興」，國民黨在臺灣的統治地位也得以維系和鞏固。正因為美臺雙方的政治需要的一致性和從屬關係，決定了美臺經濟關係的發展趨勢，臺灣當局也願意接受其在美臺經濟關係中的從屬地位[100]。在美國的援助下，臺灣經濟增長迅速。從1952—1956年間5年間，臺灣的國民生產總值（GNP）的年均增長率為6.1%，而1952 和1953年兩年的增長率分別為8.21%和9.19%，1955年、1956年分別為3.87%和3.66%[101]。在接受美援的過程中，臺灣由「反共」前哨基地逐漸轉為經濟上的半邊緣地區，形成了經濟上對美國的依賴[102]。

在美日關係、美臺關係基本確立的基礎上，美國對未來日臺關係進行了戰略設計。美國認為臺澎列島作為圍堵和監視中國大陸的軍事要塞，其戰略位置極為重要。另外，臺灣作為供應日本糧食的傳統供應地，是維持美國對日佔領的重要保障。為此，美國的基本目標「是不讓臺灣和澎湖落入共產黨手中。目前為達此目的的最實際手段是把這些島嶼同中國大陸隔離開」[103]。在美國的一手導演下，1952年4月日臺簽訂「日臺合約」並建立「邦交關係」，這為戰後日臺關係的發展提供了所謂的政治法律保障。對臺灣而言，日臺關係的重要性僅次於美臺關係。而就發展經濟來看，由於臺灣經濟對日本的嚴重依賴，其重要性則幾乎可以和美國對臺援助相提並論。

美國東亞戰略的調整，大體規定了戰後日臺的政治與經濟的發展動向。在美國東亞戰略中，日臺關係從屬於美日與美臺關係。同樣，戰後初期的日臺經濟關係亦是如此。鑑於臺海兩岸經濟聯繫的中斷，按照美國的規劃，1950年9月臺灣與日本簽訂了貿易協定，向日本出口米糖等必需農產品。由此，因戰爭而中斷的日臺經濟聯繫僅僅不到4年就又恢復了。臺灣當局此時認為，要想盡快恢復台灣經濟，就要積極「發展對外貿易，尤以恢復對日貿易為最重要」[104]。但此時日本尚未恢復國家主權，日臺之間尚未建立任何形式的「官方」關係，僅是就雙方緊缺的商品物資品種作了數量有限的易貨貿易而已，日本和臺灣僅維持著一定程度的民間貿易往來。

在美國的扶持下，日本經濟開始恢復至戰前水平並於1955年進入戰後經濟的高速增長期。為擴大其出口市場，日本從1960年代始起，積極開展經濟外交，試圖透過臺灣打開通往東南亞市場的渠道，遂加強對臺貿易和直接投資。日臺雙邊貿易的規模逐漸擴大，1952年日臺雙邊貿易總額僅為1.196億美元，1960年增至1.666億美元。臺灣對日出口佔其總出口48.3%上升至1955年60.6%。此後，即逐漸下降，1965年為30.6%，但仍佔第一位。戰後初期，由於大量接受「美援」，臺灣從美國的進口多於從日本的進口；1952年，臺灣從日本進口佔其總進口的比重為31.0%，而同期從美國的進口為45.7%；1955年從日本的進口與美國的進口分別為30.4%和47.5%。但是，到1964年以後，從日本的進口開始超過美國；1965年臺灣從日本的進口佔總進口的 39.8%，超過了從美國進口的31.7%[105]。由於日本經濟尚未恢復元氣，從1953年到1960年，日本對臺灣直接投資累計僅為14項，累計總金額僅為168 萬美元；但是，從1961年到1970年的10年間，來自日本的直接投資猛增為374項，總額為8732萬美元[106]。日本的紡織業等勞動密集型產業就是在這段時期陸續轉移到臺灣的[107]。總之，戰後初期發初的日臺經濟關係是美臺、美日經濟關係的補充和延續，是美日臺關係中的經濟組成部分[108]。戰後初期至1960年代中期日臺經濟關係發展較快，同期美日、美臺經濟關係亦進展迅速；日本經濟高增長後至1980年代，日臺經濟關係與美日、美臺經濟關係平行展開，但貿易摩擦等經濟矛盾也開始頻發，總的來說，「三邊」經濟關係亦是從屬於美國東亞戰略範疇的重要環節。

至1960年代中期美國國力日漸衰退，而日本經濟則持續高增長，美日臺關係的發展也進入「轉型期」。1964年11月9日佐藤榮作上臺組閣，日臺關係更加趨於密切。此時，臺灣的工業化對日本的資金、技術和機器設備等的需求極為高漲。同時，工業經濟發展迅速的日本也急需增大來自臺灣的農產品供應，日臺雙邊貿易進展很快。按照美國的戰略設計意圖，在「美援」終止的1965年，日本向臺灣提供了第一筆政府貸款，總額為540億日元（合1.5億美元），主要用於建設高雄港、曾文溪水庫等項目[266]。在互為需要的前提下，更重要的是在美國的主導下，美日臺關係發展很快，日本提供技術和半成品、在臺灣台灣加工裝配、最終產品出口美國市場的貿易模式基本形成；1960年1月美日簽訂新的《美日安保條約》，繼續堅持「遠東條款」（第六條），新美日安保體制正式形成。1960年2月26日岸信介首相表明日本政府對於「遠東條款」的見解：大體上菲律賓以北，日本及其周邊地區，包括韓國和臺灣當局控制下的地區[109]。岸信介甚至說，若中國人民解放臺灣，根據「遠東條款」，日本「不能無動於衷」[110]。就此，美日臺關係繼續得以維繫鞏固。

第三節　臺海危機期間的美臺關係

一、第一次臺海危機期間（1954年）的美臺關係

1949年3月15日中共中央鄭重宣告：「中國人民解放軍解放戰爭的任務就是解放全中國，直到解放臺灣、海南島和屬於中國的最後一寸土地為止」[111]。大陸全境戰事結束後，解放軍隨即開始攻臺戰役的準備[112]。1950年1月底英國駐廣州總領事館電告英國政府，稱解放軍將在3月份發起攻臺戰役；5月15日美國駐華使館臨

時代辦羅伯特在臺北向美國政府報告稱：解放軍可能在6月15日至7月底之間發動進攻[113]。但至6月25日朝鮮戰爭突然爆發，解放軍兵力大量東調。中共軍委遂決定：「……加強海空軍建設，打臺灣的時間往後延」[114]。

1953年1月20日艾森豪威爾就任美國第34屆總統後，進一步加強既定的臺海政策。6月22日美國國家安全委員會制訂的《日光浴計劃》明確指出：美國應「繼續支持臺灣，不僅支持它的自身防禦，而且為了在遠東地區戰爭擴大的形勢下，採取可能的進攻性行動而支持它擁有有效的戰略儲備力量」[115]。7月27日朝鮮停戰協定簽字後，圍繞臺海地區的安全問題開始突出。中國領導人也意識到：「……現在朝鮮戰爭停了，印度支那戰爭也停了，剩下來的就是美國加緊援助臺灣進行騷擾性的戰爭」[116]。

為阻止美國分裂臺海兩岸的意圖，反擊臺灣當局的軍事騷擾，中共中央決定進行懲罰性炮擊。1954年7月23日《人民日報》發表社論，重申中國人民一定要解放臺灣。8月1日解放軍總司令朱德在建軍27週年紀念會上講話，強調中國人民一定要解放臺灣。8月2日周恩來總理兼外長發表聲明，宣佈中國人民一定要解放臺灣。8月11日周恩來在中央人民政府委員會第33次會議上再次聲明：「臺灣是中國神聖不可侵犯的領土，絕不容許美國侵佔，也不容許交給聯合國託管。解放臺灣是中國的主權和內政，絕不容許他國干涉」[117]。8月24日毛澤東會見英國前首相艾德禮時，希望美國在臺灣問題上採取明智的態度[118]。

1954年9月3日解放軍集中炮擊金門、馬祖等島嶼，揭開了第一次臺海危機的序幕。此次炮擊，可視為是《孫子兵法》所講的「上兵伐謀」的行動，其目的是為了防止臺灣問題固定化，反對美國製造「兩個中國」的陰謀[119]。炮擊金門也是「為了阻止美國與臺灣簽訂共同防禦條約」[120]。

驟然緊張的臺海局勢震動了美國政府，9月4日杜勒斯指出：炮擊金門「可能嚴重危及包括澳大利亞、臺灣、日本、紐西蘭、菲律賓和琉球在內的整個沿海地區」。由此建議美國應進行軍事干預[121]。但鑑於朝鮮戰場的慘痛教訓，美國實在不願意再次與中國軍隊交戰，英國等國也予以反對[122]。於是，美國決策者決意「迂迴」性支持臺灣當局，使其「應儘可能地在不招致世界輿論反對的情形下保衛這些島嶼」[123]。9月12日杜勒斯提出利用聯合國調停臺海局勢的方案[124]。杜勒斯方案擬以「臺灣地位未定論」為前提，利用聯合國調停朝鮮停戰，達到避免美國直接捲入臺海軍事衝突的目的。這是美國面對臺海危機局勢進退兩難的情況下提出的折中方案，它成為美國在處理第一次臺海危機時所追求的主要目標[125]。

為掩蓋其干涉中國內政的圖謀，美英秘商後由紐西蘭出面在聯合國安理會提出臺灣海峽地區停火的提案。紐西蘭提案體現出艾森豪威在臺灣海峽採取的「戰爭邊緣政策」。即把戰爭邊緣線劃在大陸與金門、馬祖之間，不貿然捲入與中國的交戰，另一方面在聯合國鼓吹停火，以擺脫美國在臺灣海峽的兩難境地[126]。但美國的舉動遭到臺灣的堅決反對。對於臺灣當局來看，這不僅意味著割斷臺灣與大陸之間僅存的一點領土聯繫，造成臺海兩岸事實上的分裂。而且，由聯合國出面調停臺海停火，又意味著在國際上確定臺海局勢的固定化，臺灣將不得不接受與大陸永久分離這個前景。這兩點是臺灣當局無論從心理上還是從政治上都難以接受的[127]。

如前所述，為促使臺灣當局轉變態度，美國決策者決定在紐西蘭方案提交聯合國之前，與臺灣舉行締約談判。因為「這不僅是抵消紐西蘭提案所產生的副作用的重要步驟，也是阻止中共進攻臺灣的最佳措施」[128]。10月27日杜勒斯在與臺灣「外長」葉公超會談時指出：美國已與日本、菲律賓、韓國、澳大利亞及紐西蘭締結了《共同防禦條約》，在西太平洋島嶼防禦鏈上只剩下臺灣這個「唯一的缺口」[129]。11月2日美臺開始締約談判。

在談判中，美國認為金馬等島嶼的法律地位不同於臺澎列島，要求將條約防禦範圍明確限定為臺澎列島，同時要求臺灣當局保證在徵得美國同意之前，不能對大陸採取任何進攻性軍事行動。臺灣最初堅持美國必須承擔幫助防守金馬等島嶼的義務，但最終被迫在條約「防禦範圍」和事先徵求美國意見問題上作出讓步。1954年12月2日美臺「共同防禦條約」在臺北正式簽訂（1955年3月3日美臺在臺北互換批準書，正式生效）。

美臺「共同防禦條約」的簽訂，表示著美臺軍事同盟關係的確立。按照「共同防禦條約」的規定，美國將對臺提供全面的軍事保護，承擔繼續向國民黨軍隊提供援助、提高其作戰能力的責任等。《美日安全條約》與「美臺共同防禦條約」簽訂後，從日本北部開始，經韓國、琉球群島、臺灣、澎湖列島、菲律賓、南下至澳大利亞、紐西蘭，形成了一條圍堵中國大陸的「島嶼鎖鏈」，表示著美國在西太平洋的安全體系和戰略部署趨於完整。

由於金馬等島嶼不包括在「共同防禦條約」的「防衛」範圍中，為安撫臺灣當局，12月10日杜勒斯和臺灣「外交部長」葉公超互換信件，其中關於條約的適用範圍，函稱臺灣對於條約中「所述之領土及其他領土，均具有有效之控制，並對其現在與將來所控制之一切領土，具有固有之自衛權利」[130]。「將來」二字就把美臺「共同防禦條約」的「防禦」區域擴大至臺澎列島之外的金門等島嶼，這是美國對臺灣所作出的策略性「讓步」。

為打破美臺合謀，1955年1月18日解放軍實施陸海空三軍聯合作戰，一舉攻克一江山島，這是對「美臺共同防禦條約」的沉重打擊，臺海危機顯擴大之勢。美國決策者錯誤地判斷解放軍將以武力一舉解放臺灣島，1月24日艾森豪威爾要求國會授權總統在必要時動用美國武裝力量保衛臺澎列島[131]。1月28日美國參眾兩院分別以85：3和409：3的絕對多數透過《臺灣決議案》，授予總統「發動戰爭的廣泛權力」[132]。1月31日代理國務卿胡佛電告美國駐臺灣「大使」蘭金，令其立即向臺灣當局傳達《臺灣決議案》的內容。並轉達了艾森豪威爾的承諾，美國可以「防衛」金門、馬祖不受武裝侵犯，但國民黨軍隊必須迅速從大陳島撤出[133]。

不過，《臺灣決議案》的出臺並不意味美國對臺政策發生根本性的轉變。美國之所以承諾防衛金馬等島嶼，其最大的戰略目的就是迫使國民黨軍隊從大陳島撤退，暫緩臺海危機擴大，最終阻撓解放軍攻佔金馬及臺澎列島。則認為《臺灣決議案》彌補了美臺「共同防禦條約」的缺陷，因此同意從大陳島撤出。2月5日至12日在美國第七艦隊「護衛」下國民黨大陳島守軍撤退完畢，第一次臺海危機趨於緩和。

1955年1月28日紐西蘭駐聯合國代表向聯合國安理會提出在臺灣海峽停火的提案（史稱「神諭」方案）[134]。這一提案遭到海峽兩岸的共同抵制。2月3日周恩來總理在致聯合國秘書長的覆電中指出，紐西蘭提案「干涉中國內政，掩蓋美國對中國的侵略行為」，「違犯了聯合國憲章的基本原則」[135]。2月5日臺灣駐聯合國「常任代表」蔣廷黻在聯大演說中，堅決反對討論「停火」問題。2月8日蔣介石在「國父紀念日」大會上，質疑紐西蘭提案，痛斥「兩個中國」謬論[136]。這樣，圍繞「停火」問題，美臺矛盾一時非常尖銳。由於蘇聯的反對，2月15日安理會決定無限制擱置討論紐西蘭提案，美臺關於「停火」問題的爭論暫告休止。這樣，美國使聯合國介入臺海危機的目的歸於失敗[137]。

4月17日艾森豪威爾作出決策：如果臺灣當局同意從金門等島嶼撤軍，美國將封鎖南迄汕頭北至溫州的中國海岸，並在臺灣駐紮核武器部隊。這種封鎖直至中共放棄使用武力佔領臺灣和澎湖列島為止[138]。4月20日參謀長聯席會議主席雷德福和助理國務卿羅伯森赴臺對臺施壓，但臺灣當局仍拒絕美國的撤軍安排，美臺關係再度陷入進退兩難的困境。

同年4月23日周恩來總理在萬隆的亞非會議上發表聲明：「中國政府願意同美國政府坐下來談判，討論和緩遠東緊張局勢的問題，特別是和緩臺灣地區的緊張局勢問題」[139]。5月13日周恩來在全國人大常委會上進一步指出：「解放臺灣有兩種可能的方式，即戰爭的方式和和平的方式。中國人民願意在可能的條件下採取和平的方式解放臺灣」。5月24日杜勒斯覆函中方，同意雙方舉行會談，「以緩和及消除臺灣地區的緊張局勢」[140]。7月11日美國透過英國政府向中國轉達其在日內瓦舉行中美大使級會議的建議。7月14日中國政府回覆表示同意；7月25日中美兩國同時發表舉行大使級會談的新聞公報。至此，第一次臺灣海峽危機解除[141]。

如上所述，在第一次臺灣海峽危機中，美臺關係跌宕起伏、一再波折。美國為確保其在西太平洋的戰略利益，透過「共同防禦條約」和《臺灣決議案》在法律層面上承擔起「防衛」臺灣的義務。但美國又始終堅持避免在臺海地域與中國發生直接軍事衝突，呈現出美臺圍繞臺海危機的分歧與矛盾[142]。美國學者艾西奈利在《危機與承諾——1950—1955年美國對臺灣的政策》（1996年）一書中認為：「從1950年6月的干涉到日內瓦大使館會談，將臺灣從中國分離出去，是這一時期美國的目標......更具有深遠意義的是，這一思想是杜勒斯在第一次臺海危機期間所設計的外交戰略的一個基本組成部分，因為他的主要目標之一是透過製造事實上的『兩個中國』的局面以穩定臺灣海峽的局勢」[143]。雖然美國也並沒有宣佈將奉行「兩個中國」的政策，但美國將臺灣保留在其在亞洲「遏止共產主義」包圍圈的戰略意圖，已經表露得十分清楚了[144]。

在第一次臺海危機中，日本積極追隨美國的臺海戰略部署。日本外相重光葵發表聲明宣稱：「東亞的平靜被現在正在中國大陸沿海進行的戰爭所擾亂」，日本希望「透過聯合國的斡旋來迅速安排停火，以便保持臺灣海峽的和平」。希望中國「將忠實它所宣佈的和平共處的政策，並以適當的行動來證明」。日本還公開表示支持美國對中國實施軍事打擊。3月10日鳩山一郎首相對合眾社記者表示：「兩個中國」是解決問題的現有的最好辦法，並稱一旦爆發戰爭，美國可以「自由地使用日本基地，以進行或支持美國對紅色中國的軍事行動」[145]。日本的如此表態，充分體現出日本作為美國東亞戰略夥伴的重要角色。

二、第二次臺海危機期間（1958年）的美臺關係

第一次臺海危機結束後，在美國不斷加強對臺灣軍事援助的背景下，臺灣持續不斷對大陸沿海進行武裝襲擾。中國原來希望透過在華沙舉行的中美大使級談判能在臺灣問題上有所突破，但美國不肯改變其敵視中國的臺海政策，還單方面降低談判級別。由此，嚴懲臺灣的侵擾行徑，並迫使美國改變錯誤立場，是第二次炮擊金門的首要目標。8月2日起解放軍開始增兵福建；8月7日臺灣宣佈臺、澎、金、馬地區進入臨戰狀態。美國猜測中國可能會在金馬等島嶼甚至對臺灣本島採取軍事行動[146]。臺灣海峽一觸即發，處於危險的戰爭邊緣。

對於美國東亞戰略而言，如果臺灣被解放軍攻佔，美國設計之圍堵中國大陸的「島嶼鎖鏈」便被從中截去一環，美國在西太平洋的安全防線將受到嚴重的危害。美國部署在東亞地域的（包括沖繩在內的）軍事基地，也將受到嚴重威脅。東北亞、東南亞地域也可能會完全為共產黨所控制。尤其嚴重的是，具有巨大工業潛力的日本可能被納入中共和蘇聯的軌道。儘管這種「多米諾骨牌效應」不會馬上出現，但是如果共產黨的第一擊得手，那麼不消幾年土崩瓦

解之勢就會接踵而來[147]。對美國而言，這種局面的後果甚至比當年「失去中國」更為不幸，影響也更為深遠，而且，西太平洋和東南亞的這些事態發展的衝擊力還將產生嚴重的世界性影響[148]。基於這個判斷，美國決定全力「防衛」臺灣，艾森豪威爾甚至決心用核武器來進行干預[149]。但後來的史料證明，美國政府當時的臺海策略判斷，幾乎完全是戰略性「誤判」[150]。

1958年8月23日下午5時30分，解放軍地面砲兵向金門等島嶼發起密集炮擊，炮擊持續了大約一個小時，共打出2.8 萬發砲彈[151]。第二次臺灣海峽危機正式爆發。8月28日美國政府決定：在國民黨有能力應付危機的情況下，美國盡力避免介入，但必要時可以為國民黨艦隻護航[152]。

由於7月31日至8月3日蘇聯領導人赫魯雪夫剛剛訪問中國，美國由此判斷炮擊金門得到了蘇聯的戰略支持[153]。美國決策者堅定認為：炮擊金門很可能是「毛澤東和蘇聯領導人赫魯雪夫7月末在北京會晤時達成的一致的行動」[154]。炮擊金門開始後，美國隨即向臺灣海峽調集重兵[155]。

8月18日即炮擊金馬的前五天，毛澤東下達指令：「準備打金門，直接對蔣，間接對美」[156]。周恩來在接見蘇聯參贊蘇達利柯夫時說：「炮擊金門、馬祖並不是就要用武力解放臺灣，只是要懲罰國民黨部隊，阻止美國搞『兩個中國』」[157]。中國學者廉德瑰以為：更主要的是因為蔣介石拒絕了中央政府的「招安」，所以才激怒了毛澤東。另外還有一個更重要的原因，就是美國企圖讓國共雙方放棄武力，以便其製造「兩個中國」，特別是中美大使級會談的破裂，使得中華人民共和國，特別是毛澤東認為有必要給美國一點顏色看看[158]。

8月23日解放軍炮擊金門的當天，國務卿杜勒斯立即提出以下四條應對建議：

1.如果中國的炮擊造成局勢危險，可能需要第三國進行干預。2.臺灣對大陸的反攻活動有利於維持國民黨軍的士氣，但對大局恐怕很難有實際的影響，因為要改變中國或東歐，主要在於內因而非外因。3.美國應該要求中共不以武力改變臺海局勢，但是無法要求中共對臺灣利用沿海島嶼從事反攻活動的行為淡然處之。4.如有可能，應把臺海局勢交給安理會討論[159]。

8月25日艾森豪威爾總統在白宮召集緊急會議，並做出以下四項具體應對決策：

1.向臺灣提供導彈和登陸艇。2.美國空軍部隊接管臺灣本島的空防。3.準備為金門運補行動提供海上護航。4.由駐關島的戰略空軍B47飛行中隊做好對中國大陸目標實施核打擊的準備[160]。

美國進一步介入臺海危機，8月26日第七艦隊司令畢克萊在高雄宣佈，將於9月初在臺灣南部枋寮地區舉行美臺聯合軍演[161]。8月27日、9月4日蔣介石先後兩次致函艾森豪威爾，提出具體五項要求，催促美國進一步明確防衛臺灣的義務：

1.美國、臺灣聯合顯示武力以遏止中國的進攻。2.美國同意臺灣轟炸金門對岸的砲兵陣地和海空基地。3.艾森豪威爾發表聲明，明確表明對金門的攻擊就是對臺灣的攻擊，美國將用武力來反擊這種攻擊行為。4.美國第七艦隊對金門運補提供護航。5.艾森豪威爾授權駐臺美軍司令有權可以不必事先請示白宮而採取必要的措施[162]。

此時，臺灣派至金門的運輸補給船隊連遭解放軍地面炮火及魚雷艇的襲擊，金門守軍的給養無法補充。在臺灣的緊急要求下，8月29日艾森豪威爾總統決定對國民黨補給艦隻進行護航[163]；但嚴格命令美國護航艦隊必須停在離卸貨的海灘3海哩以外的公海上[164]。

經艾森豪威爾總統授權，杜勒斯於9月4日發表聲明，全面闡述美國對臺海危機的對策。杜勒斯聲稱：美國已經認識到確保和保護金門、馬祖同保衛臺灣日益有關，美國已經作出軍事部署。同時，杜勒斯也表示願意繼續與中國就臺灣問題進行大使級談判[165]。9月6日周恩來總理作出回應：「中國政府準備恢復兩國大使級會談」[166]。

9月4日中國宣佈中國領海寬度為12海哩，所有外國軍用船舶、飛機未經許可不得進入中國領海和領空。同日毛澤東決定即日起停止炮擊三天，同時確定避免與美國發生直接的軍事衝突的原則，用戰爭邊緣政策對付美國的戰爭邊緣政策[167]。

9月4日美國政府宣佈拒絕接受中國的12 海哩領海線，「從不承認關於12海哩領海的任何要求」[168]。日本仍繼續追隨美國的臺海政策，日本外務省發表聲明明確反對中國政府有關12海哩的主張；10月25日岸信介首相再次公開表示不承認中國的領海線[169]。

9月7日美國第七艦隊為國民黨運補船隊護航，在料羅灣遭到解放軍猛烈炮擊後，美國軍艦迅即撤離金門水域[170]。如此，中國以美國「戰爭邊緣」政策之道，還治美國之身[171]。在以後解放軍對金門運補行動實施的炮擊中，美國軍艦都採取類似做法，避免與中國直接發生衝突。9月11日艾森豪威爾向全國發表電視講話，重申美國對臺灣負有條約和原則義務並有權根據《臺灣決議案》採取行動，同時他又表示中美大使級談判的道路是「暢通的和準備好了的」[172]。

在

蔣介石拒絕撤軍的強硬姿態，使美臺矛盾愈加激化。9月30日杜勒斯公開宣稱：美國「沒有保衛沿海島嶼的任何法律義務」，也「不想承擔任何這種義務」[179]。具體講，美國企圖在海峽之間確立一條永久的分界線，達到「劃峽而治」、永遠分裂中國的目的[180]。杜勒斯的講話顯示美臺矛盾公開化，但蔣介石仍不退讓。他在高雄對美聯社記者發表談話，公開批駁杜勒斯的講話[181]。

針對美國的「劃峽而治」的圖謀，9月底至10月初中國政府開始制定新的應對策略。「孫子兵法」曰：「故善戰者，致人而不致於人」。毛澤東「本來是準備把解放臺灣分為兩步走，第一步是收復沿海島嶼，第二步是解放臺灣」[182]。經過與美國的反覆較量，中國政府逐步意識到，為了反對美國「劃峽而治」的企圖，國民黨軍隊留在金、馬比較有利[183]。根據時任總參謀部作戰部長王尚榮將軍的回憶：中央軍委最初是按炮擊之後進行登陸作戰進行準備的[184]。但此時毛澤東決定對金、馬攻而不取，以「幫助蔣介石守好金門」[185]。10月6日毛澤東以國防部長彭德懷名義發表《告臺灣同胞書》，宣佈暫以七天為期，停止炮擊，讓13萬金門軍民「充分自由運輸供應品，但以沒有美國人護航為條件」。10月13日中國國防部發佈命令：對金門炮擊再停兩星期。條件是：「美艦不得護航，如有護航，立即開炮」[186]；

為說服蔣介石自金門撤軍，美國國防部長麥克爾羅伊奉命前往臺北與蔣介石商談，但並未奏效[187]。隨後國務卿杜勒斯又於10月20日前往臺北，繼續施壓。為打破美國的戰略陰謀，就在杜勒斯前往臺灣途中在阿拉斯加停留時，解放軍隨即恢復對金門的炮擊，這就使杜勒斯赴臺的政治使命「歸於泡影」[188]。美國亦意識到，中國重開炮戰的目的首先是政治上的，而非軍事上的[189]。毛澤東就此指出：「杜勒斯到臺灣，如果我們不炮擊金門，則實際上是聯美壓蔣。我們炮擊金門，打破了美國的陰謀，打亂了它的計劃」[190]。

杜勒斯在臺北與蔣介石先後舉行多輪會談，反覆要求臺灣當局減少金門駐軍並承諾不以武力反攻大陸，但蔣介石予以拒絕[191]。在美臺《聯合公報》的起草過程中，美國做了重要的修改，如臺灣最初提出的原文為：「雙方確認，金門連同馬祖的防務，是同臺灣和澎湖的防務緊密相關的」。杜勒斯修改為：「雙方確認，在目前情況下，金門連同馬祖的防務，是同臺灣和澎湖的防務緊密相關的」[192]。杜勒斯承諾向金門駐軍提供先進武器裝備，而臺灣當局則同意從金門撤出部分兵力[193]。美臺最終達成妥協並於10月23日公佈《聯合公報》；24日杜勒斯在致國務院的電文中稱：《聯合公報》最重要的是，臺灣當局宣佈「解放中國大陸人民依賴的是政治理念，而不是武力」[194]。29日杜勒斯致電蔣介石稱：《聯合公報》已經獲得國際輿論的大力支持[195]。但「從美國方面來看，它想將臺灣與中國大陸完全分隔開來的政策策略終於破產了」[196]。美國《基督教箴言報》亦認為，《聯合公報》並沒有解決美臺之間的分歧與矛盾，只不過是把這些分歧掩蓋起來而已[197]。

10月25日毛澤東再以國防部長彭德懷名義發表《告臺灣同胞書》，同時宣佈：對金門炮擊改為單日打、雙日停。即逢單日打炮，逢雙日不打金門機場和料羅灣碼頭，以便「使大金門、小金門、大擔、二擔的軍民同胞都得到充分的供應」[198]。《告臺灣同胞書》發佈後，美國不顧臺灣當局的請求，宣佈暫停為金門運補護航。10月25日以後解放軍對金門的炮擊「演變成純粹政治意義的行動」[199]。12月10日美國宣佈自臺灣撤走部分駐臺美軍，第二次臺灣海峽危機始得和緩。由於中美雙方的戰略性「克制」，臺海危機局勢「始終未發展到美國政府認為應當直接軍事干預的程度」[200]。中國學者認為：「金門炮戰是一場以軍事鬥爭為表現形式的政治戰，也是外交戰。它不僅是國共兩黨的國內政治，更是一場中美蔣之間三角關係惟妙惟肖的矛盾表現」[201]。炮擊金門亦由此成為「中、美、蔣三方之間的一種特殊的對話方式」[202]。

第四節　戰後初期日本政府的對臺政策

一、吉田茂內閣的對臺政策（1946—1954）

吉田茂是一個職業外交官，在日本戰後曾五次出任內閣首相[203]。由於朝鮮戰爭等冷戰因素，美國對日本的政策由削弱變為扶植，並且「由於美日安全體制的建立，日本也從此加入了以美國為首的西方陣營」[204]。1951年9月8日「舊金山對日合約」簽訂後，美國結束了對日本長達七年的軍事佔領。1952年4月28日「舊金山對日合約」正式生效後，儘管在形式上日本恢復國家主權，美日關係亦由佔領與被佔領關係轉變為普通的兩國間關係，但是控制與被控制的關係依然存在。美國在很大程度上仍影響著日本的政治、經濟與外交，而戰後初期日本面臨經濟衰敗、社會動盪等危機，日本為求得生存就必然依賴美國的援助。所以，以「日美基軸」為導向的日本外交，體現出向美國「一邊倒」的傾向。戰後初期日本的對臺政策就必然依從美國東亞戰略的意志，這是吉田茂內閣制訂、施行臺灣政策的重要背景。

史實證實，「日臺合約」簽訂前後，以吉田茂首相為首的日本決策層始終沒有放棄對臺灣的「領土慾望」。英美駐日外交官注意到，吉田茂等日本政治家非常期待在後蔣介石時代把臺灣重新納入日本的版圖，欲先實現所謂的「再統合」，即臺灣在軍事、經濟上依附日本，政治上保持一定之獨立。經過一定時期之後再將臺灣完全納入日本的統治疆域[205]。前臺灣總督府官員井出季和太亦公然提出：「以臺灣充當美國軍事基地為條件，以聯合國託管的名義，移交給日本進行行政管理，是最為合理的措施」[206]。為此，吉田首相還多次授意松本重治等親信向英美駐日外交官徵詢建立「日臺邦聯」（Union between Formosa and Japan）或「日臺聯合王國」（Japanese United Kingdom）[207]的意向，以求取得英美等國的支持。這些秘密策劃清晰地「反映出吉田帝國意識的新動向」[208]。對於吉田茂等人的如此圖謀，臺灣當局亦持有警覺，特別是「經此與日締約談判中的凌辱後，蔣介石對與日合作的態度也趨於謹慎和保留」[209]。如蔣經國在其1967年訪日前，從未參加過日本駐臺使館組織的任何社交活動，甚至不參加為慶祝日本天皇生日舉行的酒會[210]。

1951年日本重獲國家主權後，吉田內閣確立了對外依靠美國、對內復興經濟的治國路線，基於日本的現實困頓，經濟的重建成為當時吉田內閣最為迫切之課題。吉田內閣最初的預案是與臺海兩岸同時建立聯繫，尤其是與大陸恢復以往的經濟聯繫，以獲取急需之經濟資源及商品市場。故而對於臺灣當局的積極對日態勢，則採取了「冷淡對應」。1951年10月25日官房長官岡崎勝男對臺灣駐日代表董顯光明確表態：「中國所顧慮的是，深恐與貴國訂立雙邊合約後，勢必引起大陸中國國民對我之仇視」。岡崎勝男還稱：「中國歷來尊重中華民國，遺憾的是，中華民國政府的領土僅限於臺灣」[211]。這段話的真實含義其實就是日本不急於與臺灣建立「邦交關係」，這是吉田茂內閣當時對臺政策的具體體現。10月底吉田茂甚至在國會宣佈：如中國政府同意日本在上海設立海外辦事處，日方將歡迎中方在日本設立類似機構，以便於通商貿易[212]。可見，日本政府當時試圖選擇的是「雙軌政策」，並不完全倒向臺灣當局，而是力圖保持在對華政策上的選擇權和「中立地位」，以便利用中國尚未統一的局面，最大限度地為日本謀取利益[213]。

由於吉田的對臺構想並不符合美國東亞戰略的規定，美國決定對其施以高壓，迫使其無條件「進入」美國設計的日臺關係發展軌道。在「舊金山對日合約」簽訂後的1951年12月杜勒斯來到日本，迫使吉田茂以如下的形式選擇臺灣：「只要日本不承認臺灣政府，美國國會也就不會有批準舊金山對日合約的氣氛」[214]。12月24日吉田茂在致杜勒斯的《吉田書簡》中重新表達其對臺政策的基本構想：「我希望與目前在聯合國擁有席位、發言權及投票權，對若干領域行使施政權，以及與聯合國成員國有著外交關係的中華民國建立外交關係」。「中國政府準備在法律允許之後——如果中華民國願意的話，按照多國和平條約的原則與其重建正常的關係，締結條約。關於中華民國，兩國間條約之條款將適用於現在中華民國政府管轄之下或今後應屬於其管轄的所有領土」[215]。這段論述比較完整地描繪出吉田茂對臺政策的基本構想。

眾所周知，《吉田書簡》其實是由杜勒斯事先擬訂好之後交由吉田茂以其名義發表的，實質是美國政府在其對日、對臺政策上的具體反映。面對美國的巨大壓力，職業外交官出身的吉田茂很清楚地意識到，只要美國國會不批準「舊金山對日合約」，就仍意味著日美之間繼續處於戰爭狀態，美軍將持續對日本的軍事佔領，兩國依舊是敵對關係，戰後經濟重建也就無從談起，這絕不符合日本的「國家利益」。其後，吉田開始調整其對臺外交策略，這亦是《吉田書簡》產生的歷史背景。

1952年6月26日吉田茂首相在國會答詢時，對於日臺關係有著明確的表述：「我認為與中國關係最為重要的，首先是與中華民國進入條約關係」[216]。但同時吉田茂仍然擔憂，「日本政府希望與臺灣發生修好關係。並加深經濟關係。但是與此同時，又不願更加深入而明顯採取否認北京政權的立場」[217]。吉田茂一直宣稱其願意與中國大陸發展經濟關係，尤其是中國大陸廣闊的市場、豐富的資源吸引著日本企業界的強烈關注。但吉田茂的謀略是與中國大陸和臺灣同時建立「外交關係」及其他經濟貿易聯繫，他始終認為：日臺即使簽訂合約，也只是日本「與臺灣政權間的關係，與中共政權無關」[218]。但在美國的「嚴厲管束」下，吉田茂內閣被迫「轉向」，採取了依存美國東亞戰略的對臺策略，即：不與中國發生任何聯繫，而與美國合作獨佔臺灣。在美日共同策劃的政治謀略下，臺灣當局在被迫放棄了許多權利後，於1952年4月28日與日本簽訂建立所謂「邦交關係」的「日臺合約」。但吉田內閣仍一再強調「日臺合約」僅是一個「限定承認」條約，其「目的是希望最後與全中國維持條約關係」[219]。吉田茂的真實意圖是：先與臺灣當局締結一個所謂的「雙邊合約」，日後再與新中國政府簽訂另一個合約，實為製造「兩個中國」預留迴旋空間。而其這樣做的最終目的，就是想充分利用處於分裂狀態的兩岸資源為日本經濟復興服務，進而重新染指臺灣[220]。由吉田內閣確定及推行「兩個中國」政策和「政經分離」的原則，成為冷戰時期日本政府對華（對臺）政策的基本思路[221]。

可見，雖然吉田茂內閣發展與臺灣的政治關係，是其屈從於美國壓力的必然結果，但其試圖在臺海兩岸之間尋求「等距離外交」的構想始終沒有放棄。如在吉田茂內閣期間的1952年6月1日和1953年10月，日本與中國大陸分別簽署了第一、第二次中日民間貿易協定[222]。體現出其對華政策的「兩面性」和「實用性」[223]。配合美國東亞戰略，同時獨佔臺海兩岸的經濟資源和市場，不僅是吉田茂內閣時期確定的對臺謀略，更是冷戰時期日本歷屆內閣始終貫徹的戰略目標。

二、鳩山一郎內閣的對臺政策（1954年—1956年）

1954年12月10日鳩山一郎[224]內閣成立，鳩山一郎戰前就是極為活躍的日本政治家。戰後鳩山一郎成為日本政壇反吉田派的領袖。眾所周知，吉田內閣時期採取對美「一邊倒」的外交路線，迎合美國東亞戰略，安全保障上依託美國；政治上不承認中國；經濟發展優先等。與此對立的反吉田派則提出對美「自主外交路線」；在外交上主張改善日蘇、日中等雙邊關係；強調修改憲法；自主重整軍備，建立自主防衛體系。

鳩山一郎執政伊始，即對吉田茂內閣時期對美「一邊倒」的外交路線進行調整，積極改善日本與中蘇的敵對關係[225]。鳩山一郎的新外交策略引發臺灣當局的警覺，日臺關係亦有所下降。針對鳩山一郎欲以民間貿易形式改善中日關係的策略，臺灣當局於1955年4月對日本提出強烈抗議，還透過美國政府對日施壓。當時美國政府對鳩山一郎積極改善日蘇、日中關係的態勢非常不滿，對鳩山首相產生極度的不信任，美日關係亦出現烏雲。美日臺三邊關係的穩定性嚴重傾斜。

鳩山一郎內閣奉行國家利益第一的外交政策，基於戰後日本經濟發展的實際需要，在吉田茂內閣期間簽署的第一、第二次中日民間貿易協定，大都在鳩山一郎內閣期間得以順利實施。當時日本正處於經濟困頓之中，對盡快恢復與中國大陸的貿易「寄予很大希望，特別是想透過從中國大陸輸入大豆和優質煤等物資，以解決糧食奇缺和燃料不足的燃眉之急」[226]。1954年10月中日第二次民間貿易協定期滿，在鳩山一郎的支持下，1955年5月雙方簽訂中日第三次民間貿易協定[227]。對此，臺灣當局向日本提出強烈抗議，宣稱鳩山內閣對大陸改善關係是臺日間「發生摩擦的根源」。不過，當年日本與臺灣簽訂貿易計劃與空運臨時協定，日臺經濟關係的發展非常順暢，但日臺政治關係直降到低潮。為此，日本自民黨「臺灣幫」積極斡旋，1956年4月促成日臺雙方高級代表團（訪日代表團長為臺灣「立法院長」張道藩[228]；訪臺代表團長為日本自民黨總務會長石井光次郎）的互訪。緊接著，日本自衛隊代表團訪臺，臺灣「財政部長」訪日等。在美國的要求下，12月臺灣對日本加入聯合國予以積極支持[229]，日臺雙邊的政治關係大為改善。

鳩山一郎主張與中國大陸進行民間貿易同時，也把臺灣當作一個「獨立的國家」看待，他的具體做法其實與吉田茂並無區別，「兩個中國」是他應對臺海兩岸的政策基調。組閣前的1954年11月15日鳩山一郎對媒體公開宣稱：「中共、國府（臺灣）都是獨立國家，我打算分別與其締結友好關係」[230]。12月15日鳩山在接受採訪時又說：「由於臺灣與中共兩方是獨立國家，所以只承認一方為獨立國家是不正常的」[231]。這就是鳩山內閣同時與臺海兩岸同時進行貿易的基本理念。

鳩山不僅「幻想」同時與兩岸發展關係，甚至企圖「說服」中國政府接受其「兩個中國」的荒謬主張。3月15日鳩山首相在國會答辯時稱：「欲與周恩來會面旨在建議人民政府與『國民政府』彼此相互承認」[232]。外務省中國課小川課長在對美國大使館官員進行解釋時稱，鳩山首相的想法是，為了和平解決中國問題，「兩個中國」是現有最好的解決辦法。但鳩山的如此策略不僅引發臺海兩岸的強烈抗議和抵制，美國也表示反對[233]。可見，鳩山積極推行「兩個中國」的策略，表明其繼承和延伸了吉田內閣對臺政策的思路。

三、岸信介內閣的對臺政策（1957年—1960年）

自1957年2月起日本進入岸信介[234]內閣時期，中日民間貿易嚴重受挫，而日臺關係則進入「蜜月期」。岸信介是日本自民黨親臺派「始祖」[235]，也是日本戰後唯一具有甲級戰犯嫌疑經歷的日本內閣首相。由於石橋湛夫首相（1956年12月7日組閣，次年2月辭職，任職僅63天）因病辭職，1957年2月時任外務大臣的岸信介繼任日本首相。3月12日上臺僅半個月他就迫不及待地主持設立日臺合作委員會，該委員會主要由親臺的政治家和企業界人士組成，是戰後日本政壇「臺灣幫」的濫觴；3個半月後（1957年5月20日至6月4日），岸信介作為戰後日本首相首訪緬甸、印度、巴基斯坦、錫蘭、泰國和臺灣。訪問特意安排在其6月份訪美之前，為獲取對美、對亞外交雙重效果進行實驗[236]。

訪臺期間，蔣介石與岸信介進行了三次會談，還與臺灣發表《日臺共同聲明》，公然支持臺灣「收復大陸」[237]。在臺期間，岸信介大肆攻擊中國是「侵略國家」[238]，公然煽動稱「臺灣海峽的形勢並非內亂，乃是反對共產主義的國際性質的戰爭」[239]。岸信介的真實想法是「企圖用中國對亞洲的威脅來誘使美國增加對日本的經濟援助，日本用美國的經濟援助再充當向包括臺灣在內的亞洲進行經濟侵略的主角」[240]。

為取悅臺灣當局，岸信介亦對中日民間貿易予以阻撓，中日民間貿易第三次協定於1957年6月期滿後，岸信介內閣一再拖延新協定的簽訂。直到1958年3月5日，才迫於日本國內經濟界的強烈要求，同時也是為增加競選的資本，岸信介內閣默許日本貿易三團體與中國貿促會簽訂了第四次中日民間貿易協定。該協定備忘錄規定了雙方一系列準外交特權的待遇，如第一款第4項規定：「給予雙方貿易辦事處懸掛各自國旗的權利」[241]。岸信介之所以默許第四次中日民間貿易協定的簽訂，主要是企圖借此在日本國內造成既有臺灣「官方」貿易機構存在，又有中國準官方貿易機構並存的「兩個中國」局面。

但是，岸信介此舉引發美臺的堅決抵制。3月下旬美駐日大使麥克阿瑟二世奉命對日本政府提出警告：日本必須即刻停止與中國大陸的貿易接觸，必須從戰前在中國大陸的經濟帝國夢中醒過來；同臺灣的政治和經濟夥伴關係才是最重要的；只有維繫日臺經濟關係的持續發展才是「自由世界」的最佳利益所在[242]。3月28日美國政府同時向日臺表明其反對中日貿易的立場。4月1日美國助理國務卿召見日本駐美大使潮海浩一郎，對日本施加壓力。岸信介顯然低估了美國一直秉持的與「兩個中國」政策相左的「親蔣反共」立場，也顯然低估了臺灣當局抵制「兩個中國」政策的堅決態度[243]。在美臺的雙重壓力下，岸信介內閣迅速轉向。藤山外相訓令重開日臺貿易談判，並申明中日貿易協定屬民間性質，日本不承認中國駐日貿易代表具有外交官身份。4月岸信介在給蔣介石的親筆信中表示：「日本沒有承認北京政府的意思，按照日本的國內法，不能阻止懸掛中國國旗，但並不承認懸掛國旗是一種權利」[244]。4月9日內閣官房長官愛知揆一代表日本政府明確表態：日本「現在無意承認共產黨中國」，「無意承認」民間商務代表機構「具有官方的特權地位」；「因為目前沒有承認共產黨中國，所以不能承認民間商務代表機構所謂有權懸掛共產黨中國國旗」[245]。臺灣當局表示滿意，隨即宣佈恢復日臺之間的商務往來，並重啟日臺貿易會議。

1958年5月2日在日本長崎舉行的中國郵票剪紙展覽會上，發生兩名日本右翼暴徒撕毀中國國旗的嚴重事件。由於岸信介內閣公然袒護和縱容肇事的右翼分子，造成戰後以來中日民間貿易、文化交流等全面停止[246]。至此，臺灣當局對日態勢由前一階段對岸信介內閣的疑慮轉而強調臺日雙方加強合作。不僅如此，岸信介還把日本的安全與臺灣聯繫起來，他與美國協商後把臺海區域納入美日安保體制的防衛範圍。1960年1月14日美日簽訂新的《美日安全條約》（日本國會6月19日透過），擴大有關「遠東條款」的內容。2月26日岸信介在國會眾議院闡述其內閣「統一見解」時詮釋說：「遠東條款」的防衛範圍，「大體是菲律賓以北和日本及其周圍地區，韓國及中華民國統治下的地區也包括在內」[247]。臺灣當局對於岸信介的如此言行甚為「滿意」，美日臺關係亦得以超常發展。

四、池田勇人內閣的對臺政策（1960年—1964年）

1960年10月池田勇人[248]內閣成立後，基於其「政治消極、經濟積極」的基本國策，開始調整岸信介內閣時期過於偏向臺灣的政策。池田內閣確定盡快恢復與中國大陸的民間貿易，使中國大陸的自然資源和龐大市場為日本發展經濟所用的理念，這構成其經濟外交政策的一大特色。池田首相在1960年10月召開的臨時國會上發表演講，表明其重新啟動中日貿易的基本態度[249]。池田明確提出日中貿易應「本著政治與經濟分離的立場，按日本與歐洲之間已經達到的規模進行貿易是適宜的」[250]。這是池田首相基於「一中一臺」的政治考慮上所作出的判斷，即在保持日臺之間密切經濟關係的同時，也與中國大陸發展民間貿易。面對池田內閣對華態勢的調整，引起臺灣當局高度不安。

事實證明，池田內閣執行的是一條「政治臺灣、經濟大陸」的「雙軌政策」，與前幾屆內閣並無大的差異。池田認為這種左右逢源、不偏不倚的政策最適合日本的國家利益。當時日本經濟正處於高增長的初級階段，歷經戰爭苦難的日本國民更傾向於民生的改善與發展，因而，池田內閣適時提出的《國民收入倍增計劃》迎合了大多數國民的現實需求。而池田內閣為確保實現在今後10年內國民收入增加一倍的政策目標，則必須進一步擴大對外貿易市場，中國大陸成為其擴大海外市場的重要對象國。可見，池田內閣奉行外交服從經濟的國策，不論是「自由主義」國家還是「共產圈」的國家，都是其對外經濟貿易的對象。因此，在池田內閣積極調整對中國民間貿易之同時，日臺經濟合作與貿易往來亦相當活躍。1961年8月前首相岸信介作為池田內閣特使訪問臺灣，岸信介與蔣介石就日臺經濟合作問題進行了具體討論。

池田內閣成立後的兩年期間，日臺關係相對還是平穩發展的，發生重大衝突始於1962年11月9日「中日綜合貿易備忘錄」（史稱LT備忘錄）[251]的簽訂。按照《備忘錄》規定，「中日在兩國首都互設貿易辦事處」，實際上造成「準大使館」的作用，其作用遠遠超過了民間貿易的範圍[252]。

為阻止日本發展與大陸的關係，1963年5月臺灣「總統府」秘書長張群訪問日本，他「勸告」日本政府：「即便日本打算進行純粹的商業貿易，也不要與大陸進行貿易」[253]，但池田內閣未予理睬。8月池田內閣批準日本倉敷株式會社向中國出口維尼龍生產成套設備並決定由日本進出口銀行給予200萬美元的融資[254]。臺灣當局認為日本向大陸出口工業設備不僅是「超越民間貿易範圍的經濟援助」[255]。而且「更嚴格一點說，尼龍製品在軍用上也頗有價值，因此可以算做軍援[256]。

隨後臺灣當局對日本作出強烈反應，9月24日臺灣「立法院」揚言要與日本「斷交」；10月7日又發生「周鴻慶事件」[257]，更促使日臺關係陷入全面危機。1964年1月臺灣「外交部」發表聲明，要求日本徹底明確對臺政策，同時臺灣駐日本「大使」辭職。1月11日臺灣當局頒佈停止政府機關及公營事業的對日採購（佔日本對臺出口額30—50%）[258]；暫停與日本協商每年對日出口10萬噸大米（價值約1500萬美元）的貿易。1月14日臺北發生襲擊日本駐臺「大使館」事件[259]、學生的反日「五不運動」[260]等。日臺關係在「建交」12年後面臨斷絕的危機，美日臺關係嚴重失衡。為維持其圍堵中國的東亞戰略平衡，美國遂對日施加壓力，催促池田內閣盡速改善對臺關係[261]。池田本無徹底與臺灣斷絕關係而發展與中國大陸關係的意圖，在美國以及自民黨內「臺灣幫」的雙重壓力下，池田內閣乃積極尋求改善日臺關係。

為安撫臺灣當局，1964年1月自民黨副總裁大野伴睦作為池田內閣特使，偕自民黨外交調查委員會委員長船田中到臺灣為蔣介石「祝壽」，借此緩和緊張的日臺關係。2月23日前首相吉田茂攜帶池田親筆信以私人身份（實際上是池田首相特使）赴臺訪問，與蔣介石進行多次會談。回國後吉田茂給臺灣「總統府」秘書長張群回了一封信，以私人信件的形式說明了池田內閣改善日臺關係的想法，此即所謂第二次《吉田書簡》[262]。《書簡》的主要內容有兩點：一是日本對中國的融資只限於民間商業貸款；二是日本政府今後不再批準日本企業使用日本進出口銀行貸款[263]。據近年來日本外務省解密的外交文獻可知，第二次《吉田書簡》還承諾在「道義上」支持臺灣當局反攻大陸。這是日本對兩岸作雙重外交的開端，吉田茂巧妙地運用「事實上的首相特使」和「私人立場」兩種身份完成了使命[264]。

《吉田書簡》表明池田內閣將對中日民間貿易進行政策性限制，這在一定程度上安撫了臺灣社會的反日情緒，臺灣當局亦多次宣稱《吉田書簡》是《日臺合約》的補充文件。6月26日派遣魏道明為新任駐日「大使」；7月3日大平正芳外相訪臺，在與臺灣「外交部長」沈昌煥會談時，大平代表池田內閣承諾將以《吉田書簡》為準則發展日臺關係[265]。同月臺灣當局撤銷對日採購的禁令，日臺關係開始好轉，但在池田內閣時期始終未能恢復至岸信介時期的「密切程度」。

從本質上來講，池田內閣對臺政策是以「政經分離」和「兩個中國」為其主要特徵，維繫日本經濟高增長的外部環境是其最大戰略目標。池田內閣與岸信介內閣最大的區別在於，岸信介採取了在政治上和經濟上敵視中國大陸的極端態勢，而池田內閣為實現其

「國民收入倍增計劃」的國策，企盼既與中國大陸進行民間貿易獲取經濟利益，又與臺灣保持「邦交」關係撈取「對美」外交資本。池田勇人很巧妙地繼承了吉田茂最早確立的「政經分離」原則，日本同時獨佔臺海兩岸經濟資源的策略在其執政期間也得到進一步完善。

綜上所述，戰後初期至1960年代中期，日本歷屆內閣的對臺政策無外乎取決於兩個主要因素，一是日本國內政治與經濟利益需要；二是國際環境中美國東亞戰略及臺海政策的取向。在全力發展經濟的過程中，日本對臺政策是主要附屬於美國因素的，鮮有對臺政策的自主性。但隨著日本經濟的持續增長以及日本「外交自主性」的增強，在更加積極配合美國的臺海戰略的同時，日本也逐漸加強其在臺海局勢問題上的「自主」影響力。

注　釋

[1].劉世龍：《美日關係（1791—2001）》，第374頁。

[2].《對日合約問題史料》，人民出版社1951年版，第24頁。

[3].1950年6月25日朝鮮戰爭爆發時，駐日美軍計有四個陸軍師，即第7、24、25步兵師和第一騎兵師共52462人；一個高射炮隊5290 人；其他輔助人員25119 人，合計82871 人。朝鮮戰爭爆發後，7月初第24師，7月中旬第25師，7月下旬第一騎兵師，9月11日第7 師先後赴朝戰場。

[4].《美國對亞洲的立場》（美國國安會第48/1號文件），1949年12月23日。見周建明、張成至主編：《美國國家安全戰略解密文獻選編（1945—1972）》第二冊，社會科學文獻出版社2010年版，第751頁。

[5].［日］五百旗頭真：《日本外交史（1945—2005）》

（吳萬虹譯），世界知識出版社2007年版，第52頁。

[6].馮昭奎等：《戰後日本外交：1945—1995》，中國社會科學出版1996年版，第93頁。

[7].關南等：《戰後日本政治》，航空工業出版社1988年版，第143—144頁。

[8].日本大藏省編：《昭和財政史》第20卷「英文資料」，東洋經濟新報社1982年版，第262頁。

[9].謝朝暉：《論戰後日本軍隊的重建》，《南京政治學院學報》2001年第6期。

[10].自日本國家警察預備隊建立至1951年10月，美國向日本提供了全部的武器彈藥，其中有卡賓槍74922枝、衝鋒槍1997枝、步槍24248枝、機關槍2427挺、擲彈筒12768具、火箭筒2496件、迫擊炮494門。從軍費負擔比重來看，到1951年10月為止，建立國家警察預備隊的費用為3.2億美元，其中美方分擔1.3億美元，佔總金額的40.4%。見美國國家檔案館：RG218（U.S.JointChiefsofStaff），GeographicFile，1946—1947，第138盒，《關於日本國家警察預備隊的報告》，1951年10月，第52-53、55頁。引自劉世龍：《美日關係（1791—2001）》，第419頁。

[11].在麥克阿瑟的要求下，蔣介石預備派遣臺灣軍隊3萬餘人赴朝參戰。但為杜魯門總統所否決；1952年底艾森豪威爾當選總統後，臺灣當局再次提出派軍入朝的要求，但仍為美國所拒絕。見邵毓麟：《使韓回憶錄》，傳記文學出版社1980年版，第169、183、261-262頁。

[12].林曉光：《朝鮮戰爭中的日本掃雷艦隊》，《百年潮》2000年第9期。

[13].［美］邁克爾·吉津：《日本與舊金山媾和》，哥倫比亞大學出版社1983年版，第41-42 頁。引自劉世龍：《美日關係（1791—2001）》，第374頁。

[14].FRUS，1951VI，p829.引自劉世龍：《美日關係（1791—2001）》，第415頁。

[15].［日］原彬久：《戰後日本と國際政治-安保改定の政治力學》，中央公論社1988年版，第33頁；［日］細谷千博等：《日美關係資料集》，東京大學出版會1999年版，第89頁。

[16].美國國家檔案館：RG273，NSCN48，GUOJIA ANQUAN WYHDI248/5HAO 2 WENJIAN：《美國在亞洲的目標、政策和行動途徑》。引自劉世龍：《美日關係（1791—2001）》，第416頁。

[17].美國國家檔案館：RG218（U.S.JointChiefsofStaff），GeographicFile，1946—1947 ，第138盒，《關於日本國家警察預備隊的報告》，1951年 10月，第 34 頁。引自劉世龍：《美日關係（1791—2001）》，第416頁。

[18].吉田茂：《十年回憶》第2卷，世界知識出版社1964年版，第117頁。

[19].FRUS，1955—1957，VOL. I p57.引自劉世龍：《美日關係（1791—2001）》，第474頁。

[20].劉方敏：《戰後日本重整軍備的實現及其特點》，《松遼學刊》2001年第6期。

[21].於群：《美國對日政策研究（1945—1972）》，東北師範大學出版社1996年版，第229 頁。2007年日本防衛廳升格為防衛省。

[22].曹藝：《1947—1948年關於對日合約程序問題的討論——以美國外交文件為中心所作的探討》（《抗日戰爭研究》2011年第1期）；崔丕：《美國國家安全委員會第13/2 號文件形成探微》（《歷史研究》1992年第3期）。

[23].CCS 381，Formosa（11—8—48），sec.3，JCS Records，RG218，in Schaller，The American Occupation of Japan ，pp.283—284.引自沈志華：《中蘇同盟、朝鮮戰爭與對日合約——東亞冷戰格局形成的三部曲及其互動關係》，《中國社會科學》2005年第5期。

[24].FRUS，1950，vol.6，pp.1278-1282、1293-1296、1297-1304.引自沈志華：《中蘇同盟、朝鮮戰爭與對日合約——東亞冷戰格局形成的三部曲及其互動關係》。

[25].《人民日報》1950年11月26日。

[26].FRUS，1950，vol.6，pp1332—1336.引自沈志華：《中蘇同盟、朝鮮戰爭與對日合約—東亞冷戰格局形成的三部曲及其互動關係》。

[27].FRUS，1950，vol.6，pp1352—1354.引自沈志華：《中蘇同盟、朝鮮戰爭與對日合約—東亞冷戰格局形成的三部曲及其互動關係》。

[28].世界知識出版社編譯：《國際條約集（1950—1952）》（世界知識出版社1961年版，第354—357頁）；田桓主編：《戰

後中日關係文獻集（1945—1970）》，第89-91頁。

[29].沈志華編：《朝鮮戰爭：俄國檔案館的解密文件》，第639、641頁。

[30].［美］迪安·艾奇遜：《艾奇遜回憶錄》（上海《國際問題資料》編輯組譯），上海譯文出版社1978年版，第333頁；Department of State，Foreign Relations of the United States，1950 ，vol.7 ，Korea，Washington：U.S.Government Printing Office，1976 ，pp.1324—1328.引自沈志華：《中蘇同盟、朝鮮戰爭與對日合約——東亞冷戰格局形成的三部曲及其互動關係》。

[31].參照劉明鋼、金敏求：《抗美援朝第五次戰役中的生死之戰》（《文史精華》2001年第5期）；陳忠龍：《抗美援朝第五次戰役回撤中的第108師》，《中共黨史研究》1993年第2期。

[32].沈志華：《中蘇同盟、朝鮮戰爭與對日合約——東亞冷戰格局形成的三部曲及其互動關係》。

[33].其實，模糊臺灣歸屬的表述也是臺灣國民黨當局的一個外交策略，臺灣駐美大使顧維鈞多次與杜勒斯晤談時，按照蔣介石的意思對美提出：日本在對臺合約中只需按《波茨坦公告》所規定之投降條件，宣佈放棄對中國領土的侵佔，不必明確將該領土交與哪一方。見《顧維鈞回憶錄》（第九分冊，中華書局1989年版，第224頁）。中國學者林曉光對此指出：臺灣當局意在對日作出極大妥協，誘使日本選擇臺灣締結合約，並採用模糊的法律用語掩蓋其統治侷促於海島，政令不出臺、澎、金、馬的事實，並為將來反攻大陸埋下伏筆。見林曉光：《吉田書簡、「日臺合約」與中日關係（1950—1952）》，《抗日戰爭研究》2001年第1期。

[34].崔丕：《美國在東亞的遏止政策與千島群島歸屬問題》，第199頁。

[35].沈志華：《中蘇同盟、朝鮮戰爭與對日合約—東亞冷戰格局形成的三部曲及其互動關係》。

[36].王建朗：《臺灣法律地位的扭曲——英國有關政策的演變及與美國的分1949—1951）》。參照餘子道：《舊金山合約和日蔣合約與美日合約的「臺灣地位未定」論》（《軍事歷史研究》2002年第1期）；徐友珍：《美英在新中國參與對日媾和問題上的爭議》（《世界歷史》2004年第2期）。

[37].《顧維鈞回憶錄》第九分冊，第115—117頁。

[38].［日］古屋奎二：《蔣「總統」秘錄》第14冊，中央日報社1975年版，第119頁。

[39].柴成文、趙勇田：《板門店談判》，解放軍出版社1992年版，第144—155頁。

[40].田桓：《戰後中日關係文獻集（1945—1970）》，第105頁；日本每日新聞社編印：《對日平和條約》，1952年版，第302—304頁。

[41].參照餘子道：《舊金山合約和日蔣合約與美日合約的「臺灣地位未定」論》；劉合波：《論舊金山對日合約與戰後臺海關係》。

[42].《中央日報》1951年9月8日。

[43].田桓：《戰後中日關係文獻集（1945—1970）》，第103—104頁。

[44].梅汝璈：《日本重新軍國主義化的新階段——論美日「共同防禦援助條約」》，《世界知識》1954年第7期。

[45].在1951年9月8日簽訂的《美日安全條約》中，美國就有意識地塞進了被稱為「遠東條款」的內容。1960年日本雖修改了該條約中明顯不平等的內容，但「遠東條款」不僅沒有取消，反而由一條增加到兩條。見向冬梅等：《美日同盟涉臺條款的強化及其對臺灣問題的影響》（《東北農業大學學報》2006年第3期）。參照殿宇：《美日簽訂「安全條約」》（《世界知識》1951年第35期）；李廣民：《美日同盟涉臺溯源》，《日本學刊》2005年第6期。

[46].［日］五百旗頭真：《日本外交史（1945—2005）》，第56頁。

[47].林曉光：《吉田書簡、「日臺合約」與中日關係（1950—1952）》。

[48].［日］古屋奎二：《蔣「總統」秘錄》第14冊，第122頁。

[49].唐螢：《中日新關係的建立》，香港新世紀出版社1953年版，第29—35頁。

[50].［日］古屋奎二：《蔣「總統」秘錄》第14冊（第122—123頁）；臺灣外交問題研究會編印：《金山合約與中日合約的關係》，第170頁。

[51].臺灣「外交問題研究會」編印：《金山合約與中日合約的關係》，第175—176頁。

[52].林曉光：《吉田書簡、「日臺合約」與中日關係（1950

—1952）》。

[53].［日］信夫清三郎：《日本外交史》下冊，第788頁。幾天書簡

[54].［日］吉田茂：《十年回想》，第72-73頁。

[55].按照陳肇斌的研究，《吉田書簡》先後有A、B、C、D四次草案。見陳肇斌：《戰後日本の中國政策》（第一章第一節之一的「ダレスの來日と「吉田書簡A」」；第7-18頁；第二節之一「「吉田書簡B」，第32—44頁；第三節「「吉田書簡C」と「吉田書簡D」，第56—76頁）；隋淑英：《吉田書簡出臺之始末》，《史學集刊》2008年第4期。

[56].霞山會編印：《日中關係基本資料集（1949—1997年）》，1998年，第28頁。

[57].《中蘇友好同盟互助條約》（1950年2月14日簽訂）的現實存在，也是促使日本決定與臺灣簽訂合約的重要因素。吉田茂曾表示：該同盟條約是針對日本的，只要該約不廢除，日本就「只能同國民政府簽訂合約」。見［日］吉田茂：《激盪的百年史》，世界知識出版社1980年版，第75頁。

[58].《人民日報》1952年1月23日。

[59].周永生：《經濟外交》，中國青年出版社2004年版，第113—114頁。

[60].陳肇斌：《戰後日本の中國政策》，第57頁。

[61].［美］羅伯特·A·斯卡拉皮諾：《亞洲的未來》（俞源等譯），國際文化出版公司1990年版，第175頁。

[62].霞山會編印：《日中關係基本資料集（1949—1997年）》，第28頁。

[63].林金莖：《戰後中日關係之實證研究》，第117頁。

[64].臺灣外交問題研究會編印：《金山合約與中日合約的關係》，第7頁。

[65].［日］吉澤清次郎：《日本外交史》第28卷，鹿島和平研究所出版會1975年版，第206頁。

[66].日本政府希望臺灣當局任命張群為首席談判代表，臺灣當局則希望日本政府任命犬養健為首席談判代表，但日臺雙方均沒有按照對方的意願從事。見《蔣介石日記》1952年1月17日。

[67].《蔣介石日記》1952年4月15日。

[68].據2012年7月31日日本外務省解密外交文件——「外務省亞洲局第二課長後宮虎郎的演講」（極密，1952年6月25日）透露，由於日臺合約談判僵持不下，以致談判延宕多時，外務省甚至做了談判破裂的最壞打算。但吉田茂首相最後出面指示外務省「儘量簡單、速戰速決」。日方於是妥協，接受臺灣當局有關主權表述的部分主張。引自臺灣《中國時報》2012年8月2日。另外，來自美國的壓力更是日本作出妥協的重要背景。4月14日蘭金公開聲明，明確表態支持臺灣當局。見FRUS，1951，vol.VI，p.1241.引自林曉光：《吉田書簡、「日臺合約」與中日關係（1950—1952）》。

[69].「日臺合約」的日文名稱為《日本國と中華民國との間の平和條約》。詳見霞山會編印：《日中關係基本資料集（1949—1997年）》（第32—38頁）；《對日合約問題史料》，第80—

86頁。

[70].桓：《戰後中日關係文獻集（1945—1970）》，第125頁。②

[71].劉合波：《論〈舊金山對日合約〉與戰後臺海關係》，《齊魯學刊》2007年第1期。

[72].張耀武：《中日關係中的臺灣問題》，新華出版社2004年版，第730頁。

[73].張茵紅：《論「日臺條約」》，《日本學刊》1997年第3期。

[74].賈慶國：《美臺共同防禦條約的締結經過》，《美國研究》1989年第1期。

[75].FRUS，1952—1954，vol.14，Part1，p.158.引自賈慶國：《美臺共同防禦條約的締結經過》。

[76].賈慶國：《美臺共同防禦條約的締結經過》。

[77].廉德奎：《美國與中日關係的演變（1949—1972）》，第132頁。

[78].臺灣甚至將紐西蘭提案視為第二個「雅爾塔協議」。見蘇格：《美臺「共同防禦條約」的醞釀經過》，《美國研究》1990年第3期。

[79].Ibid.，pp.706-707.引自賈慶國：《美臺共同防禦條約的締結經過》。

[80].Ibid.，p.770.引自蘇格：《美臺「共同防禦條約」的醞釀經過》。

[81].Ibid.，pp.709 and 734.引自賈慶國：《美臺共同防禦條約的締結經過》。

[82].《顧維鈞回憶錄》第十一分冊（附錄六），第595—596頁。

[83].詳見《中美關係（文件和資料選編）》，北京人民出版社1971年版，第346-349頁。

[84].FRUS：1952—1954，vol.14，Part1，p.929.引自賈慶國：《美臺共同防禦條約的締結經過》。

[85].《顧維鈞回憶錄》第十一分冊（附錄六），第778頁。

[86].為避免與解放軍發生直接衝突，1月24日美國國務卿杜勒斯通報蘇聯，希望蘇聯方面能夠勸說中國政府在國民黨大陳島守軍撤退時不要加以攻擊。見趙學功：《核武器與美國對第一次海峽危機的政策》，《美國研究》2002年第4期。由大陳島撤離的部分國民黨軍隊曾在釣魚列島短暫駐留。見臺灣海岸巡防署全球資訊網，http：//www.cga.gov.tw/GipOpen/wSite。

[87].趙學功：《核武器與美國對第一次海峽危機的政策》。

[88].謝益顯主編：《當代中國外交史（1949—2009）》，第66—67頁。

[89].賈慶國：《美臺共同防禦條約的締結經過》。

[90].馬晉強主編：《當代東南亞國際關係》，世界知識出版社2000年版，第130頁。

[91].《東南亞集體防衛條約議定書》公然違背《日內瓦協議》，把越南、柬埔寨和老撾劃入其「保護範圍」。然而，這個號

稱《東南亞條約》的軍事同盟組織中的8個成員中卻只有2個是東南亞國家。其他亞洲國家如印尼、緬甸、印度等都願意在和平共處五項原則的基礎上與中國保持友好關係，拒絕參加這一針對中國的軍事條約組織。見謝益顯主編：《當代中國外交史（1949—2009）》，第62頁。

[92].崔丕：《美國亞洲太平洋集體安全保障體系的形成與英國（1950—1954年）》，《國際冷戰史研究》2004年第1輯（春季號）。

[93].謝益顯主編：《當代中國外交史（1949—2009）》，第64頁。

[94].資中筠、何迪：《美臺關係四十年（1949—1999）》，第20—22頁。

[95].根據2005年中國外交檔案館開放解密的文獻，1949年4月國民黨政府撤離南京後，司徒雷登大使曾滯留南京。5月13日南京軍管會外事處長黃華（司徒雷登任燕京大學校長期間的學生）奉命與司徒雷登晤談。司徒雷登一度準備赴北京與中共領導人會面，但最終由於艾奇遜國務卿的反對未得進展。參照黃華：《親歷與見聞：黃華回憶錄》，世界知識出版社2007年版。

[96].FRUS，1949IX，pp475—476.引自資中筠、何迪：《美臺關係四十年（1949—1999）》，第36頁。

[97].陶文釗：《中美關係史（1949—1972）》，第15頁。

[98].［美］卡爾·蘭金：《蘭金回憶錄》，第122頁。

[99].《行政秘書（雷）提交至國家安全委員會報告的附錄》，1952年8月22日。引自周建明、張成至編譯：《美國國家安全戰略

解密文獻選編（1945—1972）》第一冊，社會科學文獻出版社2010年版，第248頁。

[100].美國學者何保山認為：國民黨被趕出大陸後，國民黨政府終於認識到，它的生存和要達到其他政治目的，單靠軍事力量是不行的。引自［美］何保山：《臺灣的經濟發展 91860—1970》》，第285頁。

[101].李宏碩：《臺灣經濟四十年》，第365—366頁。

[102].杜繼東：《美國對臺灣地區援助研究（1950—1965）》，第203頁。

[103].梁敬錞：《中美關係論文集》，臺灣聯經出版公司1982年版，第206頁。

[104].沈雲龍：《尹仲容先生年譜初稿》，臺灣傳記文學雜誌社1972年版，第98頁。

[105].臺灣經濟建設委員會編印：「Taiwan Statistical Data Book」，1990年，第215頁。

[106].劉進慶：《戰後臺灣經濟分析》，第455、456頁。

[107].吳寄南、陳鴻斌：《中日關係「瓶頸」論》，時事出版社2004年版，第62頁。

[108].美國學者何保山認為：戰後初期，美國的經濟援助和美國、日本的私人投資，不僅擴大了台灣的儲蓄，而且為先進技術提供了重要的渠道。最初在臺灣戰後經濟的穩定上，後來在它的增長上，外國資本的影響是巨大的。看來臺灣成功的策略原因之一，是同世界上兩個最活躍的經濟建立了獨特的關係。見［美］何保

山：《臺灣的經濟發展（1860—1970）》，第285頁。

[109].［日］原彬久：《戰後日本と國際政治》，中央公論社1988年版，第345—346頁。

[110].《人民日報》1960年5月10日。

[111].《新華日報》1949年3月15日社評。

[112].至1950年5月解放軍備戰兵力達到12個軍以上，約50萬人。見周軍：《試論黨中央決策我軍由解放戰爭向抗美援朝戰爭的戰略轉變》，《黨史研究資料》1992年第4期。

[113].轉引自戴超武：《敵對與危機的年代——1954—1958年的中美關係》，社科文獻出版社2003年版，第70-71頁。

[114].《蕭勁光回憶錄》（續集），解放軍出版社1989年版，第536頁。

[115].《行政秘書（雷）提交至國家安全委員會的備忘錄》，1953年6月22日。引自周建明、張成至編譯：《美國國家安全戰略解密文獻選編（1945—1972）》第一冊，社科文獻出版社2010年版，第307頁。

[116].中央文獻研究室編：《周恩來外交文選》，第84頁。

[117].《人民日報》1954年8月14日。

[118].《毛澤東同英國工黨代表團談話記錄》（1954年8月24日）。《毛澤東外交文選》，中央文獻出版社1994年版，第162頁。

[119].陳曉魯：《1949—1950年中國對美政策》，袁明、［美］哈丁主編：《中美關係史上沉重的一頁》，北京大學出版社

1989年版，第242頁。

[120].章百家、賈慶國：《對抗中的方向盤、緩衝器和測試儀：從中國的角度看中美大使級會談》，姜長斌、［美］羅斯主編：《從對峙走向緩和：冷戰時期中美關係再探討》（第175頁）。亦有學者提出「認為中共中央發起軍事行動是為了消除美臺簽約可能性，顯然是過於簡單化了。見牛軍：《1958年炮擊金門再探討》，《國際政治研究》2009年第3期。

[121].FRUS，1954—1955，VOL14，p560.引自戴超武：《敵對與危機的年代——1954—1958年的中美關係》，第134頁

[122].FRUS，1954—1955，VOL14，pp648-649.引自戴超武：《敵對與危機的年代——1954—1958年的中美關係》，第142頁。

[123].資中筠：《戰後美國外交史——從杜魯門到裡根》，世界知識出版社1994年版，第293—294頁。

[124].杜勒斯建議由紐西蘭作為中立國將臺海問題提交聯合國，要求「維持現狀並尋求解決辦法」；他特別強調聯合國解決這一問題的最終結果將可能是臺灣的獨立。見 FRUS，1954—1955，VOL14，pp.611-612.引自戴超武：《敵對與危機的年代——1954—1958年的中美關係》，第137頁。

[125].張桂華：《第一次臺灣海峽危機期間的美國對臺政策》。

[126].楊潔勉等：《世界格局中的臺灣問題—變化與挑戰》，第53頁。

[127].Ibid.，p.781.引自賈慶國：《美臺共同防禦條約的締結

經過》。

[128].FRUS，1954—1955，VOL14，pp.708-709.引自戴超武：《敵對與危機的年代——1954—1958年的中美關係》，第143頁。

[129].FRUS，1954—1955，VOL14，p.801.引自戴超武：《敵對與危機的年代——1954—1958年的中美關係》，第147頁。

[130].《中美關係資料彙編》第二輯（下），第2051—2053頁。

[131].《中美關係資料彙編》第二輯（下），第2056—2057頁。

[132].楊生茂主編：《美國外交政策史（1775—1989）》，第493頁。

[133].曹勝強等：《南疆沉思錄——美國在臺灣的抉擇》，中州古籍出版社1994年版，第70—88頁。

[134].謝益顯主編：《當代中國外交史（1949—2009）》，第64—65頁。

[135].《人民日報》1955年2月4日。

[136].林泓：《蔣介石抵制美國的「兩個中國」》，《福建師範大學學報》2005年第3期。

[137].張桂華：《第一次臺灣海峽危機期間的美國對臺政策》。

[138].《艾森豪威爾·國會及1954—1955年臺灣危機》（胡陽

摘譯），《美國研究參考資料》1992年第4期。

[139].《中美關係（文件和資料選編）》，人民出版社1971年版，第81頁。

[140].FRUS，1955—1957，VOL.2，pp.566-567，571-572.引自戴超武：《敵對與危機的年代—1954—1958年的中美關係》，第251頁。

[141].楊潔勉等：《世界格局中的臺灣問題—變化與挑戰》，第53頁。

[142].何迪：《「臺海危機」和中國對金門、馬祖政策的形成》，《美國研究》1988年第3期。

[143].引自戴超武：《敵對與危機的年代——1954—1958年的中美關係》，第33頁。

[144].王輯思：《論美國「兩個中國」的起源》，袁明、［美］哈丁主編：《中美關係史上沉重的一頁》，北京大學出版社1989年版，第333—334頁。

[145].《中美關係資料彙編》第二輯（下），第2207—2208、2243 頁。引自戴超武：《敵對與危機的年代——1954—1958年的中美關係》，第237頁。

[146].蘇格：《美國對華政策與臺灣問題》，第294—295頁。

[147].《艾森豪威爾回憶錄：白宮歲月（下）締造和平》（一）（靜海譯），三聯書店1977年版，第330頁。

[148].鄭永平：《第二次臺灣海峽危機期間美國的臺灣政

策》，《美國研究》1992年第3期。

[149].ThomasE.Stolper，China，Taiwan and the Offshore Islands，M.E.SharpeInc.，1985 ，pp.89-90.引自何迪：《「臺海危機」和中國對金門、馬祖政策的形成》。

[150].根據2004年10月18日美國國家情報委員會（National Intelligence Council）有關金門炮戰的解密研究報告可知，美國情報部門對中國政府在金門炮戰問題上的判斷幾乎完全「誤判」。見沈志華：《中央情報局對中國局勢的評估和預測——美國最新解密檔案（1958—1959）》，李丹慧主編：《國際冷戰史研究》第1輯，華東師範大學出版社2004年版，第267頁。

[151].此數字來自中國政府正式通報蘇聯政府的說法，見《蘇達利柯夫與王永田的談話備忘錄》。引自沈之華、唐啟華主編：《金門內戰與冷戰——美、蘇、中檔案解密與研究》（九州出版社2010年版，第144頁）。也有記載是「新式火炮砲彈23725發、舊式砲彈5544 發、海岸砲彈1488發，共計31757 發」。見戴超武：《敵對與危機的年代——1954—1958年的中美關係》，第336頁。

[152].FRUS，1958—1960，vol.19，pp.81-82.引自沈志華、唐啟華主編：《金門：內戰與冷戰—美、蘇、中檔案解密與研究》，第186頁。

[153].資中筠等人指出，「中國炮擊金門的行動事先曾通報蘇聯」。見資中筠：《戰後美國外交史——從杜魯門到裡根》上冊（第304頁）；蘇格：《美國對華政策與臺灣問題》（第303頁）；韓念龍主編：《當代中國外交》（第115頁）。陶文釗等人則認為，「中國炮轟金門事先未同蘇聯政府商量」。見陶文釗：

《中美關係史（1949—1972）》（第263頁）；戴超武：《敵對與危機的年代——1954—1958年的中美關係》（第484頁）；吳冷西：《十年論戰（1956—1966）：中蘇關係回憶錄》（中央文獻出版社1999年版，第186頁）。沈志華指出：1958年8月23日炮擊金門前，中國方面的確沒有與蘇聯進行協商，也沒有向蘇聯通報這個意圖。然而，令人感興趣的是，毛澤東卻有意給外界造成一種印象，似乎中國採取的這個軍事行動是中蘇協商的結果。這同炮擊金門決策期間赫魯雪夫突然訪華的起因和特殊形式有直接關係。見沈志華：《1958年炮擊金門前中國是否告知蘇聯？》，《中共黨史研究》2004年第3期。

[154].［美］羅伯特·阿奇奈利：《「和平的困擾」：艾森豪威爾政府與1958年中國近海島嶼危機》，姜長斌、［美］羅伯特·羅斯主編：《從對峙走向緩和——冷戰時期中美關係再探討》，世界知識出版社2000年版，第129頁。

[155].資中筠：《戰後美國外交史》，第303頁。

[156].中央文獻研究室編：《建國以來毛澤東文稿》（七），中央文獻出版社1989年版，第348頁。

[157].《周恩來年譜》（中），中央文獻出版社1997年版，第166頁。

[158].廉德瑰：《美國與中日關係的演變》，第142頁。

[159].林正義：《1958年臺海危機間的美國對華政策》（商務印書館1985年版，第72 頁。引自鄭永平：《第二次臺灣海峽危機期間美國的臺灣政策》）；參照FRUS，1958—1960，vol.19，pp. 69-70.引自戴超武：《敵對與危機的年代——1954—1958年

的中美關係》，第356頁。

[160].林正義：《1958年臺海危機間的美國對華政策》（第74—76 頁。引自鄭永平：《第二次臺灣海峽危機期間美國的臺灣政策》）；參照FRUS，1958—1960，vol.19，pp.75-76.引自戴超武：《敵對與危機的年代——1954—1958年的中美關係》，第360頁。

[161].《中央日報》1958年8月27日。引自鄭永平：《第二次臺灣海峽危機期間美國的臺灣政策》。

[162].林正義：《1958年臺海危機間的美國對華政策》，第69—70頁。引自鄭永平：《第二次臺灣海峽危機期間美國的臺灣政策》。

[163].FRUS，1958—1960，vol.19，pp.96-101.引自沈志華、唐啟華主編：《金門：內戰與冷戰—美、蘇、中檔案解密與研究》，第187頁。

[164].《艾森豪威爾回憶錄：白宮歲月（下）締造和平》（一），第330—333頁。

[165].《中美關係彙編》第二輯（下），第305—307頁。

[166].謝益顯主編：《當代中國外交史（1949—2009）》，第107頁；楊潔勉等：《世界格局中的臺灣問題—變化與挑戰》，第54頁。

[167].陶文釗：《從對峙走向緩和：冷戰時期中美關係再探討》，《美國研究》2001年第1期。

[168].《中美關係資料彙編》第二輯（下），第2683—2684

頁。

[169].戴超武：《敵對與危機的年代——1954—1958年的中美關係》，第348頁。

[170].《葉飛回憶錄》，解放軍出版社1988年版，第650頁。

[171].楊潔勉等：《世界格局中的臺灣問題——變化與挑戰》，第55頁。

[172].鄭永平：《第二次臺灣海峽危機期間美國的臺灣政策》。

[173].韓念龍主編：《當代中國外交》，第107—108頁。

[174].王炳南：《中美會談九年回顧》，世界知識出版社1985年版，第72—73頁。

[175].臺灣「外交部」聲明稿（1958年9月7日），《1958年臺海危機中的中美關係》，《冷戰國際史研究》2006年第1期，第472頁。

[176].臺灣駐美「大使」葉公超致臺灣「外交部」次長黃少谷第849號電（特急密，1958年9月19日），《1958年臺海危機中的中美關係》，第478頁。

[177].戴超武：《敵對與危機的年代——1954—1958年的中美關係》，第417頁。

[178].鄭永平：《第二次臺灣海峽危機期間美國的臺灣政策》。

[179].《美國國務卿杜勒斯在記者招待會上的談話》，《臺灣問題文獻資料選編》，人民出版社1994年版，第965—968頁。

[180].蘇格：《美國對華政策與臺灣問題》，第306頁。

[181].宮力：《重構世界格局》，中原農民出版社1993年版，第96頁。

[182].周恩來：《臺灣海峽形勢與我們的政策》（1958年10月5日），《周恩來外交文選》，第265頁。

[183].吳冷西：《憶毛澤東》，新華出版社1995年版，第87頁。

[184].王凡：《新中國誕生後幾次重大戰事》，朱元石主編：《共和國要事口述史》，湖南人民出版社1999年版，第251—254頁。

[185].《中共中央關於當前對美鬥爭的通知》，1958年10月17日。

[186].《人民日報》1958年10月13日。

[187].「艾森豪威爾檔案」（第6箱）《麥克爾羅伊致杜勒斯的備忘錄》，引自資中筠、何迪：《美臺關係四十年（1949—1999）》，第148頁。

[188].謝益顯主編：《中國當代外交史（1949—2009）》，第111頁。

[189].FRUS，1958—1960，vol.19，pp.433-437.引自戴超武：《敵對與危機的年代——1954—1958年的中美關係》，第464頁。

[190].林克等：《歷史的真實》，香港利文出版社1995年版，第284頁。

[191].《蔣介石與美國國務卿杜勒斯談話摘要》（1958年10月21日）；《美國國務卿杜勒斯給蔣介石的書面意見及說明要點》（1958年10月22日）；《蔣介石與美國國務卿杜勒斯談話紀要》（1958年10月22日）；「蔣介石與美國國務卿杜勒斯談話紀要」（1958年10月23日）。見《1958年臺海危機中的中美關係》，第490-494、第495-497、第497-499、第499-501頁。

[192].FRUS，1958—1960，vol.19，pp.442-444.引自戴超武：《敵對與危機的年代——1954—1958年的中美關係》，第469頁。

[193].臺灣駐美「大使館」在致臺灣「外交部」的電文中稱：「……我方所得為美重申與我團結，確認我代表中國之地位，並證明金門與臺澎防務密切關聯。美方所得則為我放棄以武力為收復大陸之主要工具使用，暨我密允於匪停火後以增加武器火力換撤外島一部分兵員」。見臺灣駐美「大使館」致臺灣「外交部」第946號電（1958年10月25日）。見《1958年臺海危機中的中美關係》，第502頁。

[194].FRUS，1958—1960，vol.19，p.444.引自戴超武：《敵對與危機的年代——1954—1958年的中美關係》，第470頁。

[195].FRUS，1958—1960，vol.19，pp.446，468.引自戴超武：《敵對與危機的年代——1954—1958年的中美關係》，第470頁。

[196].謝益顯主編：《中國當代外交史（1949—2009）》，第112頁。

[197].引自戴超武：《敵對與危機的年代——1954—1958年的中美關係》，第471頁。

[198].《人民日報》1958年10月26日。

[199].蘇格：《美國對華政策與臺灣問題》，第308頁。

[200].周娜：《試論和杜勒斯在美國隊臺海危機決策過程中的地位和作用》，沈志華、唐啟華主編：《金門：內戰與冷戰——美、蘇、中檔案解密與研究》，第192頁。

[201].沈智煥：《毛澤東關於反對美國武裝干涉臺灣的決策》，裴堅章主編：《毛澤東外交思想研究》，世界知識出版社1994年版，第221頁。

[202].宮力：《50年代的臺灣海峽緊張局勢及中國採取的對策》，姜長斌、［美］羅斯主編：《從對峙走向緩和：冷戰時期中美關係再探討》，第55頁。

[203].吉田茂（1878—1967），1906年畢業於東京帝國大學法學部，先後出任日本駐濟南領事、駐天津總領事、瀋陽總領事，後出任日本外務省政務次官，日本駐義大利大使、駐英國大使等。戰爭期間因反對東條英機的戰爭擴大政策，一度被逮捕入獄。戰後相繼出任第45屆（1946年5月22日—1947年5月24日）、第48—51屆（1948年10月15日—1954年12月10日）日本內閣首相。1967年10月20日死於心肌梗塞，終年89歲。

[204].［日］大畑篤四朗：《日本外交史》，成文社1986年版，第218頁。

[205].陳肇斌：《戰後日本の中國政策》，第99-100頁。

[206]. [日] 井出季和太：《講和會議と臺灣の歸趨》，兩田居書店1950年版，第218頁。

[207].陳肇斌：《戰後日本の中國政策》，第102頁。

[208]. [日] 川島真等：《日臺關係史》，第58頁

[209].陳紅民：《「日臺合約」使蔣介石進退維谷》，《世紀》2010年第1期。

[210].《美國駐臺大使馬衛康致國務院電報——「日本在臺灣的影響上升」》（1969年6月4日），RG59 ，BOX1986 ，POLAFF＆PEL，General Records of the Department of State，美國第二國家檔案館。引自張曙光、周建明編譯：《中美解凍與臺灣問題——尼克森外交文獻選編》，香港中文大學出版社2008年版，第37頁。

[211].臺灣「外交問題研究會」編印：《金山合約與中日合約的關係》，《中日外交史料叢編》第八卷，第169—170頁。

[212].日本外務省編：《日中關係基本資料集（1949—1969）》，霞山會出版社1970年版，第35-37頁。

[213].林曉光：《吉田書簡、「日臺合約」與中日關係》。

[214]. [日] 永野信利：《日本外務省研究》，上海譯文出版社1979年版，第214頁。

[215].鹿島和平研究所編：《日本外交主要文書·年表（1941—1960）》第一卷，第468—469頁。

[216].日中貿易促進議員聯盟編印：《關於日臺條約的國會審議》，1969年，第245頁。

[217].［日］吉田茂：《世界與日本》，番町書屋1963年版，第146頁。

[218].日中貿易促進議員聯盟編印：《關於日臺條約的國會審議》，第243—244頁。

[219].林金莖：《戰後中日關係之實證研究》，第134頁。

[220].孫立祥：《中日復交前日本政府「兩個中國」政策的歷史考察》，《世界歷史》2011年第1期。

[221].根據在日中國學者陳肇斌的研究：戰後日本雖然追隨美國，但在對華政策上卻另有其打算。吉田茂首相在杜勒斯的壓力下選擇了與臺灣蔣介石媾和，但同時又尋找機會與大陸建立關係，想漸漸地使臺海兩岸的分離狀態固定下來，實現「兩個中國」或「一中一臺」。吉田茂認為北京之所以不接受「兩個中國」，是因為背後有蘇聯支持，否則他記憶當中的戰前那種軟弱的中國人即使不情願，也不得不接受兩岸永久分離的現實。而美國之所以封鎖大陸，採取支持蔣介石的「一個中國」政策，也是因為北京選擇了與蘇聯結盟。如果能將中蘇同盟拆散，孤立的北京將無力拒絕「臺獨」提案，美國對封鎖一個不是蘇聯盟友的政權也會失去興趣，放棄孤立北京的政策，而蔣介石也就失去了反攻大陸的後盾，至此，在吉田看來，「兩個中國」便水到渠成了。見《兩個中國與政經分離——陳肇斌談戰後日本對華政策的兩大支柱》，《中文導報》2007年10月第2期：

[222].霞山會編印：《日中關係基本資料集（1949—1997）》，1998年版，第43—44、第57—79頁。

[223].吉田茂內閣之後，先後有片山哲（社會黨、民主黨、國

民協同三黨）內閣（第46 屆，1947年5月24日—1948年3月10日，僅執政8 個月）和蘆田均（民主黨、社會黨、國民協同三黨）內閣（第47屆，1948年3月10日—1948年10月15日，執政僅7個月）。由於該兩屆內閣時間短暫，對臺政策基本沿襲吉田茂內閣，故省略。

[224].鳩山一郎（1883年1月1日—1959年3月7日），戰後組織日本自由黨，先後出任第52、53、54屆日本內閣首相。

[225].羅平漢：《中國對日政策與中日邦交正常化》，時事出版社2000年版，第33-34頁。

[226].劉莉：《淺談鳩山內閣時期對華關係的發展》，《日本學論壇》1999年第2期。

[227].第三次中日民間貿易協定第九條、第十條規定：中日相互在對方國家舉辦商品展覽會，相互在對方國家設置常駐商務代表機構，雙方的商務代表機構及其部員應享有外交官待遇的權利。見霞山會編印：《日中關係基本資料集（1949—1997）》，1998年，第85頁。無疑，第三次中日民間貿易協定得到鳩山內閣的大力支持。

[228].值得注意的是，1956年4月19日張道藩在訪日期間還奉命參拜靖國神社。當時甲級戰犯雖沒有被奉祀進去，但乙級、丙級戰犯已經被先奉祀入靖國神社，不論出於何種考量，張道藩此舉都是很不合時宜。由此亦可窺見臺灣當局急於改善日臺雙邊關係的態勢。參照 http：//tieba.baidu.com/p/1674250580.

[229].參照連會新：《日本的聯合國外交研究》，天津社科院出版社2007年版。

[230]. [日] 吉澤清次郎：《日本外交史》第28卷，鹿島和平研究所出版會1975年版，第187頁。

[231]. [日] 古川萬太郎：《日中戰後關係史》，原書房1981年版，第78頁；《朝日新聞》1954年12月15日。

[232].《第二十四回國會參議院內閣委員會會議錄第十四號》（1956年3月15日），第6 頁。引自陳肇斌：《戰後日本の中國政策》，第160頁。

[233].（日）鳩山一郎：《鳩山回顧錄》，文藝春秋新社1957年版，第179頁。引自陳肇斌：《戰後日本の中國政策》，第161頁。

[234].岸信介（1896年11月13日—1987年8月7日），戰後日本右翼政治家，第56、57 屆日本內閣首相。

[235].日本評論家本澤二郎指出：「岸信介政府成立後，自民黨內形成了『臺灣幫』」。見［日］本澤二郎：《日本政界的「臺灣幫」》（吳寄南譯，上海譯文出版社2000年版，第107頁）；參照［日］若宮啟文：《戰後保守のアジア觀》（朝日新聞社1995年版，第114 頁）；［日］池井優：《日臺合作委員會》（《法學研究》第53卷第2號，1980年）。

[236].金熙德：《日本外交與中日關係——20世紀90年代新動向》，世界知識出版社2001年版，第214頁。

[237].《朝日新聞》1957年6月4日。

[238]. [日] 古川萬太郎：《日中戰後關係史ノート》，三省堂1983年版，第102頁。

[239].馮瑞雲：《當代中日關係發展要論》，吉林教育出版社1996年版，第113頁。

[240].王俊彥：《戰後臺日關係秘史》，第69頁。

[241].霞山會編印；《日中關係基本資料集（1949—1997年）》（第133頁）；［日］田中明彥：《日中關係1945—1990》，第49頁。

[242].Sayuri Shimi Zu，「Perennial Anxiety：Japan-U.S.Controversyover Recognition of the PRC，1952—1958」，TheJournal of American-East Asian Relations，Fall1995 ，p.246.引自鄧峰、杜宇榮：《艾森豪威爾政府對中日貿易的政策探析》，《中共黨史研究》2012年8期。

[243].孫立祥：《中日復交前日本政府「兩個中國」政策的歷史考察》。

[244].［日］正村公宏：《戰後日本經濟政治史》（上海社科院世界經濟研究所集體譯），上海人民出版社1991年版，第497頁。

[245].田桓主編：《戰後中日關係文獻集（1945—1970）》，第360—361頁。

[246].蔡成喜：《1958年中日貿易中斷研究》，《黨史研究與教學》2003年第1期。

[247].朝日新聞社編印：《安保問題用語·資料集》，1968年，第96頁。

[248].池田勇人（1899年12月3日—1965年8月13日），第

57、58、59屆日本內閣首相。

[249].［日］古川萬太郎：《日中戰後關係史》，第187頁。

[250].［日］伊藤昌哉：《池田勇人的生和死》（李季安等譯），新華出版社1986年版，第138頁。

[251].［日］永野信利：《日中建交談判記實》，第52頁。

[252].吳廷璆：《日本史》，南開大學出版社1994年版，第1064頁。

[253].張群：《我與日本七十年》，第180頁。

[254].［日］添谷芳秀：《日本外交と中國：1946—1972》，第162—163頁。

[255].陳奉林：《戰後日臺關係史（1945—1972）》（香港社會科學出版公司2004年版，第173頁）；《時事參考資料》第234號，臺灣「行政院」新聞局1963年10月5日。

[256].張群：《我與日本七十年》，第183頁。

[257].1963年10月7日中國油壓機械訪日代表團日語翻譯周鴻慶潛入蘇聯駐日大使館，提出送其去臺灣的政治避難要求，第二天被蘇方移交日本當局。周鴻慶於1964年1月9日返回大陸。但臺灣當局竟堅持要求日本當局將其「引渡」給臺灣方面，由此引起日臺關係的高度緊張，一度瀕臨「絕交」境地。這就是所謂「周鴻慶事件」。參照［日］石井明：《1960年代前期的日臺關係——從周鴻慶事件到日臺「反共參謀部」設立的構想》，牛軍、沈志華主編：《冷戰與中國的周邊關係》，世界知識出版社2004年版。

[258].日本外務省經濟局編：《臺灣的政府採購物資進口停止

措施相關事件》，1964年1月13日，外務省外交記錄「諸外國逃亡者關係，周鴻慶（中共）事件，中華民國的態度」，A367，外交史料館。引自井上正也：《第二次吉田書簡與日臺關係——臺灣當局的對日戰略與自民黨政治（1963—1964）》，《國際政治研究》2008年第1期。

[259].外務省亞洲局編：《臺北的日本大使館暴徒闖入》，1964年1月14日，外務省外交記錄「諸外國逃亡者關係，周鴻慶（中共）事件Ⅱ」。引自井上正也：《第二次吉田書簡與日臺關係——臺灣當局的對日戰略與自民黨政治（1963—1964）》。

[260].五不運動是：不買日貨，不看日本電影，不聽日本音樂，不閱日本書刊，不講日本話。

[261].在日臺關係極度緊張時刻，美國駐日大使賴肖爾深度介入日本政府對臺政策的調整過程，隨時召見日本外務省中國課官員聽取情況進展。見 Reischauerto Rusk，Mar.10，1963，RG59，CFPF，POL7JAPAN，NA.引自井上正也：《第二次吉田書簡與日臺關係——臺灣當局的對日戰略與自民黨政治（1963—1964）》。

[262].有關第二次《吉田書簡》的出籠過程，至今仍不甚明晰。一說《吉田書簡》的幕後策劃者為時任外相的大平正芳與法務大臣的賀屋興宣。引自林代昭：《戰後中日關係史》（北京大學出版社1992年版，第169頁）。但也有人認為是張群與吉田茂經過多次信件商確後形成的。見井上正也：《第二次吉田書簡與日臺關係——臺灣當局的對日戰略與自民黨政治（1963—1964）》。

[263].日本外務省編：《日中關係基本資料集1949—1969年》，霞山會1970年版，第423頁。

[264].夏冰：《日解密文件披露對臺秘聞》：http：//www.china.com.cn/.

[265].《大平大臣·沈部辰會談（1964年7月4日）》，外交記錄公開文書，《大平外務大臣中華民國訪問關係一件》。引自川島真等：《日臺關係史》，第82頁。

[266].1971年8月又提供了總額為80.80億日元的第二筆貸款。

第四章　戰後初期美日臺經濟關係（20世紀40年代後期—60年代中期）

二戰期間，美國經濟獲得空前的發展，成為戰後實際上最為強盛的經濟大國和最大經濟體。在美國東亞經濟戰略主導下，戰後20世紀40年代末期至60年代中期形成了美日臺經濟關係體系，成為長期維繫美日臺三邊關係的經濟基礎。戰後不久美國首先對日臺進行了大量經濟援助，同時也對日臺進行了美國模式的社會改造。在朝鮮戰爭等的影響下，美國大幅調整其東亞戰略，日本經濟迅速恢復增長，出現所謂的特需繁榮。臺灣經濟也開始進入戰後發展的正常軌道。按照資本主義市場經濟的運行規則，漸次形成由日本（提供樣品、技術及初級原材料）→臺灣（加工、裝配成品）→美國（最終出口市場）的貿易模式。期間，美日共同對臺投資亦發展很快。

第一節　美日獨佔東亞經濟與日本的經濟外交

一、美日合作獨佔東亞經濟

二戰結束時，美國成為世界上最為強大的資本主義國家。美國的黃金儲備為200億美元，幾乎佔世界總量330億美元的2/3。再者，「世界一半以上的製造業生產量是由美國承擔的；美國生產各種產品佔世界總量的1/3」。這使得美國在戰爭結束時成了世界最大的出口國，就是在數年後，美國產品仍佔世界出口總量的

1/3」[1]。為抵制蘇聯等社會主義國家，美國開始實施復興歐洲的大規模對外經濟援助行動。在美國經濟援助的推動下，至1940年代末期經濟初有起色的英法等國開始重返戰前殖民勢力範圍——東南亞。1946年3月法國強行以武力重返越南等三國[2]。1950年11月英國提出《南亞及東南亞經濟合作發展計劃》（史稱「可倫坡計劃」），提出在6年間，用18.68億英镑，對南亞、東南亞國家進行經濟援助[3]。這是英國企圖恢復舊殖民經濟勢力的舉措，但由於戰後英國經濟實力的嚴重不足，1952年3月美國加入「可倫坡計劃」。1951—1958年美國累計提供「可倫坡計劃」總援助額的85%（大約30億美元）。因此，美國取代英國已成為「可倫坡計劃」的主導者已成事實[4]。

在美國的戰略安排下，1954年10月經濟恢復迅速的日本也被拉入「可倫坡計劃」。英國因最初擔心日本與其在東南亞的競爭，故採取抵制態勢，但最後屈於美國的壓力被迫允諾日本加入[5]。按照美國戰後施行新殖民主義的東亞戰略構想，它決意阻止英法勢力重返東南亞，由此美日並非僅僅是參與，而是有意介入並積極實施主導性影響，最終實現美日合作獨佔東亞經濟的戰略目標

但美國在東亞地區遭到嚴峻挑戰，由於中國、越南、朝鮮等社會主義國家相繼成立，在這些國家裡的殖民主義性質的市場、投資場所和原料產地等的舊經濟關係被徹底剷除。因此，「以中國為代表的社會主義國家被美國視為它在東亞利益的最大威脅」[6]。同時，以1947年「杜魯門主義」為表示而形成的世界冷戰格局，乃至1950年朝鮮戰爭的爆發等，促使美國大幅調整其東亞戰略，以往的敵對國日本取代了戰時盟國的中國的位置。而以吉田茂為代表的日本決策層適時採取了現實的經濟戰略：即「利用美蘇冷戰將軍事上的失敗轉化為經濟上的勝利」[7]。他們認為，戰後日本的安全和經濟發展「由於與亞太地區最強大的西方國家結成親密的同盟而

得到可靠的保證——正如美國曾經是大英帝國的殖民地而現在比英國強大一樣，如果日本成為美國的殖民地，它最終將比美國更強大」[8]。這樣，日本開始積極推行追隨美國、重返東亞地區的經濟外交。

美國東亞戰略目標就是以確立美國為首的東亞新秩系，而日本趁勢借助美國的力量，再度恢復其在東亞地區的經濟優勢地位。大約自1948年起美國考慮將日本經濟復興與東南亞聯繫起來[9]。1949年3月美國國務院提出建立日本、東南亞的垂直分工體系的構想：「東南亞作為包括橡膠、錫和石油在內的原料產地和溝通東西、南北半球交通的十字路口，對自由世界來說是至關重要的」。美國應該致力於在「垂直分工」的基礎上，發展「作為原材料產地的東南亞」與「作為製成品產地的日本、西歐和印度」之間的經濟相互依存關係[10]。1949年12月23日美國國家安全委員會NCS第48/1號文件鼓勵日本在東南亞、南亞開闢市場[11]。美國駐日大使約翰·艾利森認為：日本的經濟復興依賴於地區合作和三角貿易（指日本、亞洲和美國之間的貿易）的恢復[12]。這也是構築戰後美日臺貿易模式的政策理念。

美國出於扶持日本、使其充當東亞地區「協作夥伴」的戰略設計，不惜採取政治、經濟等一系列策略，推進美日獨佔東亞經濟的過程。以臺灣、韓國、菲律賓等為例，其中，臺灣與韓國戰前均為日本的海外殖民地，戰後則被美國納入其勢力範圍。美國首先積極促成日臺、日韓簽訂雙邊貿易協定。20世紀50年代和60年代上半期美國在臺灣進口的年均佔有率在40%以上。1965年起日本超過美國，成為臺灣最大的進口對象國。美國也一直是韓國最重要的貿易夥伴，50年代中期佔其出口的44%；60年代上半期佔其進口超過50%。日本則是韓國第二個重要貿易夥伴。日本在韓國出口貿易中所佔比重1955年為40.6%，1960—1962年為49.1%；在韓國進口貿易中所佔比重1958年為13.2%，1960—1962年為23%[13]。美日長期是韓國第一位、第二位貿易夥伴。50年代中期美日共佔韓國出口的80%以上，進口的35.0%以上，到60年代初期，共佔其出口的75%以上和進口的70.0%以上[14]。至此，臺灣、韓國的對外經濟已為美日合作獨佔。

另外，戰後不久日本和菲律賓就在美軍佔領當局（GHQ）的支持下重開雙邊貿易，1947年和1949年的貿易額分別為0.033億美元0.275億美元。1950年5月美國又促使日菲簽訂《易貨貿易臨時協定》，當年日菲雙邊貿易額就自最初規定的每年0.34億美元增至0.5億美元；1951年增至0.658億美元。在菲律賓的進出口貿易中，美日長期佔據第一、第二位。1955年菲律賓出口中所佔比重美國為59.8%，日本為15.2%；進口中所佔比重美國為65%，日本為7.9%。在當年菲律賓進出口貿易中美國居第一位，日本居第二位。1961年所佔的相應比重，美國為53.8%，日本為25%；美國為47.2%，日本為17.7%。美日均分居第一、第二位[15]。菲律賓的對外經濟亦為美日合作獨佔。

而且，在美日合作獨佔臺、韓、菲等地對外經濟的過程中，為其東亞戰略的政治考量，美國不惜在諸多經濟利益上對日本作出一系列讓步。日本在諸多經濟領域逐漸取代美國，形成「鳩佔鵲巢」的現象。由此，美日不斷擴大對東亞市場、東亞戰略物資和工業原料的佔有份額，並成為東亞地區國家的主要貿易夥伴。

如上所述，隨著日本經濟的迅速增長，配合美國東亞戰略意圖的日本經濟勢力滲透至臺灣，並逐步形成美日合作獨佔臺灣經濟的局面。如按照美國的安排，作為日本援助開始取代美援的具體表示之一，1965年日本政府（佐藤內閣）對臺第一次提供日元貸款（約1.5億美元，其中日本進出口銀行提供1億美元，年利率5.75%；海外經濟合作基金提供5000 萬美元，年利率3.5%）[16]。

1971年提供第二次日元貸款（金額為81億日元）。這樣不僅加強了日臺政治、經濟關係，也強化了美國利用日臺遏止中國大陸的戰略定位，美日臺關係得到切實的加強。1972年中日邦交正常化以後，日本繼續對臺灣提供以技術合作為重點的無償援助。日本對臺援助具有相當強的政治色彩，其援助項目主要集中於臺灣台灣公營、黨營企業和公共設施、基礎建設，以電力、交通運輸為中心，加強日臺政治關係和經濟交流。說明日本對臺援助不僅具有經濟合作的形式，更具有與美國合作獨佔臺灣經濟的戰略目的。

日本政府開發援助基金（簡稱ODA）主要用於援助發展中國家，1965年臺灣首次接受日本海外經濟合作基金的貸款就屬於ODA。隨著日本經濟的高速增長，至1970年代末期美日獨佔東亞經濟的合作模式也在發生變化，如美日在戰略性ODA上進行更為密切的制度化協商合作。自1978年開始美日每年舉行一次協調雙邊經濟合作的「美日ODA協調會議」，由美國提出受援國名單，日本具體提供資金援助[17]。日本ODA的70%集中於美國的戰略重點地區，其中雙邊ODA的1/2以上用於36個美國的戰略重點國家[18]。

美國還積極推動日本和韓國結盟，以建立在東北亞地區圍堵中國大陸的戰略基點。但日韓因歷史結怨，戰後長期不能結束法律上的戰爭狀態，這就使得美國的東亞戰略難以有效實施。在美國的一再壓力下，日韓終於在1965年6月22日達成《日韓基本條約》，雙方在法律上結束戰爭狀態[19]。按照美國的要求，日本向韓國提供5億美元的ODA援助，日韓關係改善很快。從而在東北亞地區「形成了以美國核心，以美日、美韓兩組雙邊安全條約為框架的東北亞地區美日韓安全機制。日本對韓提供ODA成為這個地區安全機制的黏合劑」[20]。由此，美日透過共同對東亞地區施以經濟援助、商品貿易和直接投資等策略，基本實現了其戰略設計目標。不僅鞏固、擴大了美日在東亞地區的勢力範圍，而且在很長時期嚴重限制著社會主義國家與東亞國家經濟關係的發展。美國主導的美日韓、美日臺關係框架均服務於美國的東亞戰略，而日本在其中充當的角色始終是美國的「戰略協作者」。

二、日本積極施行經濟外交

為開拓東南亞地區，日本施行積極的經濟外交。按照日本學者山本滿的界定，經濟外交「一方面可以解釋為以經濟為目的，將外交作為手段，把謀求擴大經濟利益作為目標；相反，也可以採用以經濟為手段，謀求對外的什麼目標，或依託經濟力量來實現的含義」[21]。

在戰後被美軍佔領的特殊狀態下，日本所有的對外貿易渠道均被切斷。不僅如此，日本還在戰後喪失大量的海外殖民地，據統計，日本戰後喪失的殖民地有：臺灣、朝鮮、南庫頁島、南洋諸島等，日本總共喪失了戰前所轄版圖的44%（見表一），其經濟發展所急需的原料供應通道陷入中斷。在這種情況下，「舊金山對日合約」簽訂後，日本急於重開對外貿易，推動國內經濟的恢復和發展，遂展開了積極的經濟外交。臺灣由於戰前是其所屬殖民地，臺灣的米糖等農產品長期供應日本市場，具有傳統性，因而日本把恢復日臺經濟關係確定是其經濟外交的首選課題。

表一日本戰敗後的「領土損失」（單位：平方公里）

	本土		殖民地		合計	%
戰前面積	382560		298451		81012	100
戰後損失面積	琉球	2380	朝鮮	220788		
	小笠原	102	台灣	35961		
	千島	10213	庫頁島	36090		
			關東州	3462		
			南洋	2148		
	小計	12701	小計	298451	311152	45
戰後保存面積	369859				369859	55

資料來源：［日］難波田春夫：《戰後經濟分析》，日本社會科學研究所1946年版，第4頁。

實際上，就在日本戰敗不久，日本就開始探討以外交手段來恢復和發展經濟。1946年3月日本外務省特別調查委員會（1945年8月16日成立，即日本宣佈投降的次日）提出「重建日本經濟的基本問題」的報告書，這是戰後日本經濟外交的最早設想。報告書提出：在今後的世界上，政治上的發言權如何，將取決於經濟力量如何，「經濟問題是政治、外交、軍事等各方面社會現象的基礎」，該報告特別強調「加入世界經濟」和「發展對外貿易」的重要性，指出「重返世界經濟」舞臺，「就要參加規定了戰後世界的貿易、通貨和國際投資的『布列敦森林』協定」，不參加這個協定，「就不能恢復貿易、不能享受復興資金的貸款」，而沒有貿易和貸款，日本經濟的「重建」「是困難的」[22]。按照日本政府的這個思路，有日本學者提出「日本經濟的生存之路必須靠發展貿易」[23]的理論，建議實施「貿易立國」的經濟政策。1952年9月8日「舊金山對日合約」簽訂以後，日本政府將「貿易立國」確立為經濟發展戰略[24]。

為推動日本經濟的儘早恢復，1953年4月2日美日簽訂《美日友好通商航海條約》（1953年9月30日生效），這是日本獲得國家主權後的第一個通商條約。條約規定：美日雙方相互給予最惠國待遇及國民待遇。當時，日本尚未加入「關貿總協定」（世界貿易組織WTO的前身），美國實際上給予了日本「關貿總協定」締約國才能享受到的關稅待遇。因而此條約的簽訂，不僅為日本經濟的恢復與發展提供了極大的支持和難得的機遇，也對日本今後與臺灣及其他國家簽訂此類條約有著重要影響。

佔領時期美國曾對日本進行過經濟援助，但在朝鮮戰爭期間的1951年5月一度停止，代替美國援助的是朝鮮戰爭爆發後的「特需」[25]。戰後初期日本經濟外交除了美國這條主線外，臺灣、東南亞地區亦是其經濟外交的重點地區。從歷史上看，戰前中國曾是日本獲取戰略資源的主要來源地，但戰後美國嚴厲限制中日重啟民間貿易，日本唯有把目標轉向東南亞地區[26]。其實日本曾企圖把美國作為其對外經濟的主要市場，但當時美國認為經濟極不發達的日本無法提供美國市場認可的商品。美國認為，振興日本對外貿易的最佳辦法是使日本商品進入到競爭力不強的落後地區。杜勒斯對當時日本首相吉田茂提出建議：「日本不應當過多地依賴美國市場，因為日本不能生產我們需要的商品......日本應當在其他地方尋找出路，例如在發展中國家，特別是在東南亞諸國」[27]。其後，在美國的強推下，日本被迫向東南亞尋求其經濟的出路，而啟動與東南亞的經濟聯繫須借助臺灣的影響及美國的戰略支持。

為促使日本盡快擺脫經濟困境，美國確定以東南亞地區來代替中國，這既是日本島國經濟的特點所決定，也成為戰後日本經濟外交確立的歷史背景。美國學者威廉·博登認為：美國作為日本的佔領者，背負著統治日本的責任，從這一立場出發，美國為了善始善終地結束佔領，必須探索日本的經濟自立之路。而在斷絕了與中國大陸和朝鮮半島的關係的條件下，如果要探索這條路，就只有向東南亞求生路，將日本與東南亞聯合起來，便可以將兩者拴在西方的影響之下，而且，為了順利地運營美國所構想的以自由貿易為原則的國際經濟體系，也需要在復興西歐經濟的同時，復興亞洲經濟[28]。美國還把日本開發東南亞與美國在東亞的軍事行動緊密地聯繫在一起。美國軍方在題為《日本的經濟復興與未來美日經濟合作的發展》的一份文件中建議：由於歷史上日本對天然資源的興趣以及在1941年前日本對東南亞資源的開發，因而，將日本的剩餘工業能力與東南亞資源結合在一起，既能夠為日本的經濟發展服務，又能夠支持美國在亞洲的軍事努力[29]。美國已基本確定：「日本在地理上與東南亞接近，可以生產其容易接受的商品、提供比其他工業國的技術更加適合這一地區的技術」[30]。因而，戰後美國從「冷戰」的戰略需要出發，大力支持日本同臺灣及東南亞各國建立密切的經濟關係。因為如此既可以解決日本在失去中國大陸市場之後的經濟出路問題，以減輕美國的負擔，同時又可以了卻美國對東南亞各國的「赤化」之憂[31]。在美國的大力協助下，日本漸次開始對東南亞各國實施打了折扣的「賠償外交」，並以此打開日本與東南亞地區的經濟合作與貿易的通道[32]。

第二節　美國主導下日臺貿易的恢復與發展

一、戰後初期發軔的日臺貿易（1945年—1950年）

日據時期（1895—1945年），日本長期實施「農業臺灣，工業日本」的殖民地經濟政策。臺灣所產之米、糖主要出口至日本，臺灣所需要的紡織品、化肥及機器設備等全部由日本供應，形成臺灣經濟對日本經濟的嚴重依賴。二戰末期臺灣本島遭盟軍大規模轟炸，大批工廠被毀，臺灣經濟瀕臨崩潰。二戰後，隨著臺灣回歸中國，日臺經濟聯繫一度中斷，但由於內戰致使臺海兩岸經濟聯繫的中斷。在美國主導下，也基於日臺雙方的經濟內在需求等因素，日臺經濟關係很快又恢復並發展起來。

戰後日本被迫退出中國大陸及東南亞地區，臺澎列島主權也復歸中國，日本不僅失去戰前最重要的海外市場，其海外貿易活動區域亦幾乎喪失。戰後在GHQ主持的「改革」中，戰前壟斷海外貿易的壟斷財閥被迫解體，戰前各種統制貿易法規亦被廢除。同時GHQ採取嚴厲的貿易管制方針，即暫時禁止日本自由通商，亦不允許日本擁有外匯，貿易額被限制在極小的規模之內。日本在喪失國家主權的同時，也喪失了對外貿易自主權。1945年11月GHQ設立商務部以管制日本外貿。

隨著美國佔領政策的轉變，自1947年起GHQ開始採取各種措施推動日本對外貿易的「自主化」。2月25日麥克阿瑟對訪日的美國國會議員稱：「日本之迅速回覆平時貿易狀態，將使美國納稅者節省金錢」[33]。3月17日麥克阿瑟又稱「必須準許日本從事對外貿易，而此項貿易須任由民間為之，而將政府之統制抑至最低限度」[34]。隨後GHQ宣佈定於8月15日開始有條件地恢復日本民間對外貿易，有關限制條件有不設匯率，出口價格由GHQ決定，以美元標價；政府貿易繼續存在，與民間貿易並行，各國訪日民間貿易代表人數限制為400 名，在日逗留時間不得超過21 天等5項[35]。1949年2月GHQ設立「外匯控制部」以取代商務部，將外匯分配給機器和原料進口商以鼓勵為出口而進行的工業生產。不過，當時日本的對外貿易環境嚴峻，至1946年日本進出口貿易總額僅相當於1937年的8%[36]。

1945年10月臺灣光復中國後，對外貿易的對像一度從日本轉向中國大陸，同時國民政府規定臺灣對外貿易必須以上海等大陸城市為轉運港口，並以中國貨幣結匯，促使臺灣產香蕉、鳳梨及砂糖等銷往大陸各地。此階段的日臺經濟貿易來往幾乎完全中斷。戰前臺灣的對外貿易主要就是殖民地貿易性質的對日貿易，1932年至1945年對日貿易佔臺灣對外貿易總額的85%。這一時期對日貿易比日據前期1896年至1909年增長15倍，超過同期對外貿易總額增長率的5 倍和對日本以外各國貿易增長率的13倍。但當時臺灣對外貿易對象主要是日本，稻米和砂糖都運往日本，而絕大部分工業品都由日本進口[37]。1945年至1950年間臺灣的對外貿易以對大陸貿易為主，這一期間日臺貿易僅有少量的易貨貿易[38]。

戰後日本的經濟體系幾近崩潰，市場蕭條、社會動盪，主要依賴美國的援助來維持。為此，美國政府下令設立由GHQ直接管轄的「政府救濟佔領區專項基金」（GARIOA），主要用於購買日本急需的糧食、食油、食鹽醫藥以及工業石油等民生物資。以上所需物資大多採購自美國，但也有少量無法提供的經濟物資。如砂糖是日本民眾消費之大宗商品，但美國無法提供，因為美國所需之砂糖主要進口於古巴。當時，臺灣經濟也處於困頓之中，大多數產業設施在戰爭中遭到嚴重破壞，但尚有大批庫存砂糖可供對日出口。1947年6月由GHQ與國民黨中央信託局達成協議，向臺灣購買25000噸砂糖，食鹽102100公噸，這是戰後日臺貿易的開端。基於日本方面的需求，臺灣開始有限度地開放對日貿易，同年8月1日臺灣省政府規定「對日貿易輸出輸入種類及數量，以不妨害國民經濟為標準」[39]。

自1947年起，臺灣的砂糖、食鹽等開始大量出口日本市場，但當時日本根本無法支付外匯。遂由GHQ充當擔保人，在日本銀行設立專門帳號，以美元計算，將進口至日本的砂糖及食鹽等民生物資的銷售貨款存入專門帳號，臺灣再以美元在日本購買所需的工業機器、化肥等。以臺糖公司為例，臺糖公司是在合併6家原日資糖業公司的基礎上而形成的大型公營企業，由於臺糖的生產設施和專運鐵路在戰爭中損壞嚴重，而這些設施是戰前進口於日本。臺糖公司對日出口砂糖所獲款項，主要用於在日本採購修復必需之器材配件，戰後日臺經濟關係就是在這種相互需求的背景下展開的。

臺灣當局開展對日貿易的另一個重要歷史背景就是1947年爆發的「二二八事件」，該事件引發經濟惡化、社會動盪。為盡快穩定臺灣台灣局勢，只有迅即與日本重開貿易，尋求恢復和重建臺灣經濟的出路。在當時無法指望大陸經濟支持的現實條件下，新任臺灣省主席的魏道明決意積極推動對日貿易。1947年7月7日臺灣省政府派出赴日商務代表團，攜帶價值19億日元的易貨貿易計劃赴日，期能以砂糖、香蕉、鳳梨、雜纖維、香料、樟腦等物資向日本換取動力精米機、農機具、漁業用具、機械、塗料、繩索、發動機、農業種子、醫藥、電氣器具、漁船輸送船、鐵道零配件、絲綢、紡機、紡織原料等產品[40]。

1949年4月GHQ推動日臺簽訂戰後第一個易貨貿易合約。臺灣對日出口魚藤80噸（價值5萬4千美元）、香蕉6千簍（價值5萬7千美元），日本則對臺出口醫藥、漁具等產品[41]。此次易貨貿易得以實施的前提是日本「可以代辦臺灣香蕉輸入業務，買給駐日美軍，代價以美元支付」，但日本「必須以與輸入金額相同價值之物資輸出給臺灣」[42]。

為防止大陸金融混亂對臺灣造成衝擊，1949年1月臺灣省政府準許臺灣銀行自行辦理出口結匯業務；4月5日再核準臺灣銀行為辦理外匯的指定銀行，臺灣地區可透過臺灣銀行辦理進出口結匯。為抑制通貨膨脹、穩定金融、拓展對外貿易，6月15日開始在台灣實施改革幣制，發行新臺幣，規定進出口貿易及其他外匯收支統歸臺灣省政府統籌調度[43]。為具體管理台灣經濟發展規劃，6月成立臺灣地區生產事業管理委員會（簡稱「生管會」），負責臺灣地區公營、省營各生產事業規劃、督導等工作。實際上除了生產以外，還管理物資分配、資金調度、對外貿易、日本賠償物資處理、技術合作、工程調配等工作[44]。「生管會」制訂出一系列重建臺灣經濟的具體措施，其中，積極發展對外貿易，尤以恢復對日貿易成為重要一環。「生管會」為此「著手策劃成立日本貿易小組，專門處理糖、鹽及其他銷日貨品的調配事宜，並收集有關資料，以為進行商談之準備」[45]。

恢復與重建經濟，需要資金，在物資匱乏、通貨膨脹的嚴峻形勢下，臺灣只能對現有的資源做最有效的運用。臺灣在地理上與日本接近，又加之長達50年之久的經濟聯繫，台灣所有可資外銷的糖、鹽、茶、鳳梨、香茅油、樟腦等皆以日本為主要市場。因此，發展對外貿易中，即以恢復臺日貿易為最重要的工作[46]。

1949年10月29日臺灣省政府成立對日貿易小組；11月18日又制訂《臺灣省商人對日貿易辦法》，鼓勵臺灣商人開始對日貿易。當時臺灣對日輸出的貨品，除了糖與鹽以外，又增加了香蕉及魚藤。自日本輸入的貨品則有瓦斯管、馬達、鐵板、人造絲、漁具、水泥、棉布及醫藥用品等項目[47]。1949年12月1日臺灣省政府再製訂《對日易貨辦法》，準許以香蕉、鳳梨、蔗糖、香茅油、檀木等類物資交換日本的紡織品、農具、五金、杉木、雜貨等54種貨品[48]。12月4日日臺簽訂對日出口1萬2千簍香蕉的貿易協定[49]。1949年至1950年，臺蕉對日易貨的金額約100萬美元，佔全部輸日貨值的60%以上[50]。

我們來對戰後最初三年（1946、1947、1948）的臺灣進出口狀況作一分析。1946年臺灣對大陸市場的出口貿易額佔出口總額的93%，1947年也為92.5%，至1948年維持82.7%的高比率。所以，戰後最初三年，大陸為臺灣出口貿易的主要市場。1949年因海上封鎖線的擴大，對大陸出口貿易則快速消退。在出口物資上，無論是輸出島外還是輸出大陸，砂糖均為最重要的物資，其次為鹽，再次為茶。值得注意的是，出口市場中，日本為僅次於大陸的臺灣出口第二大市場，若僅就出口島外的貿易額來說，日本則為第一位。1946年對日出口貿易額佔出口島外總額的82.4%，1947年為40.92%，1948年為46.2%；其次為香港、新加坡、美國等。1949年對日貿易額快速提高，佔出口島外部分的55.75%。因此，1949年起臺灣的出口市場已由大陸轉向日本。這種現象至1950年更為顯著，1950年臺灣出口市場的前五名分別為日本（36.14%）、埃及（17.58%）、香港（17.07%）、新加坡（6.79%）、美國（5.56%）[51]。

我們再看一下此階段臺灣的進口市場狀況。三年期間臺灣進口主要來源地是大陸，1946年自大陸進口額為總進口額的 96.4%，1947年為88.3%，1948年仍為91.1%[52]。1949年7月臺灣開始實施對大陸沿海的禁運。之後取代大陸而成為進口主要來源地的是美國。1946年臺灣從島外所進口的物資中，荷屬東印度（今印尼）佔28.81%為首位，其次為美國佔18.8%，再次為香港佔17.7%，日本僅佔6.6%，居第五位；1947年美國躍升為第一位，佔進口貿易額的44.6%，日本僅為5.25%，居第四位；1948年美國為32.52%，日本更降為1.16%；1949年美國為35.8%，日本為7.54%。尤其是1950年下半年美援開始後，美國成為臺灣主要進口來源地[53]。

需要說明的一點是，雖然臺灣出口貿易保持著旺盛態勢，但對台灣經濟的恢復並未能產生積極效果[54]。如臺糖公司出口砂糖的收益多被劃歸省政府所有，因此戰後前二年間，雖然臺灣對大陸大量輸出砂糖，但臺灣銀行並無對應的法幣收入；又如以易貨貿易形態出口至日本的鹽，也沒有對等價值的進口貨物進入臺灣[55]。其真正的效應「是把生產的砂糖以低價補貼大陸，而把通貨膨脹留給臺灣」[56]。因此1947—1949年的三年間，臺灣經濟「沒有目的地自流著」[57]，這可視為戰後臺灣對外貿易的特殊過渡時期。

綜上所述，在臺灣光復初期，日臺間除了維持雙邊貿易往來以外，受當時日臺雙方各自經濟困境的影響，在其他領域的經濟合作關係可以說幾乎都沒有什麼開展。

二、「日臺貿易協定」時期（1950年—1953年）

戰後日臺經濟關係正式發初於1950年9月6日簽訂的「日臺貿易協定」（全稱是「臺灣與被佔領之日本間的貿易協定」），當時日本仍處於美軍佔領之下，因此。「日臺貿易協定」是由臺灣省政府與美軍佔領當局（GHQ）簽訂的。

1949年12月國民黨當局撤退至臺灣後，始對臺灣經濟的恢復予以全力關注[58]。1950年5月24日臺灣「生管會」副主任委員尹仲容、臺灣銀行總經理瞿荊洲等人前往日本東京，與GHQ就重啟日臺貿易活動進行洽商，歷時三個月，完成「日臺貿易協定」有關貿易協定、財務協定、貿易計劃及償欠換文四大部分的磋商。即：1.貿易協定：訂明雙方應訂一無拘束性之貿易計劃，經雙方同意隨時擴大或修改之；2.財務協定：系訂明臺日專戶之設立，所有關於臺日間之貿易，包括服務在內，皆以美元為記帳單位，記入專戶。由臺灣至日本的輸出品之價值記入借方。凡列入專戶之項目，除另有規定外，不記利息。專戶由借戶與貸方互相抵消，結帳付款僅為專戶之淨差額。淨差額如超過4百萬美元，應於貸方索請時，立即照付；3.貿易計劃：規定協定有效期暫訂一年，雙方貿易總額各為5千萬美元，計劃內列明估計臺灣向日本購置及銷售於日本的貨物品名表；4.償欠換文：系處理償欠有關技術規定[59]。

從此項協定的內容可知，《日臺貿易協定》採取了雙邊記帳貿易的方式。當時臺灣迫於物資匱乏、外匯不足的經濟困境，急欲重開日臺間的雙邊貿易。但日本經濟也尚未完全恢復，亦缺乏足夠的外匯以支付進口臺灣商品的貨款。在此種情況下，為打開僵局，日臺雙方決意採用專戶記帳貿易的方式。這一雙邊協定的簽訂，不僅解決了臺灣當時對外貿易總額約70%[60]，並且奠定了以後12年間日臺記帳貿易的基礎。「日臺貿易協定」簽訂後，日臺即以此項協定為雙邊貿易的運行規則，推動著日臺貿易活動的開展。這一期間被稱為「日臺協定貿易時期」[61]。

日本是一個國土面積僅38萬平方公里的狹長島國，人口眾多、資源匱乏，耕地面積只佔國土總面積的16%，而人口到戰敗時已接近8000萬。臺灣的情況也基本相同。日臺不可改變的人文地理條件，決定了其經濟從開始就與海外市場緊緊聯繫在一起，發展經濟必須依賴對外貿易，即向海外尋求生存之路。日臺在戰前日據時期一直維繫著非常密切但極不平等的殖民地貿易關係，臺灣被定位是日本的農產品及生產資料的提供地。戰後日本大力推行「外向型貿易立國」的經濟戰略，以此作為推動其經濟重建和經濟增長的動力。其中，重新構築戰後日臺經濟關係的架構，使其成為日本外匯的重要來源地區、日本二手機器設備與技術的主要吸納地並成為日本資本進入東南亞市場的重要聯繫渠道[62]。這不僅是日本力圖重返國際社會的戰略選擇，同時也是戰後日臺經濟關係重新啟動的重要政治經濟背景。隨著舊金山對日和會的臨近，日本開始更加關注與臺灣的經濟聯繫。

1950年1月11日日本通產省提出「以亞洲貿易為中心的日本通商貿易的正常化」[63]的規劃，確定日本對外貿易主要面向美國和亞洲地區。戰後初期日本對外貿易高度依賴美國，1946年日本出口的65.1%與進口的86.4%均依靠對美貿易，與亞洲地區的貿易比重則很低。戰後初期日本政府曾確定開拓東南亞和中國兩個市場的對外經濟目標，但朝戰爆發後與中國發生經濟聯繫的預期目標為美國所阻止。在向東南亞擴張經濟的方面，美日有著相同的戰略利益，即合作獨佔東亞經濟。1951年6月日本策劃振興對東南亞的成套設備出口，但對象國普遍存在資金短缺。日本遂向美國提議建立東南亞一體化經濟圈，由美國以美援形式向東南亞各國提供必要的資金，東南亞各國則用這些資金從日本購買必要的技術設備[64]。

戰後初期的日本對外貿易為GHQ嚴厲管制。1945年7月26日《波茨坦公告》對日本對外貿易作了原則性規定，其中第十一條規定：「日本將被允許維持其經濟所必需及可以償付貨物賠款之工業，但可以使其重新武裝作戰之工業，不在其內，為此目的，可準其獲得原料，以別於統制原料。日本最後參加國際貿易關係，當可準許」[65]。GHQ據此制定了戰後日本對外貿易的三條基本方針：1.進口商品只限於和平使用的目的；2.外匯交易以及金融活動要接受美軍佔領當局的監督和管理；3.對外貿易要在駐日美軍佔領當局的直接領導下進行[66]。

最初，GHQ從「遏止」與「懲罰」的目的出發，嚴格限制日本的進出口貿易的規模和活動範圍。僅允許經營少量的生活必需品如從臺灣進口大米和砂糖等。後來GHQ又做了具體規定，即：「日本最終應該許可其與外國進行正常的貿易，但在佔領期間被允許的只是，在一定的管制下，輸入為了和平的目的而必需的原料和其他商品，以及為了支付被允許輸入的商品的貨款而進行的商品輸出。對所有商品的進出口、外匯及金融交易全部實施管制」[67]。總之，戰後初期日本的對外貿易是在GHQ的嚴格管制下進行的，日本一般稱其為「嚴格的管理貿易」[68]。根據GHQ的指示，1945年11月設立專門管理進出口貿易的貿易廳，此為日本政協助GHQ管理外貿的專門機構。

1947年4月日本政府頒佈《貿易公團法》，先後設立紡織品、工礦產品、食品、原材料四大貿易公團，由其代理政府執行具體貿易業務[69]。GHQ亦開始放鬆對日本貿易的直接控制，並將進出口貿易的管理權開始逐步過渡給日本政府。當時四大公團所能從事的業務只有兩個方面，一是將輸出物資從日本國内的工商業者手裡購入，然後根據GHQ的指示，發往海外；二是在GHQ從海外輸入物資後，經由貿易廳將已經進港的輸入物資再轉賣給日本國内的工商業者[70]。

隨著美國對日佔領政策的鬆緩，1947年8月日本開始試行有適當限制的民間對外貿易。至1949年12月日本的出口貿易業務全部移交給民間企業進行。1949年4月 GHQ設定單一匯率，5月合併商工省和貿易廳，新設立統管貿易的通商產業省。12月1日第6 屆日本國會透過《外匯及外貿管理法》、《外匯特別會計法》與《外匯管理委員會設置法》；12月19日又據此制定出《進口貿易管理令》和《出口貿易管理令》（1950年1月開始實行）。根據以上法令，以往對日本民間的對外貿易所實施的所有限制原則上解除，民間貿易實現自由化。1950年1月1日GHQ決定將對外貿易管理權移交給日本政府[71]。其後，除國外援助以外的進口貿易業務全部移交給民間企業進行。但日本政府仍對進口實行嚴格的控制，特別是透過外匯配額、進口許可證等手段，對進口貿易實行嚴格的管理和監督[72]。

此後，日本對外貿易開始由GHQ管理下的統制貿易開始向正常的民間貿易轉換，1952年4月28日「舊金山對日合約」生效，GHQ正式將外匯及外貿管理權移交日本政府，日本政府則基本上承襲了這一套管理體制。而且在GHQ管理貿易期間，大致規定了戰後日臺經濟貿易的基本走向。至1958年日本完全取得對外貿易的自主權[73]。

1950年9月6日在 GHQ的許可下，日本與臺灣簽訂「日臺貿易協定」；同年10月10日臺灣當局宣佈廢止《臺灣省商人對日貿易辦法》（1949年11月18日頒佈），對日貿易改以信用證的方式辦理。日臺在協定中提出各自所需的貿易品種和數量，規定了日臺之間的貿易量不得少於貿易計劃內所規定的數量，日臺對於所有核準的交易所需外匯及外匯信用，均應照準，要儘量放寬雙方現行的貿易管制及其他各項管制，減少貿易上的障礙。「日臺貿易協定」簽訂後，臺灣對外貿易對象由大陸轉向為日本，對日出口有所增加，1950年至1952年的年平均出口額為3.728 萬美元[74]。這一數字雖比不上戰前日臺貿易的規模[75]。但與臺灣光復初期相比，則有很大的提升。

自1950年至1952年日本恢復國家主權前的2年多時間裡，原則上貿易管理權仍歸GHQ把持，但實際上GHQ已把管理權「委託」給日本政府。日本政府已經能夠比較「自主地」制定有關貿易制度、推行貿易政策，GHQ主要發揮了一種監督或事後承認的作用[76]。這一階段，朝鮮戰爭的「特需景氣」推動日本經濟迅速恢復「活力」。同時臺灣經濟也在「美援」的支持下，至1952年經濟恢復至戰前的最高生產水平。其中臺灣農業經濟恢復較快，稻米等農產品的增產尤為顯著，加快開啟農產品的海外出口市場是臺灣當局極待解決的問題。

如上所述，1952年4月美國結束對日本的軍事佔領，日本重獲對外貿易自主權。隨著工業經濟的恢復，日本更需進口砂糖和稻米等臺灣傳統農產品。於是，為進一步推動日臺貿易的發展，以前期的「日臺貿易協定」為藍本，日臺又於1953年3月簽訂了《日臺貿易辦法》。

三、「日臺貿易辦法」時期（1953年—1961年）

按照1950年9月「日臺貿易協定」第四條規定，該協定應於盟國或任一盟國對日合約宣佈時，即行終止。1951年9月8日「舊金山對日和條」簽訂；1952年4月28日「日臺合約」簽訂。1953年又簽訂「日臺貿易辦法」以取代「日臺貿易協定」。「日臺貿易辦法」自1953年4月1日起開始實施，至1961年9月30日為止，前後約為九年。

「日臺貿易辦法」包括付款辦法和貿易計劃等，大體以「日臺貿易協定」為藍本，付款辦法仍依照以前的專戶記帳方式，貿易計劃則由雙方提出每一年度的貿易計劃，而日臺雙方的進出口商品「至少應達到貿易計劃內規定之數量」，同時「日臺雙方政治當局對於該項貿易計劃內所規定之貨物及服務之購買與銷售均將儘量予以便利，現有對於貿易貨幣及其他方面之管制，凡其結果可能限制貿易者，均將儘量設法予以放寬」。因此，可以說「日臺貿易辦法」是屬於積極促進日臺貿易的新法規，但「辦法」也對「日臺貿易協定」有所調整和修正。如「日臺貿易辦法」第一條特別規定：「每項交易之進行應以自由訂約為基礎」，這是「協定」中所沒有的。對於關稅及貿易總協定（世界貿易組織WTO的前身），「協定」僅提出「應予適當的注意」，而「辦法」則明確強調「應予適當的遵守」。對於多邊貿易，在「協定」中僅提出進行協商的可能性，但「辦法」則明確規定與第三國貿易時透過專戶付款[77]。

「日臺貿易辦法」共實施九個年度，對戰後初期日臺貿易的發展有著很重要的影響。這一時期由於有貿易計劃規定的貿易量作為目標，加上結匯仍使用記帳貿易方式，手續較為便捷，對日出口增長很快。1952年至1961年臺灣平均每年對日本出口為5670萬美元，比前一期增長了52.1%。隨著日本對臺灣資本與技術輸出的不斷增強，日臺貿易額迅速上升。50-60年代臺灣對日出口主要是農產品，而自日本進口的主要是機械設備等工業產品，仍持續著日據時期殖民地出口經濟的依賴性[78]。而同一時期美國則是臺灣的主要進口來源國。1953年至1963年11年間，除了1958年從美國進口略少於從日進口外，其餘年份都居於日本之前而佔首位，這一階段來自美國的進口額佔臺灣進口總額的比重每年平均為40.56%，而同階段日本的這一比重為34%[79]。美國長期佔臺灣進口第一大國，主要與「美援」有著直接的聯繫，「美援」多以實物形態流入，故自美進口數額居高不下。

戰後初期，日本在積極開拓美國市場的同時，力求借助美國的實力佔領臺灣與東南亞市場，其戰略意圖有二：1.把臺灣與東南亞當作戰略依託、原料供應地和產品銷售市場。利用經濟上的互補性，用資本貨物換取臺灣與東南亞的自然資源，牟取經濟利益；2.發展臺灣與東南亞經濟，以在政治上穩定該地區，使之成為對抗中蘇的壁壘。為達此目的，經濟極待恢復的日本只能乞求美國予以「合作」。1957年6月19日至21日岸信介首相訪美，爭取美國的經濟支持；1958年7月5日的一份美國白宮文件表明，時任日本大藏大臣的池田勇人曾向美國駐日大使麥克阿瑟第二表示，日美聯合開發東南亞有助於阻止共產主義並緩和日本的貿易問題[80]。在這種情況下，日臺經濟關係進一步發展的外部條件逐漸齊全。

日本對臺灣的進出口貿易總額 1950年為 7594 萬美元，1956年為12337萬美元，1960年為16576 萬美元[81]。從臺灣對日出口額所佔出口總額的比例來看，1951年為 48.3%，1955年為66.6%，1959年仍為40.7%。在整個20世紀50年代臺灣出口的將近一半依賴對日出口。進入60年代臺灣對日出口有所減少，1963年為33.1%，1965年為31.1%，仍佔對外出口的首位。由此可見，臺灣對日出口的依賴度仍然極高。就對日出口的商品結構來看，出口商品的九成為砂糖、大米、香蕉、鳳梨罐頭等農產品[82]。對日出口商品結構的特徵，全然是沿襲了戰前的殖民地經濟結構[83]。同時，臺灣也開始承接日本對美國出口的紡織品、膠合板、洋菇罐頭等加工裝配業務。如此，臺灣的出口貿易形態開始逐漸轉型，即開始進入自日本綜合商社訂貨，接受日本方面的機器設備、中間原料和技術等，在台灣進行加工裝配成最終產品後再經由日本綜合商社出口至美國市場。這種「日→臺→美三角流線型」加工出口貿易體系的雛形開始確立。1964年自美國的進口額佔臺灣進口總額的比重為32.48%，自日本的進口額佔34.80%，日本超過美國成為臺灣的第一大進口供應國。而且自1965年起日本開始取代美國的「角色」，對臺灣施以經濟援助，此後，在「日援」形式下的日本的進口逐漸增加，長期超過美國而居臺灣的第一大進口來源地。

在「日臺貿易辦法」實施期間，臺灣當局外貿主管部門也歷經資源委員會、生產管理委員會、經濟安定委員會等的調整。原屬生管會之下的產業金融小組，則改為臺灣省外匯貿易審議小組，負責進口初審、普通外匯初審、公民營工礦器材原料進口、管制物品進口及輔助出口物品審議工作。1953年3月外匯貿易審議小組改組為「行政院」直接管轄的外匯貿易審議委員會。其後，臺灣仍實行進出口管制及複式匯率的政策，臺灣當局依舊執行著對外貿的強力干預。如1953、1954年度鳳梨罐頭、茶葉、柑橘等農產品滯銷時，臺灣省府即以匯率補貼；而在1955年基本匯率、官價結匯證及市價結匯證等多重匯率下，民營的香蕉出口，只能拿到結匯證的50%，即基於香蕉只有單一日本市場不宜給予較高匯率，以免刺激香蕉生產。這種管制直到1958年3月才正式解除[84]。

為加強日臺經濟關係，1957年9月中旬「總統府」秘書長張群率團赴日訪問，主要成員有臺灣銀行董事長張茲闓、臺灣水泥公司董事長林伯壽、臺日文化協會幹事長汪公紀等，他們主要是與日本方面就共同開發東南亞地區的經濟計劃進行協商。

由上可知，日臺經濟關係僅在戰後斷絕短暫的幾年後，便隨即重建並迅速發展起來。在極度缺乏外匯的前提下，臺灣積極推動以專戶記帳貿易的形式，使戰前就已存在的日臺貿易聯繫再度啟動。

臺灣以稻米、砂糖等傳統農產品換取台灣生計和恢復生產急需的日本機器設備、紡織品及化肥等。透過與日本的貿易往來並在得到「美援」的前提下，台灣社會秩序逐漸趨於穩定，台灣經濟漸漸駛入恢復的「軌道」。同時，日本也由於大批積壓的工業產品能夠對臺出口，使陷入絕境的日本經濟得到一線生機。但不應忽視的是，日臺重啟雙邊貿易是在美國的「準許」下進行的，日臺發展雙邊關係符合美國的東亞戰略利益，這是美日臺關係得以形成與發展的重要前提。

在1950至1961年間，由於外匯短缺等原因，日臺貿易一直採用專戶記帳貿易制度，客觀地講，這種專戶記帳貿易制度屬於當時世界各國普遍通用的一種貿易形式，在光復初期日臺貿易重新啟動過程中確實發揮出實效的功能。但這種貿易記帳方式畢竟是對於外匯和貿易自由化的嚴格限制，屬於經濟管制時期或經濟恢復初期的特殊貿易形式，它不利於自由貿易的進一步擴大延伸和民間企業的介入。朝鮮戰爭爆發後，日本經濟獲得「特需」繁榮並重獲國家主權，在美國的大力支持下，日本相繼加入國際貨幣基金組織、關稅及貿易總協定等國際組織。日本經濟的迅速恢復使其在國際收支上大為改觀，它不再需要限制外匯和貿易自由化的日臺雙邊貿易協定。因此，在1959年的日臺貿易計劃會議上，日本強烈要求取消日臺間的專戶記帳貿易制度。經過日臺多次磋商，雙方同意再延長一年的實施時間，至1961年9月30日正式終止。其後，日臺雙方另訂新的貿易協定。

從1950年至1961年日臺貿易統計的實際情況來看，臺灣對日本的貿易依存度明顯比日本對臺灣的依存度要高，1950年至1961年臺灣對日本的出口額佔臺灣出口總額的30%—60%之間，1955年為最高峰達60.2%；自日本的進口額則佔進口總額的39%—64%，1955年進口額為64.4%[85]，與出口額同為此階段的最高峰。

隨著戰後日臺貿易的恢復與擴大，尤其是隨著朝鮮戰爭爆發及美國對日佔領政策的急劇轉變，一度被解體的日本財閥系大商社又在美國的支持下重新組合，並再次開始對臺灣進行經濟滲透。這些大商社在資金、技術、外銷經驗等方面均有較強的力量，特別是三井商社、三菱商事等更是在殖民統治時期獨佔臺灣經濟的大商社，對臺灣台灣狀況可謂「非常熟悉」。戰後日本企業在海外投資的一個特點，就是企業與商社合作開拓，這個特點與日本式企業經營有著密切關聯。20世紀50年代初許多日本大商社就在臺灣設立營業機構，一方面參與日臺雙邊貿易業務；一方面也從事對臺投資、貸款和經營活動。五六十年代臺灣對外貿易幾乎為日本大商社所控制。如長期佔臺灣出口第一位的紡織品，經日本商社出口的比重曾一度高達60%以上[86]。至工業化之前，日臺貿易關係保持著漸次升溫的趨勢（參考表二）。

表二日臺貿易統計（1950—1965年）（單位：千美元，%）

年份	日本出口(台灣進口)	佔台進口總額比(%)	日本進口(台灣出口)	佔台進口總額比(%)	進出口合計
1950	38041		37874		75915
1951	50602		53045		103647
1952	60666	29.3	63765	53.5	124431
1953	60965	28.5	64040	46.4	125005
1954	65928	30.3	57075	53.9	123003
1955	63828	30.9	80879	60.6	144707
1956	77858	34.7	45508	35.8	123366

續表

年份	日本出口 (台灣進口)	佔台進口 總額比(%)	日本進口 (台灣出口)	佔台進口 總額比(%)	進出口 合計
1957	84257	33.6	67725	38.9	151500
1958	90040	35.1	75620	43.9	165660
1959	86846	39.4	71546	42.7	158392
1960	102237	34.6	63522	37.4	165759
1961	96322	32.1	67748	28.4	164070
1962	118576	32.7	61325	24.3	179901
1963	107142	28.8	122640	33.1	229782
1964	137891	34.2	140905	30.2	278796
1965	217916	37.1	157317	31.1	375233

資料來源：臺灣「財政部關稅總局」統計室：《臺灣地區進出口貿易統計月報》，各年版；吉澤清次郎：《日本外交史》第28卷（鹿島和平研究所出版會1975年版）；日本鹿島和平研究所編：《日本外交史·媾和後的外交·對列國關係（上）》，鹿島和平研究所出版會1972年，第245頁統計表。

第三節 戰後初期美日對臺貿易、投資

一、戰後初期美、日對臺貿易

戰後初期美國對日、臺的大規模經濟援助決定了美日臺貿易關係的基本內涵，屬於美國主導的特殊貿易模式。如對臺援助主要是美國對臺提供各類商品物資，因此，美國始終保持對臺的高額出口水平，成為臺灣最主要的進口貿易國。美國在臺灣進口貿易中所佔比重1952—1959年均為42.2%，1960—1965年為40.1%。1960年之前美國在臺灣出口貿易中所佔比重較小，1953—1959年年均為 5.3%；1960年之後則明顯上升，1960—1965年年均為18.8%

[87]。因此，20世紀50年代至60年代上半期美國對臺貿易年年順差。1952—1965年美國對臺灣順差11.125億美元，年均0.795億美元[88]。美國對臺灣輸出的商品主要有小麥、大豆等農產品，以及鋼鐵、機械設備機器等。從臺灣進口的主要有膠合板、蘑菇罐頭、服裝等。值得注意的是，美臺雙邊貿易多為日本商社所控制[89]。

1945年至1951年美國以佔領地區救濟基金和佔領地區經濟復興基金的名義，向日本提供21.28億美元的物資援助[90]。日本曾短暫依賴對美貿易，但很快美日貿易結構發生較大調整。如1946年日本出口的65.1%、進口的86.4%與美國進行，但至1952年日本自美進口僅佔其進口總量的37.9%。比1946年降低48.5%。儘管當時日本處於美國的佔領下，但一方面美國不可能滿足日本的全部進口需求，另一方面日本也無法向美國出口足夠的適銷對路的產品[91]。

在1965年以前，美國在臺灣進口中所佔的比重一直壓倒日本所佔比重。從1965年起情況正好相反，日本所佔比重超過美國所佔的比重。1965年美日所佔的比重為31.65%和39.75%，1975年為27.76%和30.44%，1985年為23.61%和27.60%。美日在臺灣出口中的地位之變化又恰恰與上述情況相反。1965年和此前，日本在吸收臺灣出口方面大大超過美國，1965年以後美國則漸漸超過日本。美日佔臺灣出口的比重 1970年為33.08%和14.58%，1980年為34.12%和10.97%，1985年為48.08%和11.26%[92]。到1980年代中期，日本是臺灣進口的最大來源國和出口的第二市場。美國則是臺灣的第一市場。美國向臺灣輸出的主要是三大類型產品：動植物油脂、麥類及其制產品等農產品；金屬礦塊、紡織品纖維、化學原料、煤等工業原料和電機、電子設備、化學製品、辦公室機器、運輸工具、日用品等製造品。1965—1985年美國輸往臺灣的前十位商品佔臺灣輸入該商品總額的比重在1965年、1973年和1985年三個年頭裡，油籽類為 70.6%—96.3%、小麥類及其加工品為 59%—84.6%、金屬塊為34.6%—63.9%、電機設備為20%—35.5%、日用品和化學品在1985年佔50%以上。可見臺灣首先是美國的農產品和原料市場，其次才是美國的製造品市場。日本向臺灣出口的主要有高級鋼材、電機設備、工業機具、電子設備、化學品和運輸工具等。同一時期日本輸往臺灣的前十位商品佔臺灣輸入該類商品的比重是，鋼材為76.3%—90.4%，特殊工業用途機具（械）為 49.2%—68.3%，紡織品為 54%—63.3%，電機電子設備為44.7%—50%。可見，臺灣幾乎完全是日本的工業中間產品和終極產品的市場。1965—1985年美國從臺灣進口商品的結構有一個變化過程。1965年林木產品和熱帶農產品是美國從臺灣進口的兩宗最大商品。到1973年精密機器則取而代之成為最大宗進口產品。紡織品、鞋類、旅行用品等勞動密集型成品都成為主要進口產品。1973年後在勞動密集型產品持續為大宗進口產品之同時，電子通訊器材、電子機器、辦公室機器及資料處理設備已成為主要進口產品，到1985年美國從臺灣進口此類產品佔臺灣輸出此類產品的一半以上。美國佔臺灣家具和鞋類出口的70%以上。日本從臺灣進口的主要商品1965—1973年間主要有糧食、水果、蔬菜、肉類等農產品，林木產品、服裝和紡織品、日用品。到1985年除了這些產品之外，水產品成為一大宗進口產品。此外還有鋼鐵和機電產品[93]。

由上可知，美日長期自臺灣進口農產品等，美國自1973年後則成為進口臺灣工業品的最大市場。臺灣對日本的出口貿易與進口貿易額之比自1960年代中期以來一直穩定在0.3%至0.4%之間。臺灣對美國的進出口貿易之比則從1955—1959年的0.10%上升到1986年03.50%[94]。因此，自1960年代中期以來日本對臺灣一直保持順差，1965—1973年累計順差32億美元[95]。1979年一年順差為23億美元[96]。1984年的順差為32.55億美元[97]。1971—1973年累計順差達452.71億美元。[98] 美國對臺灣自1968年後便一直保持逆差。1971—1973年累計逆差總額為18.823億美元，1979年一年的逆差為22.714億美元，1984年為98.26億美元，1973—1987年逆差總額達749.061億美元[99]。

從美日與臺灣的貿易結構和國際收支狀況可看出，在美日臺形成了一種極具特色的多邊貿易關係模式。即日本向臺灣提供技術樣品及半成品，在臺灣利用廉價勞動力進行加工並製造成品向美國輸出，而且這些出口訂單多來自美國對臺灣的訂單，其效果是日本借助臺灣最大限度地獲取美國市場的利益。表面上看，在獨佔臺灣市場的美日經濟較量中，日本競爭力似略勝美國一籌，但其實這是美國出於其東亞戰略的謀略，有意對日本作出的「政策性讓步」。

當美國於1965年停止對臺經援時，美國銀行的商業貸款開始進入臺灣。1965—1980年底美國進出口銀行為臺灣提供中長期貸款共為26.9億美元，連同它所擔保的美國商業銀行和其他國家商業銀行聯合貸款在內，合計48.5億美元。在美國進出口銀行的帶動下，從1970年代開始，美國民間金融機構對臺灣的經建貸款也不斷增加，到1977年底，由臺灣當局擔保的美國民間金融機構貸款總額（不含美國進出口銀行聯合貸款）約5.3億美元[100]。上述兩項合計共53.8億美元。1965年和1971年日本進出口銀行為臺灣提供兩筆日元貸款，共折合1.39億美元；1968年還提供造船貸款0.3億美元，合計1.69億美元[101]。

在美日臺貿易的過程中，一個不可忽視的現象就是日本商社對美臺貿易的實際控制。美國雖在投資金額、市場佔有率等方面佔據首位，但美臺雙邊貿易卻多為日本商社所控制，成為戰後美日臺貿易中很不規則的一個特徵。如上所述，臺灣小麥、大豆、香蕉等農產品和膠合板等的對美出口多被日本商社控制。但不僅僅如此，根據美國對日本商社的觀察可知：日本大商社基本控制了臺灣主要的對外貿易。例如臺灣出口美國的蘑菇罐頭有一半是透過日本商社經營的，向其他國家出口的菠蘿和膠合板也多是由日本商社所經營。另外，作為臺灣外匯主要來源的紡織品出口也幾乎為日本商社所獨佔（大約60-90%）。日本商社如此控制對臺灣紡織品進口，主要始於美國開始對棉紡織品進口實行配額制之後。日本商社在美國取得的棉紡織品訂單必定大於他們所能得到的進口配額，於是日本商社設法用臺灣的配額在美國銷售預定的棉紡織品。此後，日本商社透過遍佈世界的銷售網積極開發臺灣服裝和棉紡織品的其他國際市場，日本商社的所作所為實際上是導致臺灣對美和對第三國出口的比例大幅升高的主要動因[102]。戰後初期20世紀50-60年代日臺貿易主要是臺灣對日出口農產品而進口工業品，即維持日據時代的貿易結構，正如馬克思所說的的富國榨取「窮國」的貿易關係，也就是以價值低的農產品去換取附加價值較高的工業品，臺灣資源受到榨取，經濟受到日本控制[103]。

二、戰後初期美、日對臺投資

為全面控制臺灣經濟，自20世紀50年代起美日開始對臺灣進行投資。美國對臺投資的主要有合成纖維、化肥、抗生素和玻璃等企業。簡言之，如果不包括華僑資本，從50年代初期至60年代中期，美國資本佔臺灣外資的90%，主宰了臺灣的投資市場。日本則在50年代佔6.6%，60年代前半期約為12.2%，美日兩國成為進入臺灣外資的主要來源[104]。

日本對臺灣的直接投資是一個逐漸擴增規模的過程。50年代初期在臺灣的直接投資幾乎全是美國資本，當時尚處於經濟恢復時期的日本對臺投資極其有限。1958年日本電氣公司對臺灣通訊工業公司投資33.8 萬美元（合作生產電線、電話等通訊器材，日電公司佔80%股份）；同年日本米星商事、羽幌煤礦貸款95.7 萬美元給臺灣南莊礦業公司[105]。1954年5月至1965年5月，日本以技術合作形式對臺投資的項目有：1 .化學醫藥類（21項）：日本中外製藥與臺灣永豐製藥（1954年）、三共製藥與中國化學（1958年）、森下製藥與臺灣森下仁丹（1960年）、田邊製藥與臺灣田邊製藥（1962年）、山之内製藥與臺灣山之内製藥（1962年）、萬有製藥與臺灣完有製藥（1963年）、榮西製藥與信東化學（1964年）、岩城製藥與永豐化學（1965年）、津村順天堂與臺灣津村順天堂（1962年）；日本關西油漆與臺灣唐榮油漆（1954年）、日本油脂與東方油漆（1960年）、日本油漆與亞洲工業（1963年）、橫濱橡膠與南港輪胎（1959年）、擠石橡膠與泰豐橡膠（1961年）、東洋橡膠與義堂橡膠（1961年）、墨水產業與臺灣塑膠（1965年）、共和塑料與厚生化學（1965年）、大日本印刷油墨與林商號合板（1962年）、三笠化學與臺灣三笠化學（1962年）。2 .電機（24項）：日本東京芝浦公司與臺灣日光燈（1955年）、日本東京芝浦公司與臺灣玻璃管（1958年）、日立電燈與新亞洲電器（1962年）、三菱電機與中國電器（1963年）、本田科學研究與三陽工業（1962年）、松下電器與臺灣松下電器（1965年，生產半導體收音機）、日立製作與新亞電器（1965年）、松下電器與臺灣松下電器（1965年，生產電飯鍋）、早川電機與三厚電機（1962年）、東京芝浦與大同煉鋼機械（1963年，生產電冰箱）、長谷川鐵廠與臺灣機械（1960年）、日立製作與臺灣日立（1964年）、大金工業與大同煉鋼機械（1964年）、關西二井製作與士林電工（1958年）、東京芝浦與大同煉鋼機械（1961年，生產變壓器）、三菱電機與士林電工（1963年）、大阪變壓器與三厚電機（1965年）、茶中電子與聲寶電器（1965年）、東京芝浦與大同煉鋼機械（1955年，生產電子計算機）、湯淺電池與亞洲電池（1964年）、沖電氣與遠東電器1958年）、任友電器與太平洋電器（1959年）、古河電工與中國電線（1962年）、日本電氣與臺灣通訊工業（1958年）；3.機械類（4項）：三菱重工與臺灣機械（1963年）、日本汽車製造與大榮煉鋼（1964年）、雅馬柴油機、井關機械與中國農業機械（1960年）、久保田鐵工、三井物產與新臺灣農機（1961年）；4.食品類（2項）：明治乳業與味全食品（1958年）、關東酸乳酪與中國發酵（1964年）、協和發酵與中國發酵（1959年）、森永製菓與臺灣製菓（1961年）、明治製菓與味全食品（1962年）；5.汽車造船類（4項）：日產汽車與臺灣裕隆汽車製造（1958年）、新潟鐵工與臺灣機械1961年）、石川島播磨重工與臺灣造船（1965年）、米星商事、羽幌煤礦與南莊礦業（1958年）；6.其他（3項）：八幡煉鐵與臺灣機械（1963年）、旭玻璃與臺灣玻璃（1965年）、桃井製網與臺灣桃井製網（1959年），等等[106]。

50年代日本企業對臺投資的多是製藥業，主要從日本進口半成品，然後利用臺灣的廉價勞動力進行簡單包裝後就地銷售。因為日據五十年的歷史因素，臺灣民眾普遍有服用日本藥品的習慣，所以，日資製藥企業效益、利潤都很高。到1965年止，臺灣本地有700多家日資企業（少數為日臺合辦）。從1955年起，日本經濟超高速發展，60年代中期國民生產總值已超過了英法和西德，外貿出現大量順差，國際收支盈餘劇增，國力漸增的日本開始具有資本輸出能力。由於日本出口長期出超，與歐美不斷發生貿易摩擦，60年代美國就對傾銷至美國市場的日本紡織品、電子產品設定配額限制。為緩解與美國的貿易摩擦，避開美國的配額限制等貿易壁壘，日本開始調整對臺投資策略目標，即利用臺灣的低成本突破美國的限制，將勞動力密集型工序轉到臺灣進行。日本首先提供技術樣品和中間產品，直接在臺灣加工裝配至成品，再以臺灣產品的標籤，最終出口至美國。這樣，臺灣就成了日本對美出口的「加工基地」。日本不僅利用臺灣大量向美國出口產品，還藉機轉嫁日美貿易摩擦的危機，並將臺灣推向與美國發生貿易摩擦的邊緣。這也是1970-80年代美日、美臺及日臺不斷發生貿易摩擦的重大現實背景。

1952年至1960年日本企業對臺直接投資共12件，投資額168.1萬美元，佔外國資本對臺直接投資的6.6%。1961年至1965年日本企業對臺灣投資增長很快，達41件，投資額817.1萬美元，佔外國資本對臺直接投資的比重上升至12.2%[107]。同期，隨著臺灣工業化的進展，日本企業也開始佔領臺灣的電子產品市場。日本各大綜合商社與各大機電企業聯手開拓臺灣市場，1962年松下電器株式會社設立臺灣松下電器公司，這是最早進入臺灣的日資大機電企業[108]；以1963年三洋電器設立臺灣三洋電器分公司為起點，東芝電氣、三菱電機和日立等大機電企業也先後到臺灣投資設廠。他們的主要做法是與當地資本合資，由日方提供技術設備，從日本進口原料和半成品，然後利用一部分臺灣資本和全部利用臺灣的勞動力進行加工裝配，成品主要在當地銷售。產品主要是機電，如電視機、電冰箱、電纜、變壓器、日光燈等[109]。

同期的1952—1960年，美國資本對臺灣直接投資共15件，投資額2348.1萬美元，佔外國資本對臺灣直接投資的93.2%。同期日本資本對臺灣直接投資共12件，投資額168.1萬美元，佔外國資本對臺灣直接投資的6.6%。這段時期，臺灣外資總額為12.5億美元，其中82%是美國的援助，15%為借款，直接投資僅佔13%。至1960年代上半期，美國資本始終佔據對臺灣直接投資的絕對優勢地位。1961—1965年美國資本直接投資共42件，投資額5506萬美元，佔外國資本直接投資的82.3%。同期，日本的資本直接投資增長很快，達41件，投資額817.1萬美元，佔外國資本直接投資的比重上升至12.2%[110]。同期日本企業對臺投資亦增長迅速，1967年臺灣批準日本投資總額達1500 萬美元，當年底日本投資佔所有外國投資的11%。僅1968年臺灣當局就批準了總額為2500萬美元的日本投資，這個數額幾乎是過去15年的總和。1968年底日本投資項目已高達5400萬美元。日本在兩年間就將其在所有臺灣外國投資中佔的比例從11%提升到25%[111]。至1968年底臺灣當局批準的日本投資總額為5400萬美元，共264個投資項目。相比較，臺灣當局同期批準高達1.5億美元的美國投資，只涉及114個項目。換句話說，日本對臺投資只有美國在臺投資的三分之一，但其涉及的單個項目卻是美國的2 倍。美國在臺投資項目的產品主要是為了出口，而日本投資項目的產品不僅為了出口，也試圖佔領當地市場[112]。可見，美日對臺灣投資的動因均是利用臺灣獎勵投資待遇和突破臺灣貿易壁壘，擴大佔有臺灣本地市場。因而這個時期美日企業投資項目都集中在臺灣市場緊缺而需急速發展的進口替代工業上[113]。

1965年以前，在美國佔絕對優勢的情況下，美日共享臺灣的投資市場。從1960年代下半期開始，臺灣不僅作為商品銷售市場而且作為商品加工轉口基地而成為美日合作獨佔的對象。60年代中期至80年代中期美國在原有的基礎上繼續加大對臺灣直接投資的力度。1966—1980年投資總額達6.9774億美元，年增長率為8.79%，1981—1987年投資總額為14.9253億美元，年增長率為20.83%[114]。

這一時期，美日在臺灣的投資競爭採取了新的形式，即建立加工出口基地。為了抵制日本利用臺灣擴大對美國市場的滲透，確保自己對本國市場的主宰地位以及提高美國的競爭能力，在亞洲市場排擠日本產品，大致從1970年代始，美國企業開始在臺灣建立加工基地以利用臺灣的廉價勞動力資源降低生產成本。如美國通用電氣、美國無線電、國際電報電話、通用電話國際、通用儀器、標準電子等著名大公司，其產品絕大部分回銷美國。1970年代初，為打破日本汽車對亞洲市場的壟斷，在臺灣投資的美國福特汽車公司實行「製造亞洲車計劃」，即將汽車零部件和裝配廠分設在亞洲各地和澳大利亞，裝配的汽車主要供應亞洲市場。這種做法使其車價降低50%，足以與在亞洲市場的日本汽車相競爭。有的美國企業對臺投資是為了佔領臺灣市場，如美國電信業、電機業及化學業企業等。這類公司主要有電報電話公司（電子交換機）、聯合碳化物公司（乙二醇）和奇異公司（氣渦輪機）等。進入80年代後，美日對臺投資多集中在電子和汽車裝配領域。美國電子公司已將小型電視機生產全部轉到臺灣和韓國。80年代臺灣新興的資訊產品製造業投資幾乎都來自美國。美國企業在這一行業的投資佔該行業投資總額的77%（1984年）。日本從60年代中期開始對臺灣的直接投資猛增。1966—1965年間總投資額為4.478億美元，相當於1953—1965年間的45 倍，年增長率為28.17%，1980—1987年總投資額達13.256億美元，年增長率為24.51%。日本持續加大對臺灣以及東亞地區的投資力度，美日對臺投資形成競爭關係[115]。

觀其原因，日本之所為，主要是由於其戰後經濟的迅速恢復與提升，至20世紀60年代中期日本國民生產總值超過英國、法國和西德，導致了對美歐市場出口的迅速增長，美歐則設置貿易壁壘對日本商品進行限制，迫使日本轉回亞洲尋找和擴大自己商品的市場；60年代實施的「十年國民收入倍增計劃」（自1961年施行）使日本工人的平均工資水平在60年代中期成為亞洲最高；1970年代初日本國際收支開始出現大量盈餘，1971年至1973年日元兩次被迫大幅度升值，日元對美元升值28%。1973年實行浮動匯率制後，日元繼續緩慢升值。而同一時期臺灣工人的工資水平只相當於日本工人1/3-1/6，新臺幣對美元的上升幅度比日元對美元的上升幅度低得多（5%-10%：28%）。因此臺灣成為日本必須爭奪的重要投資場所。日本以在臺灣建立加工轉口基地的形式對臺灣投資要比美國早，開始於20世紀60年代下半期。建立加工轉口基地的主要是紡織和電子電器企業。到1980年日本在臺灣加工出口區設立的獨資與合資企業就達90 家。其產品面向美國和其他第三國市場的企業佔企業總數的63%，全部或部分產品返回日本的企業佔企業總數的31%。80年代日本企業迫於日元急速大幅度升值，對臺投資的規模和速度大大超過美國企業，加強對臺灣生產基地的利用[116]。

雖然戰後初期臺灣經濟主要是在「美援」的支持而發展起來的，但日本對臺投資、貿易的作用也是不容忽低估的。確切地講，戰後初期日臺貿易以及後來日本對臺灣的直接援助是對美國援助臺灣經濟發展的「有力補充」。戰後初期日本對臺灣的投資模式一直延伸至20世紀90年代冷戰結束時。至1990年代美臺投資關係表現為從美國對臺灣單向的間接投資開始，發展至雙向的直接投資，且投資規模不斷擴大。美臺投資關係的形成和發展過程，體現了臺灣經濟對美國經濟的依附和從屬關係[117]。

至1963年12月末，日本對亞洲各國（中東除外）的直接投資額為9910萬美元（其中已到位資金9630萬美元，合約金額280萬美元），貸款及延期出口債權78370 萬美元（實際到位33500 萬美元，合約金額44870萬美元），二者合計88280 萬美元[118]。日本共在海外13 個國家和地區建立162家企業（含獨資、合作或合資），臺灣為32 家（其他依次為印度26家、泰國25家、香港19家、馬來西亞17家和新加坡16家等），是日本建立合資企業數量最多的地區。日本利用投資的方式，把控制臺灣經濟從流通領域的進出口貿易發展到生產領域，使臺灣成為日本的「技術殖民地」[119]。

注　釋

[1].［美］保羅·肯尼迪：《大國的興衰》（陳景彪等譯），國際文化出版公司2006年版，第352頁。

[2].劉東明：《法國重返越南與第一次印度支那戰爭的爆發》，《歷史教學問題》2005年第3期。

[3].史一濤：《論「可倫坡計劃」》，《世界知識》1955年第22期。

[4].孫建黨：《可倫坡計劃及其對戰後東南亞的經濟發援助》，《東南亞經濟》2006年第2期。

[5].張德明：《從可倫坡計劃到東盟——美國對戰後亞洲經濟組織之政策的歷史考察》，《史學集刊》2012年第5期。

[6].張德明：《東亞經濟中的美日關係研究（1945—2000）》，第21頁。

[7].BORDEN WilliamS.The Pacific Alliance.Wisconsin：The University of Wisconsin ress，1984.引自張德明：《亞太經濟中的美日關係因素》，《武漢大學學報》2002年第3期。

[8].NESTER WilliamR.Japan and the Third World.London：Macmillan Academic and Professional Ltd，1992.引自張德明：《亞太經濟中的美日關係因素》。

[9].胡德坤、徐建華：《美國東亞遏止戰略與日本對東南亞經濟外交》，《世界歷史》2002年第5期。

[10].NSC51 ，U.N.Policy Towards Southeast Asia，July，1949 ，The Stats Department Policy Planning Staff Paper 1949 ，pp.32-56.引自胡德坤、徐建華：《美國東亞遏止戰略與日

本對東南亞經濟外交》。

[11].FRUS，1949，Vol.VII，pp.1218-1220.引自鄧峰：《美國對日本經濟復興政策的演變》，《美國研究》2002年第2期。

[12].William.S.Borden，The Pacific Alliance，P.109.引自張德明：《東亞經濟中的美日經濟關係研究（1945—2000）》，第50-51頁。

[13].中國社會科學院世界經濟研究所編譯：《南朝鮮經濟》，中國社會科學出版社1981年版，第63頁。

[14].張德明：《東亞經濟中的美日經濟關係研究（1945—2000）》，第126-127頁。

[15].張健：《戰後日本的經濟外交》，第131—132頁。

[16].《美國駐臺大使馬衛康致國務院電報——「日本在臺灣的影響上升」》（1969年6月4日），RG59 ，BOX1986 ，POLAFF＆PEL，General Records of the Department of State，美國第二國家檔案館。引自張曙光、周建明編譯：《中美解凍與臺灣問題——尼克森外交文獻選編》，第30頁。

[17].［美］丹尼斯·雅斯托莫：《戰略援助與日本外交》，同文館1989年版。引自林曉光：《日本政府開發援助與中日關係》，第135頁。

[18].《赤旗報》1988年3月20日。

[19].梅汝璈：《〈日韓基本條約〉透視》，《世界知識》1965年第20期。

[20].林曉光：《日本政府開發援助與中日關係》，第136頁。

[21].［日］山本滿：《日本經濟外交—其軌跡與轉折點》。引自周永生：《經濟外交》，中國青年出版社2004年版，第4頁。

[22].日本外務省調查局編印：《重建日本經濟的基本問題》，1946年，第2—3頁。

[23].《中山伊知郎全集》第12卷，講談社1972年版，第8—9頁。

[24].張健：《戰後日本的經濟外交》，天津人民出版社1998年版，第17頁。

[25].朝鮮戰爭期間，美軍直接向日本企業訂購戰爭所需物資稱做「特需」。「特需」有狹義和廣義兩個概念，狹義的「特需」是指直接向赴朝鮮戰場參戰的美軍提供補給物資和服務。這種「特需」在朝鮮戰場期間共達13億美元，其中約11.7億美元是用美元支付。廣義的「特需」包括由於朝鮮戰爭爆發，大量美軍和家屬去日本的生活消費和其他外國機構在日本的花銷。加上這些開支，「特需」共達23億美元。引自張健：《戰後日本的經濟外交》，第61-62頁。

[26].1950年1月10日美國國務卿艾奇遜指出：「日本的經濟恢復還不充分。日本必須能夠自由地買進原料、自由地出口產品。美國將為達到這一目的進行援助」。引自［日］上村伸一：《佔領·獨立·『新時代』—戰後外交5年》（時事出版社1961年版，第51頁）。艾奇遜的講話顯示美國政府並未對日本對外貿易的對象採取限制政策。但6月25日朝鮮戰爭爆發後，特別是中國人民志願軍入朝作戰後，美國隨即調整了這一政策，開始對中國（包括香港、澳門）實施嚴厲之貿易禁運，日中民間貿易旋此停止。

[27].Jacques Hersh，The USA and the Rise of East Asia Since 1945 NewYork：ST.Martins Press，1993，p.28.引自鄧峰：《美國對日本經濟復興政策的演變》，《美國研究》2002年第2期。

[28].［日］渡邊昭夫：《亞洲·太平洋の國際關係と日本》，東京大學出版會1992年版，第10頁。

[29].AkiraIriye＆Warren I.Cohen edited，op.cit.，pp.90-91.引自鄧峰：《美國對日本經濟復興政策的演變》。

[30].［日］齋藤真：《戰後資料·日美關係》，評論社1972年版，第72頁。

[31].張健：《戰後日本的經濟外交》，第22頁。

[32].陳奉林：《關於50、60年代日本與東南亞國家關係的評估》，《東南亞縱橫》1994年第1期。

[33].《麥克阿瑟希望日本早日簽訂和平條約》，《星島日報》1947年2月26日。引自左雙文、朱懷遠：《戰後初期開放對日貿易問題上的中國政府與民眾》，《學術研究》2008年第4期。

[34].《麥帥主張扶植日本，強調對日合約應早締定》，《申報》1947年3月18日。引自左雙文、朱懷遠：《戰後初期開放對日貿易問題上的中國政府與民眾》。

[35].陶鶴山《戰後初期中日貿易開放問題述論》，《民國檔案》1998年第1期。引自左雙文、朱懷遠：《戰後初期開放對日貿易問題上的中國政府與民眾》。

[36].［日］香西泰、寺西重郎：《戰後日本の經濟改革：市場

と政府》，東京大學出版會1993年版，第92頁。

[37].金泓汛等：《臺灣經濟概論》，時事出版社1986年版，第111頁。

[38].易貨貿易有傳統易貨貿易和現代易貨貿易兩種形式。傳統易貨貿易也稱簡單易貨貿易或直接易貨貿易。它是指交易雙方僅用等值的兩種或兩種以上的貨物進行交換，不需要任何貨幣支付的貿易形式。傳統易貨貿易屬於一次性貿易，它只涉及進口方和出口方兩個當事人，而不涉及其他第三者；交易雙方只簽訂載明雙方交易貨物的一個進出口合約，雙方按照合約的規定將貨物交付給對方。現代易貨貿易是指透過貨款支付結算方式來實現物物交換的貿易形式。其做法比較靈活，形式多樣，有記帳貿易和對開信用證貿易等多種形式。見李長林、王光璞主編：《國際貿易實務》，黑龍江人民出版社1994年版，第255頁。

[39].吳慧蓮：《1945至1961年間的臺日貿易》，《淡江史學》1997年第7、8期合刊本。

[40].《臺灣民聲日報》1947年7月29日。

[41].《臺灣民聲日報》1949年4月23日。

[42].高木也一：《香蕉輸入沿革史》，《果農合作》1968年11月14日。

[43].瞿荊洲：《臺灣之對日貿易》，《臺灣之對外貿易》（臺灣銀行經濟研究室1964年印行，第52頁）；尹仲容：《政府遷臺後的對外貿易制度》，余玉賢主編：《臺灣對外貿易論文集》，聯經出版公司1975年版。

[44].「生管會」主任委員由臺灣省主席陳誠兼任，尹仲容為副

主任委員，實際負責委員會的全面工作。引自茅家琦：《臺灣經濟政策軌跡》，臺海出版社1998年版，第1頁。

[45].吳慧蓮：《1945至1961年間的臺日貿易》。

[46].沈雲龍：《尹仲容先生年譜初稿》，傳記文學出版社1972年版，第94頁。

[47].瞿荊洲：《臺灣之對日貿易》，第53—54頁。

[48].梅汝璇：《臺灣對外貿易研究》，世界書局1964年版，第115-118頁。

[49].《中央日報》1949年12月4日。

[50].陳杏村：《臺灣香蕉外銷十年記述》，引自劉淑靚：《臺日蕉貿網絡與臺灣的經濟精英（1945—1971）》，稻鄉出版社2001年版，第52頁。

[51].臺灣海關總稅務司署統計科：《中華民國39年中國進出口貿易統計年刊》（臺灣區），1950年，第11頁。

[52].自大陸進口物資方面，主要集中於紡織品，這種現像有局部替代日據時期殖民地經濟結構的功能。但是，大陸顯然無法替代日本提供臺灣大量的肥料，以生產工業原料及糧食，維持殖民經濟的運作。因此，當中國大陸幼稚的現代工業，以及被扭曲的臺灣殖民地經濟交集時，似乎已注定戰後臺灣經濟的衰退。引自李文環：《戰後初期臺灣關貿政策之分析（1945—1949）》，《臺灣風物》第49卷第4期。

[53].李文環：《戰後初期臺灣關貿政策之分析（1945—1949）》。

[54].雖然臺灣對大陸貿易大幅出超，但是，對大陸的兌換基金卻常在緊迫的狀態，其原因乃「中央在臺灣接收和徵購物資的價格有極不利的影響」。見張澤南：《臺灣經濟提要》（善後救濟總署臺灣分署1948年，第130 頁）。引自吳聰敏：《1945—1949年國民政府對臺灣的經濟政策》，臺灣「行政院國家科學委員會」專題研究計劃成果報告，臺灣大學經濟系1997年，第16頁。

[55].為維繫對大陸的砂糖輸出，臺糖公司大量向臺灣銀行貸款，而當臺灣銀行大量貸款給公營企業的同時，通貨膨脹也就同時擴大中。事實上，當時所有臺灣各公營事業的短期周轉資金與長期資本支出，都仰賴臺灣銀行的信用創造，只是臺糖公司特別嚴重。1947年間臺糖公司向臺銀借款達92億元，1948年借款更高達530億元。見李文環：《戰後初期臺灣對外貿易之政經分析關貿政策之分析（1945—1949）》（成功大學歷史研究所碩士論文，第115—126 頁）。1947年間，臺糖公司的借款竟佔臺灣銀行貨幣發行額的53.7 ，1948年為37.3%。臺灣銀行對臺糖公司的融資，一方面在推動臺糖公司恢復生產時，實際上也與臺灣的通貨膨脹的進行同時擴大。引自劉進慶：《戰後臺灣經濟分析》，人間出版社1995年版，第30—31頁。

[56].李文環：《戰後初期臺灣關貿政策之分析（1945—1949）》。［美］何寶山：《臺灣的經濟發展：1869—1970》，第116頁。

[57].［美］何寶山：《臺灣的經濟發展：1869—1970》，第116頁。

[58].何寶山以為，國民黨政府撤退到臺灣後，才開始認真地復興臺灣。從那以後，臺灣鞏固了殖民地時期所獲得的利益，並使工

業化有長足的進展。引自［美］何寶山：《臺灣的經濟發展：1869—1970》，第116頁。

[59].吳慧蓮：《1945至1961年間的臺日貿易》，《淡江史學》，1997年第7、8期合刊本。

[60].沈雲龍：《尹仲容先生年譜初稿》，傳記文學出版社1972年版，第113頁。

[61].1950年簽訂日臺貿易協定，採用日臺專戶方式，預估各年日臺間進出口貿易總額，在最高淨差額的制約下展開雙方間的易貨貿易，使臺灣的糖米重新找回原來的市場，總出口金額才能在該年回升9，307萬美元。但據實際統計數據顯示，1947年下半年出口金額只有97萬美元；1948年出口金額172萬美元，砂糖佔74.3%；1949年出口金額339 萬美元，砂糖佔65.7%。引自瞿荊洲：《臺灣金融論集》，自由中國出版社1953年版，第142頁。

[62].日據時期末期，為日本軍國主義戰爭之需要，臺灣總督府大力推行「工業化」，鼓勵日本企業將大量二手設備搬遷至臺灣，初步形成日本主導下的臺灣近代經濟發展新模式，也是1960-70年代東亞「雁行發展模式」的雛形。

[63].日本通商產業政策史編纂委員會編：《日本通商產業政策史》第四卷，中國青年出版社1994年版，第215頁。

[64].日本通商產業政策史編纂委員會編：《日本通商產業政策史》，第230頁。

[65].臺灣外交問題研究會編印：《日本投降與中國對日態度及對俄交涉》，1966年，第3頁。

[66].付伯新：《關貿總協定對日本產業結構的影響》，中國社

會科學出版社1999年版，第17頁。

[67].日本通商產業省編：《日本貿易的展開——戰後10年的歷程》，商工出版社1956年版，第6頁。

[68].日本通商產業省編：《日本貿易的展開——戰後10年的歷程》，第6頁。

[69].郭四志：《戰後日本政府的對外貿易政策》，《日本研究》1987年第4期。

[70].日本大藏省編：《昭和財政史》，東洋經濟新報社1976年版，第18—20頁。

[71].日本外務省外交史料館檔案，E』—0005，第0213—0215頁。

[72].［日］獲原徹：《講和後の外交（Ⅱ）経済（上）》，《日本外交史》第30卷，鹿島和平研究所出版會1972年版，第29—30頁。

[73].1955年日本加入GATT時，進口商品貿易自由化率僅為16%。直到1958年日本政府才真正開始逐步撤銷早在美軍佔領時期制定並一直實施的貿易進口管制體制，並逐步實行由民間企業自主進行的自由化貿易。

[74].何其幗：《臺灣與美、日貿易的特點及其趨勢》，《臺灣研究》1985年第1期。

[75].如1952年在臺灣的出口中日本佔52.6%，比戰前下降32%多；在進口中日本也之佔44.7%，也比戰前下降30%以上。當時的美臺貿易也微乎其微，1952年對美出口只佔3.5%，包括「美

援」進口在內，進口也不過佔30%左右。見金泓汛等：《臺灣經濟概論》，第111頁。

[76].楊棟樑：《日本戰後復興期經濟政策研究——兼論經濟體制改革》，第243—244頁。

[77]. 瞿荊洲：《臺灣之對日本貿易》，《臺灣之對外貿易》（1964年12月），第62—68頁。

[78].李文環：《戰後初期臺灣關貿政策之分析（1945—1949）》（下），《臺灣風物》第50 卷第1期，2000年3月。

[79].何其幗：《臺灣與美、日貿易的特點及其趨勢》，《臺灣研究》1985年第1期。

[80].劉世龍：《戰後日本的亞洲戰略選擇》，《日本學刊》2000年第3期。

[81].［日］吉澤清次郎：《日本外交史》第28卷，鹿島和平研究所出版會1975年版，第200頁。

[82].瞿荊洲：《臺灣之對日本貿易》，《臺灣之對外貿易》（1964年12月），第82頁。

[83].劉進慶：《戰後臺灣經濟分析》，第365頁。

[84].劉風文：《外匯貿易政策與貿易擴展》，臺灣聯經出版公司1980年版，第28頁。

[85]. 瞿荊洲：《臺灣之對日本貿易》，第76頁。

[86]. 李宏碩：《臺灣經濟四十年》（第367頁）；美國對臺出口的農產品如小麥、大豆等貿易業務多由三菱商事等日本商社承擔；臺灣對美出口的蘑菇罐頭50%是日本商社承擔的，另外，臺灣

香蕉和膠合板的出口也多為日本商社控制。見《美國駐臺大使馬衛康致國務院電報——「日本在臺灣的影響上升」》（1969年6月4日），RG59，BOX1986，POLAFF＆PEL，General Records of the Department of State，美國第二國家檔案館。引自張曙光、周建明編譯：《中美解凍與臺灣問題——尼克森外交文獻選編》，第30—33頁。

[87]. Jordan C.Schreiber，U.S.Corporate Investmentin Tiwan，PP.19，20.引自張德明：《東亞經濟中的美日關係研究》，第119頁。

[88].資中筠、何迪：《美臺關係四十年》，第380-381頁。

[89].參照《美國駐臺大使馬衛康致國務院電報——「日本在臺灣的影響上升」》（1969年6月4日），RG59 ，BOX1986，POLAFF＆PEL，General Records of the Department of State，美國第二國家檔案館。引自張曙光、周建明編譯：《中美解凍與臺灣問題——尼克森外交文獻選編》，第30—33頁。

[90].日本方面的統計數額是21.34714億美元。見日本大藏省編：《昭和財政史》第19 卷，第106—107頁。

[91].劉世龍：《美日關係（1791—2001）》，第499頁。

[92].薛琦：《臺灣對外貿易發展論文集》，臺灣聯經出版公司1994年版，第186頁。

[93].薛琦：《臺灣對外貿易發展論文集》，第190、188、179、187頁。

[94].Chris Dixo and David Drakakis-Smith，Economic and Social Development in Pacfic Asia，Routledge，London，

1993，P74.引自張德明：《東亞經濟中的美日關係研究》，第229頁。

[95].WilliamR.Nester，Japan and theThird World，P.144.引自張德明：《東亞經濟中的美日關係研究》，第229頁。

[96].Kwoh-tingli，Economic Transformation of Taiwan，p.23.引自張德明：《東亞經濟中的美日關係研究》，第229頁。

[97].Edward J.Lincoln，Japan』sEconomic Rolein Northeast Asia，p.24.引自張德明：《東亞經濟中的美日關係研究》，第229頁。

[98].史全生：《臺灣經濟發展的歷程與現狀》，東南大學出版社1992年版，第362頁。

[99].薛琦：《臺灣對外貿易發展論文集》，第143頁。

[100].段承璞：《戰後臺灣經濟》，中國社會科學出版社1989年版，第189—181頁。

[101].葉學哲：《國際資金流入》，臺灣聯經出版公司1981年版，第33頁。

[102].《美國駐臺大使馬衛康致國務院電報——「日本在臺灣的影響上升」》（1969年6月4日），RG 59，BOX1986，POLAFF＆PEL，General Records of the Department of State，美國第二國家檔案館。引自張曙光、周建明編譯：《中美解凍與臺灣問題——尼克森外交文獻選編》，第33頁。

[103].林長華：《論戰後的日臺投資關係》，《臺灣研究集刊》2000年第2期。

[104].張德明：《東亞經濟中的美日經濟關係研究（1945—2000）》，第140頁。

[105].林長華：《論戰後的日臺投資關係》。

[106]. 劉進慶：《戰後臺灣經濟分析》，第323—325頁。

[107].範愛軍：《臺灣經濟研究》，第267頁。

[108].日本資本對臺投資多採取「滲透式」或「參與制」方式與臺灣資本合資。由於日本資本與臺灣有著過去半個世紀的殖民統治的從屬關係和20世紀50年代的密切貿易關係，因此，日本民間資本就把過去有關係的進口商、銷售代理店或舊朋友拉來作為合資對象，在臺灣進行投資，例如，臺灣松下是於1962年投資1000萬元臺幣（日本資本佔60%）而成立的臺日合資企業，臺灣土著資本股東代表洪健全是1948年左右開始進口松下收音機的進口商，這就成了日本松下投資合作的對象。臺灣松下（1968年）有職工1200人，其中日本人12人（企業管理人員6人，技術人員6人），大都僱用當地人。引自韓清海：《中國企業史·臺灣卷》，第297頁。

[109].範愛軍：《臺灣經濟研究》，第268頁。

[110].範愛軍：《臺灣經濟研究》，第267 頁；莊義遜：《日本資本對臺灣直接投資的發展與趨勢》，《臺灣研究集刊》1999年第1期。

[111].《美國駐臺大使馬衛康致國務院電報——「日本在臺灣的影響上升」》（1969年6月4日），RG59，BOX1986，POLAFF＆PEL，General Records of the Department of State，美國第二國家檔案館。引自張曙光、周建明編譯：《中美解凍與臺

灣問題——尼克森外交文獻選編》，第31頁。

[112].《美國駐臺大使馬衛康致國務院電報——「日本在臺灣的影響上升」》（1969年6月4日），RG59，BOX1986，POLAFF＆PEL，General Records of the Department of State，美國第二國家檔案館。引自張曙光、周建明編譯：《中美解凍與臺灣問題——尼克森外交文獻選編》，第31—32頁。

[113].美國民間資本在臺投資的主要特點是件數少、金額多，規模大。1962年至1971年美國民間資本到臺投資件數為157件，僅佔僑外資投資總件數1303 的的12%，但投資金額為2.58億美元，佔僑外資總投資額的38.4%。平均每件投資金額達164.3 萬美元，比日本資本和華僑資本大得多。來臺美國企業主要採取兩種投資形式：面向臺灣市場型的美國民間資本採用與公營企業合作的方式，如美臺合資慕華聯合化學公司；而面向出口市場型的美國民間資本則大多採取獨資方式。美國企業投資臺灣兼具同日本爭奪國際市場和擴大佔有臺灣本地市場兩個目的。引自韓清海：《中國企業史·臺灣卷》，第294—295頁。

[114]. E.K.Y.Chen and others，Taiwan，Centre of Asian Studies，University of HongKong，HongPong，1991，P.105.引自張德明：《東亞經濟中的美日關係研究》，第234頁。

[115]. 美國對於日本在臺灣的投資活動一直予以密切關注。據一份美國解密文獻透露，為了避免受到政府當局「橡皮圖章」的困擾，日本企業透過當地公司的渠道繞過臺灣關於外國投資的法律和規定。例如，某個日本公司可以以低於市場價或提供較優惠的貸款出售給臺灣的製造商機器設備，以此為交換取得該臺灣公司的產品在日本市場的獨家經營權。日本企業在臺灣非常活躍，它們出售工

業原料、出售機器設備，甚至出售整個工廠。此外，它們還提供訊息、提供貸款，甚至依靠他們遍佈世界的辦事處進行海外產品促銷，像三菱這樣的大公司可以對工業製造流程的任何一個環節進行投資，例如，為工廠提供技術設備和技術服務。這樣的公司還可以在透過諸如向當地製造商高價出售生產資料或購買全部產品以及取得海外獨家經營權等手段在生產過程的任何階段實現利潤。由於此類交易是如此的複雜，日本和臺灣的商人交易是如此秘密，以致沒有人能夠說清楚日本在臺灣隱蔽投資的總額有多大。而能夠說清楚的只能是，日本在臺的間接投資大約與直接投資一樣，不僅絕對額上升，而且所佔比例也有增加。見《美國駐臺大使馬衛康致國務院電報——「日本在臺灣的影響上升」》（1969年6月4日），RG59 ，BOX1986 ，POLAFF＆PEL，General Records of the Department of State，美國第二國家檔案館。引自張曙光、周建明編譯：《中美解凍與臺灣問題——尼克森外交文獻選編》，第32—33頁。

[116].E.K.Y.Chen and others，Taiwan，Centre of Asian Studies，University of HongKong，HongPong，1991 ，PP.105-108.引自張德明：《東亞經濟中的美日關係研究》，第235頁。

[117].林長華：《戰後美臺投資關係研究》（《廈門大學學報》2001年第3期）；舒均治：《美臺投資關係發展研究》（《三明學院學報》2012年第1期）。

[118].日本外務省編：《我が外交の近況》第8號，1962年6月，第133頁。

[119].林長華：《論戰後的日臺投資關係》。

第五章 美日臺關係的跌宕發展（20世紀60年代中期—70年代）

二戰後美國的經濟實力空前膨脹，在美國主導下建立的布列敦森林體系確立了美國在資本主義世界經濟的支配地位。但自全面介入越南戰爭以來，戰爭開支高居不下，美國經濟迅速衰落，戰後初期強盛的世界經濟霸主地位不復存在；美國開始進行重大戰略調整，「尼克森主義」由此而生。同時，美日圍繞東亞地區經濟權益的爭端日趨激化，美日同盟關係亦出現裂痕。日本與臺海兩岸同時保持經濟交往、獨佔兩岸市場資源的策略繼續得以貫徹。這一階段美日臺關係亦充滿波折。

第一節 趨變的世界格局與美日臺關係的折衝

一、「尼克森主義」與美日經濟爭端的激化

由於越南戰爭等因素，自20世紀60年代以來美國經濟不斷衰落，在國際金融領域具體表現為美元霸權地位的不斷衰落和以美國國際收支赤字為主要矛盾的國際收支大面積失衡，布列敦森林體系受到嚴重衝擊。至60年代末期美國的經濟形勢進一步惡化，越南戰爭的連年龐大軍事開支和財政赤字使美國國內通貨膨脹繼續上升[1]。面對如此空前的經濟困頓，1969年7月23日尼克森總統提出其亞洲新戰略—「尼克森主義」[2]，開始進行戰略性政策調整。至此，包括退出越戰等現實對策的「尼克森主義」取代了二戰以來的「遏止」理論[3]。1973年1月27日《越南停戰協定》在巴黎簽訂，

歷時12年之久的越南戰爭最終結束。在這場曠日持久的戰爭中，美軍57000人喪命，直接軍費開支達1500餘億美元[4]。

在美國經濟面臨空前危機之時，日本經濟則持續高增長，在東亞地區日本經濟勢力開始超越美國。更重要的是，美日經濟實力的消長極大地改變了兩國的巨大懸殊。例如在關稅、進口限額、農產品貿易等方面，日本與西歐對美國實行了越來越厲害的競爭與排斥[5]。因此，在「尼克森主義」確定之後，雖然美國與日本繼續保持在東亞經濟方面的合作，但美日對東亞市場和東亞經濟主導權的爭端日趨激化。

從政治角度講，戰後美國一直欲以軍事實力遏止共產主義在東亞的「擴張」，從經濟角度來解釋則是美國以武力保衛和擴大其在東亞的商品市場、原料產地和投資場所等，美國的行為完全重蹈戰前日本軍國主義的覆轍。美國為推行其新殖民主義的東亞戰略，戰後曾堅決拒絕英法荷等國重返東南亞地區。但朝鮮戰爭造成美國國力的巨大消耗，久拖不決的越南戰爭更使美國陷入泥沼，耗費美國大量的軍力財力。就在美國經濟地位因越戰而急劇下降之際，而日本經濟卻持續增長，1968年超越西德，成為僅次於美國的第二位資本主義經濟大國，更成為美國在東亞地區的主要競爭對手。

戰後日本的經濟大國化完全是美國戰略扶持的結果，戰後初期，美國出於維持地區均勢的考慮，急需扶持經濟實力較強的日本與社會主義國家抗衡。為此，美國幫助日本解決資源引進和商品市場問題；出於意識形態上的考慮，美國力圖將日本建為亞洲地區資本主義國家的「樣板」。美國還要求日本在東亞安全方面發揮更多的「積極作用」。1962年12月3日肯尼迪總統在出席美日貿易經濟聯合委員會第二次會議時發言稱：他期待美日進一步合作，以「防止共產主義運動支配亞洲」[6]。日方代表當場積極回應[7]。但日本採取的則是政治上支持但經濟上不介入的現實主義策略。自1960

年代中期起，國力枯竭的美國一直企盼日本能為越戰提供財政支援。美國認為「最重要的問題之一是日本經濟和貿易的增長與美國國際收支的惡化相巧合。因此，美國......鼓勵日本努力取得更大的獨立性，開始指望日本透過承擔與其力量相適應的義務和責任而在『自由世界』獲得新的地位」[8]。

1965年11月日本首相佐藤榮作訪問美國，在美日首腦會談時，詹森總統直接要求日本對越南戰爭進行財政支持。詹森認為，美國之所以捲入越南戰爭是出於這樣一種考慮，即越南作為整個地區尤其是作為日本的安全計劃的一部分而必須保住的。總之，美國政府認為經濟實力大為增強的日本有責任、有義務為陷入越南戰爭而經濟又開始走下坡路的美國提供某種幫助，因為美國軍人也是在為日本的利益打仗。但日本並沒有按照美國的意圖去做。在兩國經濟力量的對比發生重大變化的1960年代中期日本仍以1950年代初朝鮮戰爭時的老辦法，即以向美國出售戰爭物資而賺取美元的方式來「支援」美國的越南戰爭[9]。1962—1968年日本向美國出口5.08萬枝手槍，某些精確炸彈的零部件也由日本提供。從1965年到1972年日本每年從與美國越戰有關的軍費支出中賺取10-15億美元[10]。但美國並不滿意日本僅發揮這種後勤補給作用。1967年9月4日臘斯克國務卿在致詹森總統的備忘錄指出：「我們希望和需要的是，日方對中共和中國周邊國家內部不穩所構成的威脅持一種更加成熟和負責的態度」[11]。

日本拒絕在越南戰爭問題上與美國進行深度合作，證實日本的經濟擴張目標與美國對日本在東亞地區發揮「戰略協作者」的期待是完全不同的。美國的真實意圖是：日本應對安全，尤其是對越南戰爭作出不斷的、重要的貢獻，特別是當英國1968年宣佈它將在1971年以前從馬來西亞和新加坡撤走其軍事力量之後。在華盛頓看來，日本的所作所為與美國的希望背道而馳——只是一味努力發展自己的資產和控制東南亞貿易。非但如此，而且在1960年代中期就可以明顯看得出，日本對東南亞發動的經濟攻勢只不過是它全球經濟擴張的一部分[12]。由於日本拒絕為美國分擔負擔，促使美國的東亞政策逐漸發生「根本性的變化」[13]。

美日矛盾是一個結構性的存在，如美國制訂《吉田書簡》對日中關係進行「戰略性」限制，但日本並未確實「執行」。為實現其經濟利益的最大化，自戰後以來日本一直與臺海兩岸同時保持經貿聯繫。一般認為，在戰後1950—60年代吉田內閣、鳩山內閣、池田內閣時期中日民間貿易得到較快發展，只是在反華親臺的岸信介、佐藤內閣時期有所倒退，其實不然，如岸信介為提高中日民間貿易規格、規模等與美國曾有過多次激烈交鋒[14]。1960年代中日民間貿易的發展非常顯著，至1966年日本已成為中國大陸的首要貿易夥伴，美國對此深表憂慮。1965年1月13日美國當選副總統漢佛萊曾警告日本政府：如果繼續給予中國的優惠貸款的話，「將危害我們在世界上的地位」[15]。但日本表面應從，實則陽奉陰違。至1968年由於越南戰爭的壓力迫使美國與越南舉行停戰談判，美國對東亞的強權介入大幅減弱。佐藤榮作首相隨即在內閣會議稱，在中日貿易方面，日本今後將不再受《吉田書簡》的約束[16]。

自1965年美國全面介入越南戰爭後，美國經濟愈加陷入困境，日本則乘機不斷增大對東南亞地區的貿易和投資。此時，美日在東亞的商品貿易、直接投資和經濟援助等方面開始激烈競爭。至80年代中期日本在東南亞經濟中的影響遠遠超過美國。自戰後初期到1964年美國對日貿易一直是順差。自1965年始至 1985年美國對日貿易卻年年逆差（逆差額年均91.47億美元），逆差總額達1920.96億美元[17]。美國持續大量的貿易赤字是導致美日貿易摩擦的直接原因，1968年美國對日貿易赤字相當於1967年4倍。1971年又從1968年的11億美元激增至32億美元[18]。美國學者認為：日本拒絕向越戰提供超過象徵性的經濟和人道主義支援以外的援助，這種日美關係的摩擦，又加重了貿易不平衡給雙邊關係帶來的經濟關係緊張程度[19]。

1960年代末美日又發生紡織品貿易摩擦，由於自1969年5月至1971年9月美日多次談判無果，尼克森總統遂引用《對敵國貿易法》（1917年頒佈）對日本紡織品對美輸出進行嚴厲制裁。在美國規定解決紡織品貿易問題的最後期限之前，日本最終選擇讓步。在這場貿易戰中，美國還將紡織品問題與歸還沖繩問題掛鉤，使經濟問題政治化；並進一步以對付敵國之辦法威脅日本，迫其就範。第二次發生在70年代末。1975年美國的全球經常帳戶為183億美元，日本為-7億美元，其中美國對日貿易帳戶為-17億美元。可是在1977年這三個數字依次變成-141億美元、109億美元和-80億美元，1978年為-143億美元、165億美元和-116億美元。也就是說，美國的全球經常帳戶赤字1977年的56.7%和1978年81%是與日本貿易造成的[20]。嚴重的貿易失衡導致美日先後爆發農產品大戰與通訊產品大戰。

在農產品貿易戰中，美國要求日本擴大進口美國農產品，取消對美國柑橘、牛肉及其他農產品的非關稅障礙，實現柑橘、牛肉及貿易自由化。美國嚴重警告日本政府：日本對美國不斷增長的大量貿易順差嚴重地威脅著華盛頓和東京的關係。在通訊產品貿易戰中，美國要求日本開放日本通訊市場。日本起初對美國的這些要求均堅決抵制。80年代初美對日貿易貿易赤字再創新高，從1982年157.89億美元躍至1983年的192.89億美元[21]。如此巨額貿易赤字使美日在集成電路產品、鋼鐵產品、家電產品、汽車等領域相繼發生貿易摩擦。這使得60年代中期至80年代中期的20年成為美日關係最為緊張的時期。幾乎每次都由開始時的貿易摩擦激化轉至政治對立，儘管最終以雙方的妥協而告終。但不論如何，美日貿易摩擦是資本主義發達國家之間圍繞工業品展開的，主要是由於經濟格局變動而造成的，受國際政治影響的因素較少[22]。

二、60年代海峽兩岸對峙與美臺關係的演變

1961年1月20日甘迺迪就任第35屆美國總統。在杜魯門和艾森豪威爾時期美國確立對大陸「遏止且孤立」、對臺灣「控制並援助」的臺海政策。甘迺迪在對華政策上沿襲了「遏止且孤立」的路線，但曾試圖有所改變，在對臺政策上則在援助的基礎上加強了控制。甘迺迪逐漸確定其對臺的基本策略：（1）支持臺灣國民黨政權，但不支持其反攻大陸的野心；（2）支持「國民黨政府」在聯合國的代表席位，但要求其在聯合國會員國問題上給予合作；（3）給予大量美援，支持其防守臺灣，但希望其從沿海島嶼撤退軍隊[23]。

1960年10月7日甘迺迪在競選演講時曾表示：他堅信美國必須保衛臺灣，但是應該劃一條清楚的防線。他從1954年以來就一直認為金門、馬祖對於防守臺灣並非必不可缺，美國的防線應僅僅劃在臺灣本島周圍。他強調，為了兩個在軍事上無法防守或者對臺灣的防禦並不重要的小島，而被伺機拖入一場可能導致世界大戰的戰爭是不明智的[24]。10月11日蔣介石不僅公開反駁甘迺迪的講話，還於10月29日親臨金門島視察。臺灣當局「外交部」則激憤表態稱：「在任何情況下，我們都不會放棄一寸土地來討好他人，包括甘迺迪參議員在內」。一度引發甘迺迪的憤怒。為避免甘迺迪當選後影響美臺關係，臺灣當局遂將「外交部次長」許紹昌撤職貶到拉美當「大使」，事態得以平息[25]。

但甘迺迪執政伊始就與臺灣國民黨當局發生重大風波，美國從其東亞戰略總體考慮出發，一直督促臺灣當局撤出其滯留緬北地區

的國民黨軍殘部。但臺灣當局始終不肯撤軍，還縱容殘部建立所謂的緬泰老三角游擊區並種植和輸出毒品，以作軍資。2月15日臺灣一架運輸機在飛越泰國北部給緬甸境內國民黨殘部空投補給時，被緬甸空軍戰鬥機擊落，引發重大國際糾紛。在東南亞國家的抗議和甘迺迪政府的壓力下，臺灣當局最終在美國空軍協助下，被迫撤回滯留在緬北等地的國民黨殘部[26]。美臺的緊張關係得以和緩。

1961年4月12日甘迺迪上任後首次就美臺關係發表談話，表示美國將繼續履行它對臺灣當局的承諾，繼續支持臺灣當局在聯合國的席位，美國繼續反對在目前情況下允許中華人民共和國進入聯合國[27]。5月14日副總統詹森訪問臺灣；5月3日國會參眾兩院兩黨領袖提出聯合議案，要求甘迺迪政府繼續支持國民黨，恪守對臺灣的防務協議，反對中華人民共和國加入聯合國。美國政壇加強美臺關係的傾向日趨顯著。

此時，中國大陸遭遇空前的困難，在國際上中蘇關係破裂，國內則陷入「大躍進」後的三年大災害。蔣介石認為此時是「反攻大陸」的「絕好時機」，1961年雙十節蔣介石發表文告，再次宣揚「光復大陸」。1962年元旦蔣介石發表《告全國軍民同胞書》宣佈：「國軍對反攻作戰，已經有了充分準備，隨時可以開始行動」[28]。此刻，兩岸同時調集重兵，臺海局勢空前緊張（史稱第三次臺海危機）。

臺灣當局要進行「反攻大陸」的重大軍事行動，沒有美國的軍事支持是無法實現的。3月初臺灣當局向美方通報臺海局勢情況，並期待得到美國的支持，但美國未置可否。甘迺迪政府此刻正在醞釀新的臺海危機對應措施，助理國務卿埃弗里爾·哈里曼及國務院情報司長希爾斯曼訪問臺北，與臺灣當局進行「磋商」與「溝通」，但遭到蔣介石的拒絕。雖然中央情報局長麥考恩等認為中美直接衝突不可避免的，主張支持蔣介石「反攻大陸」。但是佔主導地位的意見仍然是應謹慎從事，如國務卿臘斯克、國防部長麥克納馬拉等人堅決反對麥考恩的建議[29]。

1961年6月23日中國駐波蘭大使王炳南在華沙與美國駐波蘭大使卡伯特緊急約見並交換意見。王炳南強調：蔣介石的冒險行動要由美國政府來負完全責任。而卡伯特不僅當即明確表示美方不支持臺灣當局對中國大陸的進攻，甚至透露美國願與中國聯合起來制止蔣介石[30]。7月底8月初臺灣「行政院院長」陳誠應邀訪美，但在其訪美結束時，「沒有任何跡象表明美國準備支持臺灣當局對大陸的軍事行動」[31]。6月27日甘迺迪在記者招待會上表示：美國在臺海地區的政策是「和平和防禦性的」，美國政府的立場一向是：如果對金馬的攻擊是對臺澎的攻擊的一部分的話，美國將防衛金門與馬祖。另外，在未獲得美國同意之前，國民黨將不採取「反攻大陸」的行動[32]。至此，美國政府公開了它不支持蔣介石「反攻大陸」的立場，但同時也加強第七艦隊在臺灣海峽的巡邏，顯示美國「防衛」臺海地區的決心。

雖然甘迺迪已公開表態，但臺灣當局仍在沒有美國武力支持的前提下，對大陸沿海地區進行了一系列小規模的武裝騷擾。根據中國公安部的統計，1962年大陸沿海軍民全殲國民黨九股武裝登陸人員；1963年6月又繼續殲滅從海上登陸的六批國民黨武裝人員[33]。

1962年3月8日美國駐臺灣「大使」莊萊德期滿離任，但美國政府遲遲不派遣新的「大使」赴臺，造成臺灣當局難下最後決斷。6月7日甘迺迪政府最終宣佈艾倫·科克出任新的駐臺「大使」，美臺外交關係始得恢復正常。6月19日甘迺迪召集會議研討兩岸軍事對峙的臺海局勢[34]。1963年9月蔣經國以臺灣「行政院」政務委員的身份低調赴美，再次乞求美國支持，但無果而終。至此，臺灣當局被迫放棄其「反攻大陸」的政策，臺海緊張局勢漸次和緩。此次危機雖然不像第一、第二次臺灣海峽危機那樣以雙方炮戰和海空力量直接交鋒為特徵，但同樣造成了臺灣海峽地區局勢的緊張，它也是對美國甘迺迪政府的對華政策的一次探測。事實證明，在臺灣和沿海島嶼問題上，美國民主黨政府與共和黨政府的政策並無多大區別，他們都不肯放棄臺灣，但也都不支持蔣介石反攻大陸[35]。

1963年11月國民黨召開「九大」確定「反攻復國總體戰」方略，將反共鬥爭的方式從軍事方面擴大到政治、經濟和文化各個領域。此後海峽兩岸的對峙繼續存在，除了1965年5月和8月兩次海戰外，再沒有發生大的軍事行動[36]。臺海無戰事，美臺關係亦趨於平穩。

1963年11月22日甘迺迪總統遇刺身亡，執政僅1000 天（1961年1月20日上任），副總統詹森繼任美國總統。詹森繼續沿襲甘迺迪時期的對臺政策，1964年4月詹森發表講話，強調對現狀的維持和美國對臺灣的承諾，他聲稱：「只要中國共產黨人奉行衝突和暴力的政策，就不可能、也不會有關係的和緩」[37]。美國對外政策的形式無論如何變化，但其中有一個重要特點，那就是看對手的實力行事。中國國力的增強，對美國對華政策的影響是不容忽視的[38]。1964年1月中法建交；10月16日中國成功試爆第一顆原子彈；就在同一天，赫魯雪夫被解除蘇共中央第一書記的職務[39]。中蘇兩國實況的如此驟變，促使詹森政府開始調整對華政策。

此時，繼朝鮮戰爭之後，越南戰爭遂成為中美對立的另一主要焦點。自1954年日內瓦協議後，美國取代法國干涉越南事務；1964年8月發生北越魚雷艇襲擊美國海軍艦艇的「北部灣事件」，1965年2月7日詹森總統下令美國海空軍對越南北方進行報復性攻擊，隨後大量增兵越南，戰爭驟然升級。自1965年4月開始，中國傾國力援助越南，不僅派遣大批解放軍後勤部隊直接赴越[40]，還無償提供大量武器裝備和其他作戰物資[41]。據1978年的統計，中國對越援助價值達到200億美元，其中無償部分達到188.4億美元，貸款為13.5億美元（貸款到期，視越方償還能力，還可給予照顧）[42]。

繼朝鮮戰爭以來，中國援越抗美再次引起美國的高度敵視，國防部長麥克納馬拉在國會作證時表示：美國要「堅定不移地」反對中國，並把中國當成「今天美國最主要的敵人」[43]。越南戰爭一度使得中美關係處於高度緊張狀態。

雖然美臺多方阻撓，法國仍堅持於1964年1月與中國建交，同時法臺「斷交」[44]。受此影響，美國國內亦出現改善與中國關係的輿論傾向，例如，1964年3月25日美國參議院外交委員會主席威廉·富布萊特發表講話，批評美國外交政策的僵化。富布萊特認為：實際上並沒有「兩個中國」，而只有一個，那就是大陸中國[45]。1966年3月8日至30日在富布萊特主持的參議院聽證會上，鮑大可、費正清等一批學者呼籲詹森政府對中國採取更加靈活的政策[46]。美國國務卿臘斯克也在國會聽證會上提出美國對華的十大政策：

（1）我們必須堅定信心，繼續協助那些尋找我們幫助的盟友，抵抗「中共」對其領土直接和間接的武力威脅；

（2）繼續幫助亞洲國家建立有效和具有廣泛基礎的政府，以致力於推行進步的經濟和社會政策，從而抵抗亞洲共產黨的壓力；

（3）繼續信守對「中華民國」及臺灣那些不願意生活在共產主義之下的人民所作出的承諾，繼續協助其防務，並試圖勸說「中共」同美國達成不在臺灣地區使用武力的協議；

（4）美國將繼續防止「中華民國」被驅逐出聯合國及其所屬機構。如果「中共」堅持其現行政策，美國就將反對其加入聯合國；

（5）美國應繼續努力使「中共」相信美國無意進攻中國大陸；雖然存在戰爭危險，但美國不需要戰爭，也無意挑起戰爭，因此，沒有理由相信中美之間的戰爭是不可避免的；

（6）我們必須記住：「中共」的政策和態度並不是一成不變的。我們應該避免這種假定，即在我們和中國大陸的統治者之間存在無法避免的敵對狀態；

（7）在不危及美國自身利益的前提下，美國應該爭取更多的機會同「中共」開展非官方的接觸，如果這種接觸有助於改變「中共」對美國的態度；

（8）美國應繼續保持其同「中共」在華沙的外交接觸，希望此種接觸有助於促成有成效的討論；

（9）美國準備同「中共」和其他國家談判裁軍及防止核擴散等重大問題；

（10）美國必須加強分析和蒐集有關「中共」的情報工作，以便制定一項實際的政策。只有在「中共」放棄使用和表明其與美國之間並無不可妥協的敵意之後，雙方才有擴大接觸和改善關係的可能[47]。

美國副總統漢弗萊就聽證會內容指出：「鮑大可等專家主張對中國實施富有建設性的政策，政府應該積極友好地對待，他們提出『遏止——可行，孤立——行不通』的對華政策是一種理智姿態，是有益的重大突破」[48]。5月19日國防部長麥克納馬拉建議美國政府要設法架設與中國共產黨溝通的「橋樑」[49]。6月17日民主黨參議院議員麥克·曼斯菲爾德甚至建議應將中美大使級會談升級為部長級的會談[50]。

7月12日詹森總統發表電視廣播講話，正式確定「遏止但不孤立」的對華政策的內容：「亞洲的和平有幾個必要條件是所有條件中最困難的，即目前稱自己為敵人的國家之間的緩和：一個和平的大陸中國是一個和平亞洲的中心環節；必須打消一個敵對中國的侵略念頭；應該鼓勵一個迷失方向的中國瞭解外部世界，朝和平與合作的方向發展。因為只要七億中國人民被其領導者隔絕於世界之外，那麼持久的和平永遠不會降臨亞洲」[51]。1967年初詹森總統在國情諮文中再次明白無誤地向中國表達了和解的願望。他第一次使用了「中國」（China）一詞來表述中華人民共和國，而不是使用大陸中國（Mainl and China）或共產黨中國（Communist China）。他指出：「如果中國決定尊重鄰國的權力，美國將第一個表示歡迎。如果中國能把她巨大的精力和智慧用於改善本國人民的福利上，美國將第一個表示歡迎。美國無意否認中國有與其鄰國維護安全和友好關係的合理需要」[52]。1968年5月美國國務院宣佈允許中國記者到美國進行報導美國總統競選的活動。7月副總統漢弗萊發表演說，主張「謀求同大陸（中國）建立較正常的關係」、「取消對非戰略物資貿易的限制[53]。但就在詹森政府欲改善與中國的關係之時，中國已深陷空前的「文革」狂飆之中，1967年7月至8月間北京發生嚴重的「三砸一燒事件」（即砸印度、緬甸和尼泊爾的駐華大使館和火燒英國駐華代辦處），包括外交部在內的政府機構正常工作一度受到嚴重干擾，「文革」初期中國同30多個國家先後發生外交糾紛[54]。由此，雖然美國多次發出改善關係的試探，但動亂之中的中國未能予以積極回應[55]。而且，這場「暴風驟雨式」的「文革」，使美國認為「中國變得更加不可預測和更加危險」[56]。

60年代的臺灣政界也發生變化，1960年代中期開始，蔣經國逐漸成為臺灣政壇的實權人物。1965年1月蔣經國出任臺灣「國防部長」，掌握臺灣軍權；1969年6月25日出任「行政院副院長」，實際掌控「行政院」大權。至60年代末期蔣經國基本上已完成接班的準備。1972年3月蔣介石當選第五屆「中華民國總統」；6月1日蔣經國就任臺灣「行政院院長」；8月6日蔣介石住進榮總療養，不再「垂詢國是」；蔣經國實際上已是臺灣當局最高權力人物，臺灣亦由蔣介石時代漸次進入蔣經國時代。

1969年1月美國共和黨尼克森就任美國第37 屆總統，開始調整美國的東亞戰略。在尼克森執政時期，出於政治上對抗蘇聯、經濟上壓制日本的新東亞戰略，美國開始積極與中國改善關係。1970年代美臺關係的發展進入「多事之秋」。

第二節日本政府對臺政策（20世紀60年代中期—70年代初期）

一、佐藤榮作內閣時期的對臺政策（1964年—1972年）

1964年11月9日佐藤榮作[57]內閣成立；同月佐藤訪問美國，與尼克森達成自動延長《新日美安全條約》和沖繩行政權歸還日本的協定[58]。在當選之前，佐藤榮作曾表示他若當選的話，「將致力於日中關係的改善」[59]。故在執政初期一度採取對臺灣「疏遠」的態勢，但在美國和臺灣的雙重壓力下很快轉向。如在臺灣當局的強烈要求下，11月20日佐藤內閣拒絕彭真率領的中共代表團入境。隨後，11月21日佐藤榮作在國會發表施政演講時稱：日本「政府將一面維持迄今同中華民國政府之間的正式外交關係，一面以政經分離的原則，同中國大陸之間繼續民間貿易以及其他事實上的接觸」[60]。

在美國的經濟援助下，至1960年代初期，臺灣經濟發展也非常順暢。但受越南戰爭的影響，美國開始計劃削減對臺經援。1964年5月美國國務院發表聲明稱，鑑於臺灣經濟已達到自立程度，美國將於1965年6月終止其對臺經援計劃。美援的停止則對臺灣經濟影響極大，當時臺灣即將實施第四個經濟建設四年計劃，該計劃至少需要外資6000萬美元[61]。在美國的戰略安排下，經濟迅速崛起的日本取代美國這一角色，「美援」驟變為「日援」。1965年4月日臺雙方簽訂日元貸款協議。該日元貸款項目總額為540億日元（1.5億美元），分5年支付[62]。這也是日本戰後首次向臺灣提供政府貸款。無疑給臺灣經濟注射了一支強心劑，對臺灣當局完成既定的經濟目標，穩定臺灣經濟和政治都造成了極重要的作用。因此，這項貸款也具有日美在穩定臺灣經濟問題上互相「換肩」的性質[63]。日本透過向臺灣提供政府貸款，大大加強了日臺雙邊關係，不僅確立了日美在臺灣問題上分擔責任的體制，此亦為戰後美日臺政經關係確立的表示之一。

為進一步發展日臺關係，1965年2月佐藤内閣公然宣佈中日民間貿易受《吉田書簡》的約束，不惜破壞池田時期達成的中方購買日本成套設備貿易時使用日本進出口銀行資金延期付款的雙邊協議。1965年3月日本法務大臣石井光次郎以特使身份赴臺參加前「行政院長」陳誠葬禮；8月臺灣「外交部長」沈昌煥訪日；9月7日佐藤榮作首相訪問臺灣；10月日本在高雄設立領事館；11月張群以臺灣當局「特使」身份赴日參加前首相吉田茂葬禮；11月27日時任臺灣「國防部副部長」的蔣經國訪問日本。訪日期間，蔣經國不僅與日本政界親臺政治家多次密談，還會見日本天皇，日臺政治關係日趨密切。1966年3月佐藤内閣拒絕中國人民外交學會代表團入境；1967年6月又拒絕中日友協代表團入境。1969年11月21日《佐藤-尼克森聯合聲明》中的「臺灣條款」宣稱：「維護臺灣地區的和平與安全，對日本安全來說是極為重要的因素」[64]。1971年8月佐藤内閣再次對臺提供80億8200萬日元的政府貸款

[65]。

1971年10月美國總統特使基辛格訪問北京；10月25日中國恢復在聯合國的席位；1972年2月21日尼克森總統訪問北京；28日發表中美《上海公報》，確認「從臺灣撤出全部美國武裝力量和軍事設施的最終目標」[66]。但尼克森政府同時也認為「日本是美國亞洲政策的基石」[67]。決定繼續加強美日同盟，緩和同日本的矛盾，同時利用日本來牽制蘇聯[68]。面對中美接近以及中國政治崛起的態勢，日本經濟界「非常擔心佐藤内閣敵視中國的政策會導致美國搶先於日本『佔領』中國市場」[69]，從而對佐藤内閣施加壓力，要求盡快改善對華政策。為挽回「被動態勢」，佐藤内閣採取了積極態勢。1972年3月6日佐藤内閣提出中日復交的正式見解：（1）日本在《舊金山對日合約》中放棄了對臺灣的一切權利和權利根據，因此不能對臺灣歸屬發表意見；（2）但日本根據歷史經驗、中華人民共和國已在聯合國代表中國等，完全可以理解中華人民共和國關於「臺灣是中華人民共和國的領土」的主張；（3）政府基於上述認識積極推動日中復交。6月7日在眾議院外交委員會會議上，樽崎眾議員提出質詢：是否可以認為1969年《佐藤-尼克森聯合聲明》中的「臺灣條款」已經消除，福田外相對此予以肯定[70]。隨後，佐藤首相向中國傳遞出多次所謂的「外交口信」，企圖在恢復中日邦交問題上有所建樹，以延長其内閣生命，但中國政府未予理會[71]。中國政府已明確採取「不以佐藤為對手」的對日方針，佐藤從此陷入尷尬的困境[72]。1972年6月佐藤被迫宣佈下臺。

二、田中角榮內閣時期（1972—1974年）的對臺政策

1972年7月7日田中角榮[73]就任日本首相後，為實現日本國家利益最大化，決定加速實現中日邦交正常化，以為日本正在推行的「列島改造國策」創造更好的外部環境。田中角榮內閣確定的對臺策略是：以實現日本國家利益為宗旨，將日臺關係與中日關係的位置進行「置換」。即實現日本與中國政治關係正常化的同時，保持與臺灣的經濟聯繫，這樣日本就可以實現其外交戰略的最大利益；同時佔有海峽兩岸的市場與資源，這也是日本歷屆內閣既定的策略。中日接近並結為反蘇的戰略夥伴，符合美國的世界冷戰戰略要求[74]。

在田中內閣成立後的第一次內閣會議上，大平正芳外相發表談話稱：「日臺關係的處理與日中邦交正常化，是同等重要的問題。臺灣的將來究竟如何，不能妄加評論，但我們希望日臺之間的經濟、文化關係能夠保持穩定」[75]。在中日邦交正常化之後，他仍強調「存在於日本和臺灣間的關係是根深蒂固的，因此，即使外交關係結束，雙方間的行政上的聯繫仍應得到尊重和珍視。只要不影響到日本與臺灣之間業已存在的根本關係，我們仍願意盡最大的努力，以保持日本與臺灣之間業已存在的行政聯繫」[76]。

臺灣當局對田中內閣改善中日關係的態勢進行了多方阻撓，1972年7月25日臺灣駐日「大使」彭孟緝奉命約見大平正芳外相，堅決反對日本與中國改善關係。8月8日臺灣「行政院長」蔣經國發表談話，督促日本「反省」；臺灣當局還透過日本自民黨「臺灣幫」勢力對田中內閣施加壓力，幾經周折，自民黨內達成基本協議[77]。9月25日田中角榮首相、大平正芳外相訪問北京；同月29日兩國政府發表《中日聯合聲明》，宣佈中日「邦交正常化」。在《中日聯合聲明》中，日本對於「臺灣是中華人民共和國領土不可分割的一部分」的主張，表示「充分的理解和尊重」。同日大平外相在北京宣佈「日臺合約」失效。這樣，中日關係由以往的「民

間」形式走向兩國「邦交」的正常化，實現了政治、經濟、文化關係的全面恢復。日臺關係則由「官方」下降為「民間」形式，臺灣當局受到巨大「衝擊」，陷入了長期的「內外交困」[78]。

田中角榮、大平正芳在訪問北京之前，為「安撫」臺灣當局，特派出與臺灣當局關係密切的自民黨副總裁椎名悅三郎於9月7日赴臺，向臺灣當局進行「解釋」。在與蔣經國會談時，椎名悅三郎做出「日臺歷來關係將繼續保持」的承諾，使臺灣當局一時難以判斷其真實性。事實證明，田中角榮與大平正芳共同策劃的這一外交謀略，實為矇蔽臺灣當局的障眼法，一可減少日本國內親臺政治團體的攻擊，為田中訪華創造條件；二可麻痹臺灣當局，使其不致在田中訪華期間，貿然採取極端措施，例如田中、大平最擔心臺灣當局會動用軍艦干擾日本航船途徑臺灣海峽的正常行駛，因為那樣一來，日本國內親臺勢力就可借此破壞田中的訪華[79]。

不應迴避和應當明確的歷史事實是，田中內閣雖表面上在《中日聯合聲明》中表示「承認中華人民共和國是代表中國的唯一合法政府」，開始執行「一個中國」的對華政策，但實質上仍延續著吉田茂內閣時期以來歷屆內閣執行的「兩個中國」的政策。其間的差異只在於1972年9月29日前，日本與臺灣維持正式「外交」關係，而以「政經分離」的方式處理與中國大陸的民間貿易關係；中日邦交正常化以後，日本把政府承認轉移至北京，但仍與臺灣彼此著密切的經濟關係，而日本政府依舊利用其所謂的「政經分離」手法來合理化其「政治中國、經濟臺灣」的新外交方針[80]。在中日建交會談中，臺灣問題是最具爭議的議題。在9月26日中日外長第一次會談時，日本外務省條約局長高島益郎發言稱：「由於《舊金山合約》，中國放棄了對臺灣的一切權利，不能對臺灣現在的法律地位作出獨自的判斷」。在9月28日中日政府首腦第四次會談上，大平外相則重申：「日本政府今後也不會採取『兩個中國』的立場，完全沒有支持『臺灣獨立運動』的想法，對臺灣不抱任何野心」[81]。日方就是不肯明確、直接地說臺灣是中華人民共和國的領土。而且中方一再要求日本將臺灣排除於《美日安保條約》的「遠東條款」範圍之外，並以明文規定，但日本方面則竭力迴避。田中首相、大平外相在回日本後的記者招待會及國會答辯時多次表示：日本政府將堅持「遠東定義，解釋依舊」，「臺灣條款不變」[82]。

而值得關注的是，1972年9月30日在自民黨國會議員聯席會議上，大平正芳宣稱：「對於臺灣的領土權問題，中國方面主張其為中華人民共和國領土不可分割的一部分，但日本只表明理解和尊重中國的此一立場，而未採取承認中國主張的方式。這是兩國間永久無法一致的立場」[83]。10月6日在自民黨內外情勢調查會上，大平正芳又說：「一如共同聲明所言，中國方面表示臺灣是其領土不可分割的一部分，日本方面對此表示理解和尊重，而未以明文加以承認」[84]。10月28日在日本國會會議上大平再次重申以上論述[85]。這既是日本政府在臺灣問題上的一貫立場，亦為今後日本隨時挑戰臺海兩岸預留了空間，更給未來的中日關係以及日臺關係的「翻盤」隱埋下嚴重後患。

日臺「斷交」後，為維繫日後的雙邊交流，分別設立日本「交流協會」與臺灣「亞東關係協會」作為日臺之間的聯絡窗口。1972年12月26日田中內閣官房長官二階堂進在臺北與臺灣當局「外交部長」沈昌煥簽署由兩會達成的「互設辦事處協定」。協定具體內容共有14條：1.日臺僑民的保護；2.僑民子女的就學；3.相互出入境的問題；4.僑民的領事事項；5.促進雙邊貿易；6.相互促進貿易之調查與聯絡；7.促進雙邊民間各類貿易、投資、技術合作等；8.保護雙方的融資以及債權；9.促進雙邊技術合作；10.保障雙方漁船的正常作業；11.為雙方船舶、飛機的出入境（包括避難時）提供便利；12.保障雙方的海空運輸；13.促進雙方學術、文化、體育之交流；14.相互協助調查[86]。具體看，兩會承辦的公務業務與以往日臺雙方「使領館」業務完全相同，也證明以往日本政府對臺政策的實質性內核部分得以承襲。

1973年3月14日152 名日本自民黨國會議員成立「日臺關係懇談會」，右翼政客灘尾弘吉任會長。這表示著在新形勢下日本政壇「臺灣幫」的重新組合，是日臺「斷交」以後維持日臺關係的重要右翼團體。

1974年4月20日中日在北京簽訂開啟中日航線的協定[87]。同日大平正芳外相在東京發表談話稱：日中航空協定是國家間的協定，日臺之間則是地區性民間航空往來關係。自日中兩國的聯合聲明發表之日起，日本就「不承認臺灣飛機的旗幟表示是表示所謂的國旗，不承認『中華航空公司（臺灣）』是代表國家的航空公司」[88]。對於日方的這一舉措，臺灣當局的反應相當激烈，同日臺灣當局「外交部長」沈昌煥宣佈日臺航線「即刻停航」，並宣佈不允許日航飛機經由臺灣的「航空識別區」[89]。日臺斷航對日本社會造成的衝擊是巨大的，由此造成日臺關係再次跌宕。直至1974年12月田中內閣下臺為止，臺灣始終堅持對日「強硬」態勢，日臺關係處於低潮。

三、三木武夫內閣（1974年—1976年）的對臺政策

田中首相由於「洛克希德事件」被迫辭職後，繼任的三木武夫[90]內閣對臺政策並未出現大的調整，因而日臺政治、經濟關係的發展相對平穩。三木武夫本人的對臺構思也有一個反覆的過程，1972年4月時任日本郵政大臣的三木武夫（當時只有40 歲，為日

本戰後以來最年輕的內閣大臣）在訪問中國之際，曾對中國領導人明確承認「中日復交三原則」，應宣佈中日戰爭狀態結束，應宣佈「日臺條約」無效，主張中日復交之後應簽署永不再戰宣言等。回國後的4月28日，他在眾議院外交委員會上的發言中指出：中華人民共和國是代表中國的唯一合法政府；臺灣是中華人民共和國不可分割的一部分[91]。

但三木上臺組閣後，主要在自民黨內親臺勢力的壓力下，其對臺政策開始發生「倒退」。經過日臺雙方的反覆折衝，1975年7月三木內閣決定以民間方式（專門設立日本航空的子公司——日本亞洲航空）恢復自1974年4月中斷的日臺航線[92]。但臺灣當局要求日方先做出2 點復航要求：1.撤回或否定大平談話；2.公開表明今後對臺灣的立場[93]。由此，三木內閣決意採取「以虛論實」的「迂迴性」對應策略，且就臺航之「國旗」問題做一表態，以滿足臺灣當局對於「復航」的起碼要求。由此，按照宮澤喜一外相事前精心設計的程序，在7月1日日本國會參議院外務委員會會議上，參議員秦野章向宮澤喜一外相提出質詢：「目前有許多國家，包括美國，都承認青天白日滿地紅的旗幟為國旗。你的看法如何？」宮澤喜一在答覆稱：「對於去年春天，中國對於青天白日旗的發言（1974年4月20日大平外相對於中日航空協定的談話）招致誤解一事，我個人深感遺憾。誠如你所指出的那樣，即，有些國家承認青天白日旗為國旗的事實，包括中國在內，任何人均無法否認」[94]。這樣，宮澤以極為隱晦的方式間接地否定了大平談話。臺灣當局對宮澤的「表態」表示滿意，遂決定恢復日臺航線。

此後，不僅日臺關係開始升溫，三木首相本人的思想也急速右轉，1975年8月15日三木首相以私人身份參拜靖國神社，這是二戰後日本首相首次參拜靖國神社[95]。日臺航線復航後，三木內閣期間親臺勢力大大膨脹，日本外務省還提升其駐臺機構的規格、增加人員費用等，以期進一步加強日臺關係[96]。1975年4月5日蔣介石病逝，三木內閣官房長官井出一太郎發表「非正式」談話，表示「弔唁」；隨後三木首相以自民黨總裁名義給蔣經國發去唁電；4月7日自民黨幹事會決定派遣前首相佐藤榮作以自民黨「總裁代理」名義赴臺參加「葬禮」。由於中國大陸的強烈抗議，三木首相被迫將佐藤榮作的赴臺身份改為自民黨「友人代表」。中日圍繞佐藤訪臺身份的爭端，嚴重地影響著當時正在進行的有關《中日和平友好條約》締約交涉。同時也由於蘇聯及日本右翼勢力的嚴重干擾等，更由於三木首相本人的優柔寡斷，《中日和平友好條約》未能順利締約，有關締約談判中斷了近三個年頭[97]。日臺關係升溫的同時，中日關係則趨於低潮。

第三節日本對華貿易政策——同時獨佔兩岸市場、謀求最大戰略利益

自60年代以來，日本政府奉行「以日美同盟為基軸」的外交戰略方針，加入了以美國主導的「巴黎統籌委員會」對中國進行貿易禁運的遏止體系。但是日本經濟戰前主要依賴中國大陸市場，戰後雖全力開拓東南亞市場，卻從未放棄重返中國大陸市場的希望，試圖在不違背美日同盟的前提下，有限地發展中日經濟貿易關係[98]。戰後日本對臺政策的核心就是同時獨佔兩岸市場，謀求最大戰略利益。這樣，基於戰前日本經濟對大陸戰略資源的依賴性，戰後日本經濟的恢復對中國大陸的資源需求尤為迫切。但日本試圖擴大與中國大陸的經濟貿易的舉措遭到美國的戰略壓制。如1954年鳩山內閣擬把中日民間貿易協定提升為中日「政府間協定」，60年代池田內閣亦擬為中日民間貿易提供出口信貸，以及超越「巴統」貿易禁運清單對華出口戰略物資等，都因美國壓制而受阻。隨後，在美國的壓力下，親臺的岸信介內閣與佐藤榮作內閣對推動中

日民間貿易發展的態度趨於消極，致使中日貿易長期停滯在易貨貿易的低水平層次上。從1952年6月至1958年3月，中日兩國間簽訂了四個民間貿易協定，但第一個貿易協定（1952年6月—1953年10月）的執行率僅為5.05%；第二個（1953年10月—1954年12月）為38.8%，第三個（1955年6月—1957年5月）為75.12%，第四個根本沒有執行[99]。1953年至1955年間，中日貿易不僅遠遠低於戰前水平，甚至比1950年水平還低。1955年至1957年間，易貨貿易雖有所增長，但是日本對中國大陸出口從未超過其總出口的3%，日本從中國大陸的進口也只在其總進口的3%之內[100]。

吉田茂內閣時期。戰後以來，日本一方面為了獲得美國的經濟支持而「被動」地遵循美國不承認新中國、不與中國大陸進行貿易的東亞戰略。另一方面，由於中日經濟傳統的互補關係、歐美市場對日本商品的排斥，以及當時東南亞原料和市場還未達到能取代中國大陸的程度等原因，而不得不在一定程度上與中國大陸保持貿易來往。為此，吉田茂首相很早就提出「政經分離」的原則。1952年10月28日吉田茂在國會答辯中稱：今後的日中關係將「建立於基於通商貿易的考慮上」，「把政治關係與經濟關係區別開來處理，謀求無邦交情況下推進與中國大陸的貿易關係」[101]。他始終認為：「我不在乎中國是紅色的或綠色的，中國是一個天然市場，日本考慮市場時它就成為一種需要」[102]。

外交官出身的吉田茂以為，德國戰後重建之所以比日本順暢，就在於德國的「鄰國有優質鋼鐵……附近有英法等購買力很大的歐洲市場」。而日本不僅嚴重匱乏發展經濟的必需礦產資源，而且東亞地區多為購買力很小的市場，這就是日本經濟「復興遲緩的原因」。因此，「只有在東南亞得到開發，共產黨中國採取門戶開放政策以後，才能期待中國經濟的獨立發展」。他自以為是地向美國建議：「為了引導共產黨中國採取這種門戶開放政策」，只有依靠

「地理上、歷史上同中國關係最密切」、「和中國同文同種的中國國民力量」[103]。不過，吉田茂這一「異想天開」的謀劃，並沒有得到美國的「理睬」。

吉田茂內閣時期確定並大力推行的「政經分離」原則，成為戰後以來日本歷屆內閣長期執行對華貿易的準則，如吉田茂的追隨者池田勇人、佐藤榮作等均積極推行了這一原則。佐藤榮作曾表態稱：日本願意在「政經分離」的基礎上，在不損害日本與臺灣友好關係的前提下發展與中國大陸的經濟和文化交流[104]。

1950年6月25日朝鮮戰爭驟然爆發；7月「巴統」即把中國列為禁運對象；9月美國決定全面禁止對華貿易；12月4日美國商務部正式宣佈對華實施全面貿易禁運[105]。隨著中美在朝鮮戰場的較量升級，美國愈加強化其對華禁運措施以及中日貿易交易品項的嚴格審查。根據美國的戰時法案，從1951年1月1日起，日本所有的與中國的貿易活動都必須由美軍佔領總部（GHQ）審批。1952年4月2日起，GHQ拒絕審議任何中日貿易的申請，並凍結出口裝船許可證。為此，日本政府受到來自經濟界的巨大壓力，因為GHQ此舉極大地損害了日本工商業特別是紡織業中小企業的利益。日本政府向GHQ申辯說，非戰略性物資的貿易並不損害美國的利益，欲說服GHQ默許某些領域的中日貿易，但仍遭到GHQ的強硬拒絕。為防止日本與中國大陸發展雙邊貿易，美國先後制訂一系列嚴格之抑制措施。在1952年7月28日至8月2日舉行的五國出口安全控制會議上，日本雖然加入了巴黎統籌委員會及新設立的中國小組委員會，但被迫繼續實行較西歐更為嚴格的對華貿易管制標準[106]。9月5日美日在華盛頓秘密簽訂《對共產黨中國出口貿易管制協定》，規定在對華禁運方面，日本必須接受任何國際管製表、美國的安全表以及有待美日攜手的補充禁運商品表的限制。在日本外交不能自主的情況下，美國透過迫使日本接受比西歐更嚴格的禁運標準（這主要表現在美日商定了一個多達400種的補充禁運商品表），暫時達到了阻止中日發展經貿關係的目的。這導致中日在1952年6月1日締結的第一次民間貿易協定無法順利實施，僅實施協議金額的5.05%[107]。

此後，日本要增加任何對華貿易出口品種，均須經得美國的許可，但日本一直在「堅韌地」推進著對華貿易的進程。朝鮮戰爭期間日本先後兩次放寬對華貿易限制。自1953年7月27日朝鮮停戰後，日本又於9月先後兩次放寬對華貿易限制。10月大藏大臣池田勇人與美國助理國務卿瓦爾特·羅伯遜在華盛頓舉行會談，池田向美方宣佈日方將再次放寬對華貿易限制，並明確要求放寬日本對華禁運限制到與西歐相同的程度，羅伯遜表示同意。至1954年3月11日美國政府決定把日本對華貿易限制清單上的項目逐漸削減到巴統限制清單的水平[108]。儘管如此，中日民間貿易水平仍然很低，1953年10月29日簽訂的第二次中日民間貿易協定到1954年秋季僅完成協議金額的33.8%。50年代美國對華貿易禁運政策仍是限制中日民間貿易擴大的主要因素[109]。

美國限制中日民間貿易的最大戰略目的就是企圖使新中國的經濟崩潰。助理國務卿羅伯遜在1953年解釋美國反對中日貿易的政策時說，美國實行禁運政策的最大希望就是導致中國的饑餓與貧困，從而使其經濟全面崩潰。他認為不限制中日貿易的話，其後果是危險的。他對那些認為日本產品出口中國會減輕美國市場壓力，從而有利於美國經濟利益的人說，與其讓日本依靠中國市場，妨礙我們最大的政治利益，還不如讓日本產品傾銷美國，以保證「自由世界」的安全[110]。1953年4月28日美國國家安全委員會擬定NSC125/5號文件，專門對中日貿易作了詳細規定，其主旨就是避免日本依賴中國的市場和資源，排斥中日貿易在日本經濟復興中所佔的重要地位[111]。美國非常擔心「日本和共產黨中國貿易的發展將透過給共產黨中國提供戰爭資源，威脅美國戰略和政治目標的實現，並且還將透過在市場和天然資源供應地方面依賴共產黨中國，使日本在共產黨壓力面前具有更大的脆弱性」。因此，為了防止日本因發展對華貿易而向社會主義陣營靠攏，文件規定「日本必須無限期地從美元區進口大量的資源，如大米、小麥、棉花和石油」，同時保持日本對自由世界、而不是對共產黨中國的經濟依賴[112]。

但當時日本政府並不完全「願意」服從美國政府的戰略意圖，日本更關注本國發展戰略的實現，具體講就是以經濟、外交等一切手段促使本國經濟的早日恢復與重建。日本經濟界人士參對主持日本經濟結構改革的美國總統特使道奇說，如果限制中日貿易，日本將不得不從北美進口原料，並將產品銷往美洲，這樣日本在價格和運費上要比同中國進行貿易所付出的代價要高，美國也會增加負擔[113]。

鳩山內閣時期。1954年12月10日鳩山一郎內閣成立，中日民間貿易進入一個新的階段。由於鳩山內閣奉行間接脫離美國控制的外交戰略，所以在中日貿易問題上採取了積極的態勢。1955年3月29日中國貿易代表團訪問日本，就第三次中日民間貿易協定與日本貿易團體進行談判。對此，美國援外事務管理署署長史塔生當面對鳩山一郎首相威脅稱：「日本和共產黨國家的貿易擴充將導致政治上的困難」[114]；3月7日積極主張日中貿易的通商產業相石橋湛三受到美國政府的警告[115]。國務卿杜勒斯還對日本施加壓力稱：如果日本大企業參與擴大對華貿易活動，美國將重新考慮對日經濟關係。在美國的壓力下，鳩山內閣趨於消極：外務省提出限制中國貿易代表團的考察地區範圍；3月15日內閣會議決定與中國貿易代表團訪日活動「概不發生關係」；鳩山首相本來打算會見代表團團長雷任民，也曾設想與中國簽訂政府間貿易協定，但外相重光葵徵求美國的意見時遭到強烈反對，不得不放棄；日本政府還讓那些向美國出口產品和生產美國軍用物資的大企業避免與中國代表團接觸[116]。這樣，在美國的反對下，鳩山內閣希望與中國簽訂政府間貿易協定的計劃落空，5月4日中日第三次貿易協定仍以「民間」形式在東京簽訂。在冷戰體制下的現實環境中，鳩山內閣亦唯有服從美國所規範的國際政治秩序。

儘管受到美國的多方限制，鳩山內閣時期中日貿易額仍增長明顯，從日本1953財政年度的3500萬美元增至1956年財政年度的1.5億美元。但在美國的嚴格限制下，中日三個民間貿易協議均沒有得到完全履行，協議規定的金額完成的百分比甚小[117]。

岸信介內閣時期。1957年2月25日岸信介內閣成立，在外交戰略上放棄鳩山內閣的自主外交路線，重新做出「對美一邊倒」的政策選擇，更加強調與美國的協調而非自主。雖然日美在中日貿易問題上存有較大分歧，但岸信介內閣「卻並未想英國那樣與美國唱對臺戲，而只是採取與美國保持一定距離併力圖在雙邊談判中說服美國的做法」[118]。6月20日岸信介在華盛頓對杜勒斯稱：日本期待著合理地增加對華貿易，同時要與「巴統」成員國合作。岸信介明確對美承諾：「日本政府無意承認共產黨中國或與之建立正式的外交關係」。

在岸信介的默許下，1958年3月5日第四次中日民間貿易協定在北京簽署。3月底美國商務部副部長烏里阿姆斯對岸信介內閣施加壓力稱：「美國現在依然全面禁止對中共的貿易……從過去的經驗看，中共能否確實履行國際協定是個疑問，因此希望日本政府持謹慎態度」[119]。5月2日在長崎中國郵票與剪紙展覽會上，發生2名暴徒撕毀中國國旗的嚴重事件，岸信介內閣卻採取縱容暴徒的態勢[120]。可見，岸信介內閣是既想在經濟貿易問題上有所得益，因為它沒有禁止第四次中日貿易協議的談判和達成協議；又想在政治上重施昔日之故技，因為它以不平等態度對待中國，欺侮中國[121]。

對此，中國決定斷絕同日本的一切進出口貿易，停止簽發對日進出口許可證；廢除1958年2月簽訂的中日鋼鐵長期貿易協定、停止延長漁業協定。至此，第四次中日民間貿易協議已成廢約，由於岸信介內閣的對華敵視，致使中日關係全面惡化。

然而，中日貿易的停滯並不符合日本的國家利益，日本經濟對中國的資源依賴仍是很大的。在1960年1月《新美日安全條約》簽訂之後，岸信介即將恢復與發展中日民間貿易重新列為其內閣當前的重要外交目標之一，簽約當日岸信介就對艾森豪威爾總統表示：「日本雖然不會承認共產黨中國，卻有可能重開與（中國的）貿易以及在非政治的技術領域與共產黨中國進行接觸」。但岸信介同時保證說：要在包括中國問題在內的所有亞洲問題上與美國最密切的協商[122]。至此，戰後初期吉田茂內閣確立的同時獨佔臺海兩岸市場、資源的政策，再次成為日本大力推行的策略。

池田勇人內閣時期。1960年7月池田勇人內閣成立，8月中國政府隨即提出中日民間貿易三原則：（1）政府協定；（2）民間合約；（3）個別照顧，中國堅持強調「政治和經濟不可分的原則」。1961年1月池田勇人在國會表示：「改善與中國大陸的關係，特別是增加貿易，中國是歡迎的。今年在這個問題上努力是我的任務之一」[123]。在池田看來，「日本的對華貿易政策，應完全由日本自己決定。即便美國說三道四，我們亦應按照我們的主意辦」[124]。日本不顧美、臺的一再反對，於1963年8月批準以延期付款方式向中國出口維尼龍成套設備；1964年4月19日中日簽訂互設民間貿易聯絡事務所會談紀要。在池田內閣時期，中日民間貿易發展較為顯著。

1962年11月9日中日簽訂《廖承志和高崎達之助貿易備忘錄》（史稱LT貿易備忘錄）。自此，中日貿易形式由民間升級到半官方性質。根據《廖高貿易備忘錄》確定中日貿易合約均採用廖承志、高崎姓氏的第一個英文宇母，即「LT」作為編號，「L」是廖（LIAO）英文拼音的第一個宇母，「T」是高（TAKASAKI）英文拼音的第一個宇母，因此，備忘錄貿易又稱「LT」貿易。日本學者江渡真吉說：透過「LT貿易備忘錄」，日本成為世界上能相當自由地與臺灣和中國大陸進行貿易的唯一國家[125]。至此，基於兩岸發展各自經濟的內在需求，致使日本長期推行之同時獨佔臺海兩岸市場、經濟資源的目標得到確實之「政策保障」。

事實的確如此。1961年大陸在日本進出口貿易額中所佔比重分別只有0.53%和0.39%，而同年臺灣在日本進出口貿易額中所佔比重則分別是1.16%和2.27%。到1965年大陸所佔的比重分別是2.75%和2.9%，臺灣所佔的比重分別是1.92%和2.57%[126]。大陸已超過臺灣。從貿易金額來看，1964年日本與中國大陸的貿易值為3.105億美元，超過蘇聯與中國大陸的貿易值；日本與臺灣的貿易值為2.795億美元，超過美國與臺灣的貿易值[127]。1965年日本對中國大陸的出口和進口分別為2.61億美元和1.92億美元[128]。對臺灣出口和進口分別為2.21872億美元和1.37265億美元[129]。總之，日本一直享受著臺灣海峽兩岸的整個中國市場，1962年以後尤其如此。日本從中國大陸進口的商品主要有煤、鐵、大豆和食鹽。對華禁運鬆弛後，日本向中國大陸出口的主要是機器、設備和化學品等。

佐藤榮作內閣時期。1964年10月9日佐藤榮作內閣成立，佐藤榮作奉行了與其胞兄岸信介同樣的「對美一邊倒」政策。此時，歸還沖繩問題成為佐藤內閣外交政策的當務之急。1965年1月佐藤首相訪問美國，承諾將積極配合美國的東亞戰略[130]。其後，為促進沖繩的早日歸還，佐藤內閣開始在中日民間貿易上採取強硬態勢。2月佐藤內閣決定執行《吉田書簡》，不批準以延期付款的方式從事對華出口貿易。這既是對臺灣當局的承諾，更是日本對美國發出積極靠攏的外交信號。此階段日臺經濟關係發展勢頭旺盛，至1973年底日本在臺灣的522個企業的總投資達1.53億美元；給臺灣當局及民間的貸款總額為3.3億美元[131]。佐藤內閣亦調整池田內閣確定的中日民間貿易原則，再次將重心偏向臺灣。

1967年底為期五年的備忘錄貿易協定期滿，中方決定不再續簽長期協定，只簽年度議定事項。在1968年2月雙方廖承志辦事處和高崎事務所分別改名為「中國中日備忘錄貿易辦事處」和「日本日中備忘錄貿易事務所」。在雙方辦事處名稱更改的同時，備忘錄貿易的合約代號也作了相應調整，由LT改為MT，M是英文「備忘錄」（MEMORANDUM）的第一個字母，T是英文「貿易」（TRADE）的第一個字母，因而，自1968年開始，LT貿易改稱為MT貿易[132]。

不過，儘管佐藤內閣時期不斷提升日臺關係，但並未完全放棄與大陸的接觸，佐藤時期的中日民間層次的交流仍有一定的發展[133]。具體講，日本欲同時佔有臺海兩岸市場、資源的戰略仍未放棄，只是暫時放慢了步伐，採取了更加隱諱的施行方式而已。在1966年7月舉行的美日貿易經濟聯合委員會第5次會議上，日方再次向美提出應按照日本與西歐一樣的標準要求以延期付款的方式進行中日貿易，但仍遭到美國的拒絕。

雖然美國繼續壓制日本擴大對華貿易，但陷入經濟困境的美國也在與中國積極改善關係。1969年1月尼克森就任美國總統後，這一趨勢漸次明顯化。自1969年3月發生珍寶島地區軍事衝突後，中蘇關係急劇惡化。美國基於「聯中抗蘇」的外交戰略，加快緩和對中國的經濟封鎖，甚至放鬆了對於戰略物資和軍事技術輸入中國的嚴格限制，意在適當促進中國國力的增強，以抗衡蘇聯咄咄逼人的「進攻性戰略」[134]。美國改善對華關係的背景之一，除了越南戰爭及美蘇對立等因素之外，還有日趨緊張的美日經濟爭端，美國已由扶植日本變為打擊日本。以美日紡織品摩擦空前嚴重為背景，美日關係趨於惡化，美國甚至稱日本是其「潛在敵國」[135]。1971年9月8日美國對日正式宣佈：美方準備依《對敵國貿易法》（《敵國貿易法》頒佈於一戰期間的1917年，規定美國總統在國家處於戰爭或其他緊急狀態期間有權調整與敵對國家之間的貿易關係）對日本採取單方面的制裁。9月21日美方對日發出最後通牒：如不接受美方條件，就將依法《對敵國貿易法》從11月15日起單方面限制日本紡織品輸美。尼克森還指示白宮助手們公開宣佈，《同敵國貿易法》的使用「只針對針織品——也就是日本人」[136]。美日經濟關係空前嚴峻。另外，在越南戰爭等問題上，日本拒絕配合美國的東亞戰略，引發美日政治關係的嚴重下降。由此，美國政府決定打中國牌，不僅旨在對抗蘇聯，而且亦抑制日本的「犯上」。

美國東亞戰略的大幅調整，對中日貿易的進展亦影響甚大。1970年4月美國開始放寬對華出口限制，宣佈頒發從美國出口到中國的「有選擇性」的非戰略物資許可證。鑑於中美關係改善日趨明朗化，日本政府認為應抓緊時機，擴大對華貿易的規模。1971年5月11日大藏大臣宮澤喜一匆忙宣佈：關於以延期付款方式進行對華貿易的問題，可以逐項研究，而不受「吉田書簡」的限制。此時佐藤內閣的如意打算是：恢復至池田內閣1963年制訂的對華貿易路線上，再次實施日本佔有臺海兩岸市場、經濟資源的長期戰略規劃。

1972年2月尼克森總統訪問北京，長期嚴重對峙的中美關係開始「融冰」。此後，在美國連續打擊下「處境艱難」的日本開始修正其「對美一邊倒」的外交戰略。日本無其他選擇，只能以發展中日關係來抗衡美國。7月6日田中角榮內閣成立，表示著日本再次選擇自主外交戰略；9月29日中日關係實現正常化。至此，聯合抗拒蘇聯的中美日大三角開始形成。

中日貿易也進入全面發展的軌道，先後簽訂了關於建設兩國間海底電纜的協議（1973年 5月）、貿易協定（1974年 1月）、航空運輸協定（1974年4月）、海運協定（1974年11月）、漁業協定（1975年8月）、商標保護協定（1977年9月）、長期貿易協議（1978年2月）、文化交流協定（1979年12月）、科學技術合作協定（1980年5月）、關於對所得稅避免雙重徵稅和防止偷稅漏稅協定（1983年9月）、和平利用核能協定（1985年7月）、投資保護協定（1988年8月）等。同時建立了多種架構的雙邊磋商形式，如中日21世紀委員會、貿易混合委員會、科技合作委員會、文化交流協商會議等。

按照中日長期貿易協議，日本先後於1979年和1984年兩次向中國提供政府貸款（15億美元和21億美元）。日本先於美國與中國建立外交關係已使美國極為不悅[137]，此時，美國對中日經濟關係的發展更存有異議。當然這個異議已不同於以往，美國現在更擔憂的是日本將利用其地理優勢，搶在美國之前獨佔中國大陸市場。美國的這種擔憂繼續發酵，1979年10月17日-18日美日在華盛頓協商援助計劃時，一度在日本對華貸款問題上發生對峙。美方要求明文規定，日本對華貸款「沒有附加條件」。而日方則表示反對，後在美方的強大壓力下，日方才勉強同意「原則上沒有附加條件」[138]。據中國海關統計，中日建交後的雙邊貿易額增幅顯著，由1972年的10億美元發展至1988年190億美元。

注　釋

[1].越南戰爭的巨大開支使美國的通貨膨脹連年遞增：1966—1967年是3%；1968年4%；1969年5.6%；1970年6.5%。與此相伴，1970年底，美國失業率達6%。見《美國戰後外交史》下冊，第598—599頁。

[2].「尼克森主義」的具體內容，體現在其向國會提交題為《七十年代美國的對外政策：爭取和平的新戰略》（1970年2月18日）的長篇國情諮文。參照《基辛格談話提綱——「防務援助與尼克森主義」》（1969年8月），NSC Files，BOX 324/1 & 1969/8 ，Nixon Presidential Material Project，美國第二國家檔案館。引自張曙光、周建明編譯：《中美解凍與臺灣問題——尼克森外交文獻選編》，第41—43頁。

[3].呂桂霞：《論尼克森主義與越南戰爭的終結》，《學海》2005年第5期。

[4].MaryBeth Norton and others，A Peopleand Nation，Houghton Miffin Company，Boston，1988，P.549。引自張德明：《東亞經濟中的美日經濟關係研究（1945—2000）》，第152頁。

[5].楊生茂主編：《美國外交政策史（1775—1989）》，第552頁。

[6].鹿島和平研究所編：《日本外交主要文書年表》第2卷，原書屋1984年版，第432—433頁。

[7].軍事科學院外國軍事研究部編：《日本軍事基本情況》，軍事科學出版社1987年版，第12—13頁。

[8].Akira Iriye and Warren I.Cohen，The United States＆Japan in the Postwar Word，P.98。引自張德明：《東亞經濟中的美日經濟關係研究（1945—2000）》，第152頁。

[9].Akira Iriye and Warren I.Cohen，The United States＆Japan in the Postwar Word，P.98。引自張德明：《東亞經濟中

的美日經濟關係研究（1945—2000）》，第153頁。

[10].［美］邁克·夏勒：《美、中、日關係和「尼克森衝擊」》，姜長斌、［美］羅斯主編：《從對峙走向緩和：冷戰時期中美關係再探討》，第210頁。

[11].［日］細谷千博：《日美關係資料集》，東京大學出版會1999年版，第746頁。

[12].Akira Iriye and Warren I.Cohen，The United States＆Japan in the Postwar Word，PP.102-103。引自張德明：《東亞經濟中的美日經濟關係研究（1945—2000）》，第154頁。

[13].麥克納馬拉、佐藤等人會談備忘錄，書號＃92-M-0-55（A），林登B·詹森圖書館。引自［美］邁克·夏勒：《美、中、日關係和「尼克森衝擊」》，姜長斌、［美］羅斯主編：《從對峙走向緩和：冷戰時期中美關係再探討》，第211頁。

[14].鄧峰、杜宇榮：《艾森豪威爾政府對中日貿易的政策探析》，《中共黨史研究》2012年第8期。

[15].張德明：《東亞經濟中的美日經濟關係研究（1945—2000）》，第156頁。

[16].Akira Iriye and Warren I.Cohen，The United States＆Japan in the Postwar Word，P.103。引自張德明：《東亞經濟中的美日經濟關係研究（1945—2000）》，第156頁。

[17].ⅰ）Akira Iriye and Warren I.Cohen，TheUnited States＆Japan in the Postwar Word，P.169，Table 8.12，U.S.dstson f.a.s.basis；ⅱ）Courtenay M.Slater and Cornelia J.Strawaer，Business Statistics of the United States，Bernan

Press，Lanham，MD，USA，1999 ，PP.166 ，171.引自張德明：《東亞經濟中的美日經濟關係研究（1945—2000）》，第323頁。

[18].John Chay，The Problems and Prospects of American-East Asian Relations，P.135.引自張德明：《東亞經濟中的美日經濟關係研究（1945—2000）》，第158頁。

[19].［美］邁克·夏勒：《美、中、日關係和「尼克森衝擊」》，姜長斌、［美］羅斯主編：《從對峙走向緩和：冷戰時期中美關係再探討》，第210—211頁。

[20].張德明：《東亞經濟中的美日經濟關係研究（1945—2000）》，第323—324頁。

[21].Courtenay M.Slater and CorneliaJ.Strawaer，Business Statistics of the United States，PP.166 ，171.引自張德明：《東亞經濟中的美日經濟關係研究（1945—2000）》，第325頁。

[22].參照胡方：《日美貿易摩擦的理論與實態》，武漢大學出版社2001年版；金柏松：《日美貿易摩擦戰的教訓與啟示》，《中國經濟時報》2007年8月14日；彭敬：《20世紀50年代以來的日美貿易摩擦及其現實意義》，《世界經濟研究》2004年第4期。

[23].FRUS，1961—1963 NO.12.引自張揚：《對甘迺迪政府大陸及臺灣政策的反思》http：//www.docin.com/.

[24].FactsOn File，VolXXII，pp.349.引自資中筠、何迪：《美臺關係四十年（1949—1989）》，第154頁。

[25].牛大勇：《同舟共濟還是同床異夢》（《百年潮》2001

年第1期）；張偉：《甘迺迪秘密策劃中美建交》（《環球時報》2005年11月23日）。

[26].胡禮忠、張紹澤：《緬北國民黨軍隊殘部撤往臺灣始末》，《世紀》2011年第3期。

[27].資中筠、何迪：《美臺關係四十年（1949—1989）》，第156頁。

[28].《蔣「總統」集》第3冊，臺灣「國防」研究院1963年印行，第2388頁。

[29].王棟：《一九六二年臺海危機與中美關係》（《中共黨史研究》2010年第7 期）；資中筠、何迪：《美臺關係四十年（1949—1989）》，第158頁。

[30].王炳南：《中美會談九年回顧》，第86-90頁。

[31].資中筠、何迪：《美臺關係四十年（1949—1989）》，第158頁。

[32].資中筠、何迪：《美臺關係四十年（1949—1989）》，第160頁。

[33].戴逸主編：《二十世紀中國通鑑》第3卷，改革出版社1994年版，第497頁。

[34].王棟：《一九六二年臺海危機與中美關係》。

[35].資中筠、何迪：《美臺關係四十年（1949—1989）》，第160頁。

[36].張鐵男、宋春主編：《國共兩黨關係歷史與現狀研究》，東北師範大學出版社1992年版，第474—476頁。

[37].《美國國務院公報》（State Department Bulletin），1964年5月11日，第730頁。

[38].蘇格：《美國對華政策與臺灣問題》，第340—341頁。

[39].《人民日報》1964年10月17日。

[40].從1965年10月至1973年3月簽署停戰協定為止，中國向越南派出包括防空、工程、鐵道、後期保障等援越部隊共計32萬多人，最高年份為17 萬人。見1979年11月21日《人民日報》。中國援越部隊於1973年8月全部撤回，4200多人因傷致殘，1100人犧牲。援越各項費用總值超過了200億美元。

[41].曲愛國等編：《援越抗美——中國支援部隊在越南》，軍事科學出版社1995年版，第1-15頁；越南是中國對外援助時間最長、投入最大的國家。從1950年起，中國開始對越南北方進行實際援助。1956年前，限於中國的國防工業基礎的薄弱，中國力所能及地向越南提供舊雜式裝備，未計數。另，有關援越物資的統計如下：1956—1961年：各種槍27 萬支（挺），炮1萬餘門，槍彈2億餘發，砲彈202 萬發，有線電機1.5 萬部，無線電機約5000部，汽車1000餘輛，飛機15 架，艦船 28 艘，單軍服 118 萬套。1962—1964年：各種槍 9 萬餘支（挺），炮466 門，槍彈2103萬發，砲彈7.64 萬發。1965—1975年（越戰期間）：各種槍177.8萬支（挺），炮6萬餘門，槍彈10億餘發，砲彈1597 萬發，艦艇176 艘，中型和水陸坦克552輛，裝甲輸送車320 艘，飛機170 餘架，汽車1.6 萬輛，炸藥18240 噸，有線電機6.5萬部，無線電機3.5萬部，軍服1117萬套。中國對越軍援助還表現在：1968年之前，中國生產63式電臺3000餘部，其中絕大多數支援越南南方，自己僅留下少數樣機試用。當越南提出的要求超過中國的生產

能力時，人民解放軍不僅動用庫存，甚至抽調現役裝備滿足越南的急需。中國曾對越南援助了3個紅旗2號地對空導彈營的地面設備。值得一提的是，1965年以後，蘇聯開始援越。在越南抗美戰爭的十年中，中國轉運蘇聯和其他東歐國家軍事物資63萬噸，免收運費（過境）8300萬元人民幣。見寇溪慈：《中國曆時最長、投入最大的對外援助：漫漫援越抗美路》，《文史參考》2010年第17期。

[42].中國援助的物資足夠裝備陸海空軍200 多萬兵員。中國幫助援建了上百個生產企業和修配廠等，直接支援了所修建鐵路的全部鐵軌、機車和車廂以及500 萬噸糧食、200 多萬噸汽油、30000公里以上的油管等。中國還幫助越方組建空軍和培訓空勤人員，在美軍對越南大規模轟炸時，把越南空軍學校遷到中國並提供雲南祥雲機場供其使用等。見郭明主編：《中越關係演變四十年》，廣西人民出版社1992年版，第73頁。

[43].李長久、施魯佳：《中美關係二百年》，第204—205頁。

[44].潘敬國、張穎：《中法建交中的美臺因素》，《當代中國史研究》2002年第3期。

[45].富布萊特講話，見《美國國會記錄》，（1964年3月25日），第6227-6232頁。引自唐小松：《「法國承認中國」對美國對華政策的影響（1964—1966）》，《國際論壇》2003年第1期。

[46].唐小松：《「法國承認中國」對美國對華政策的影響（1964—1966）》；蘇格：《美國對華政策與臺灣問題》，第343頁。

[47].《美國外交政策：當前文件》（American Foreign Policy：Current Documents，1966），第650-659頁。《紐約時報》（NewYork Times）1966年4月17日。引自蘇格：《美國對華政策與臺灣問題》，第348頁。

[48].FRUS，1964 1968，V.30，p.274.引自唐小松：《「法國承認中國」對美國對華政策的影響（1964—1966）》。

[49].《麥克納馬拉在美國報刊主編聯合會上的講話》，《紐約時報》（NewYork Times）（1966年5月19日）。引自蘇格：《美國對華政策與臺灣問題》，第348頁。

[50].《紐約時報》（NewYork Times）1966年6月17日。引自蘇格：《美國對華政策與臺灣問題》，第348頁。

[51].FRUS，1964 1968，V.30，p.356.引自唐小松：《「法國承認中國」對美國對華政策的影響（1964—1966）》。

[52].LBJState of The Union Address：1967，http：//www.lbjlib.utexas.edu/johnson/archives.hom/speeche引自汪朝琿：《「文化大革命」初期的美國對華政策》，《美國研究》2006年第4期。

[53].李長久、施魯佳主編：《中美關係二百年》，新華出版社1984年版，第208頁。

[54].謝益顯主編：《當代中國外交史（1949—2009）》，第208頁。

[55].如在中美大使級會談的第129次會談中，美國談判代表格羅諾斯基（John A.Gronouski）對王國權大使說：「我榮幸地通

知貴大使，中國駐肯尼亞大使阿德伍先生會見了貴國駐肯尼亞大使王雨田先生，美利堅合眾國政府願意與中華人民共和國政府進一步發展兩國關係。」這是在中美大使級會談中美方代表第一次使用「中華人民共和國政府」的稱呼。談判結束後，美方還再次提醒中方翻譯錢永年注意這一變化。見王國權：《我的大使生涯》，《當代中國使節外交生涯》第2輯，世界知識出版社1995年版，第154—155頁。

[56]. [美] 羅伯特·舒爾辛格：《詹森政府、中國和越南戰爭》，姜長斌、羅斯主編：《1955—1971年的中美關係》，第139頁。

[57].佐藤榮作（1901年3月27日—1975年6月3日），第61、62、63屆日本內閣首相，連續執政時間長達7年8個月；任期內收回沖繩，經濟高速增長；還因為提出無核三原則而獲得1974年的諾貝爾和平獎。他與前首相岸信介是親兄弟，後因過繼給佐藤家做養子，故和其兄不同姓。

[58].1972年5月15日，沖繩行政權歸還日本，根據《新日美安全條約》規定，美國仍保留在該島的軍事設施和若干區域的使用權。見楊生茂主編：《美國外交政策史（1775—1989）》，第576頁。

[59]. [日] 石川忠雄等：《戰後資料-日中關係》，日本評論社1970年版，第330頁。

[60].日本外務省編：《我が外交の近況》第9號（資料），1965年7月。

[61].葛小佳：《一九五一至一九六五年美國對臺「經援」試

析》，《臺灣研究集刊》1984年第3期。

[62].［日］山本剛士：《戰後日本外交史·VI.南北問題と日本》，第67頁。

[63].安成日：《論佐藤內閣時期的日美關係——從依附走向相互依存》，《史學集刊》1998年第3期。

[64].金熙德：《日本對臺政策定位與演變》，《亞非縱橫》2006年第5期。

[65].［日］山本剛士：《戰後日本外交史·VI.南北問題と日本》，第71頁。

[66].《人民日報》1972年2月28日。

[67].［美］基辛格：《白宮歲月——基辛格回憶錄》，世界知識出版社1980年版，第436頁。

[68].楊生茂主編：《美國外交政策史（1775 1989）》，第574 頁。

[69].黃大慧：《日本經濟界與中日邦交正常化》，《日本學論壇》1999年第2期。

[70].金熙德：《日本對臺政策定位與演變》，《亞非縱橫》2006年第5期。

[71].［日］神田豐隆：《冷戰構造の變容と日本の對中外交》第三章（岩波書店2012年版，第277 318 頁）；五百旗頭真：《日本外交史（1945 2005）》，第114 頁。

[72].李瑗：《中日邦交化與臺灣問題》，《當代中國史研究》2002年第3期。

[73].田中角榮（1918 1993）：先後出任郵政大臣、大藏大臣。1972年6月當選日本自由民主黨總裁，第64 65 屆日本內閣首相，任職期間實現日中邦交正常化。1974年11月因洛克希德公司行賄事件辭職。1993年12月逝世。

[74].美國雖然不反對日中接觸，但卻不贊成田中內閣過快實現日中邦交正常化。見張雅麗：《戰後日本對外戰略研究》，浙江人民出版社2002年版，第103頁。

[75].王俊彥：《戰後臺日關係秘史》，第141頁。

[76].《朝日新聞》1972年10月1日。

[77].田中角榮親自對自民黨「臺灣幫」的議員做工作，最終得到他們的贊同。見《田中角榮秘書早坂茂三訪談》，《光明日報》1999年9月29日。

[78].1992年9月26日臺灣前駐日本「代表」許水德接受臺灣記者採訪時說：「臺日斷交，確實讓臺北度過了20年忍辱負重的艱苦歲月」。見《聯合報》1992年9月28日。

[79].臺灣前駐日「代表」林金莖回憶到：當時臺灣海軍曾在南沙群島扣押一艘非法闖入的日本漁船「寶戶丸」，但很快就予以釋放了。幾年後，一位接近田中角榮的國會議員親口告訴他說，田中曾經對身邊人講，若當時臺灣繼續扣押日本漁船，採取強硬態勢的話，他將不敢貿然與北京建交。引自黃自進、簡佳慧整理：《林金莖先生訪問記錄》，臺灣「中央研究院」近代史研究所2003年印行，第80頁。

[80].何思慎：《日本的一個中國政策發展》，《臺灣「主權論」述論文集》（下），臺灣「國史館」2001年版，第906—907

頁。

[81].金熙德：《日本對臺政策定位與演變》。

[82].日本外務省中國課編：《日中關係基本資料集（1970—1992年》（第112 頁）。參照金熙德：《日本對臺政策定位與演變》；張香山：《中日復交談判回顧》，《日本學刊》1998年第1期。

[83].林金莖：《戰後日華關係之實證研究》，第323頁。

[84].戴天昭：《臺灣國際政治史》，前衛出版社2002年版，第588頁。

[85].霞山會編印：《日中關係基本資料集（1949—1997年）》，第450頁。

[86].霞山會編印：《日中關係基本資料集（1949—1997年）》，第453—454頁。

[87].霞山會編印：《日中關係基本資料集（1949—1997年）》，第462—470頁。

[88].霞山會編印：《日中關係基本資料集（1949—1997年）》，第471頁。

[89].霞山會編印：《日中關係基本資料集（1949—1997年）》，第472頁。

[90].三木武夫（1907—1988）：先後就任運輸大臣、通商產業大臣和外務大臣等職；1974年12月就任自民黨總裁；1974年12月就任第66屆內閣首相；1976年12月內閣總辭職，1988年11月病逝。

[91].吳學文：《當代中日關係（1945—1994）》，時事出版社1995年版，第159頁。

[92].臺灣駐日「代表」馬樹禮在東京頻繁會見日本外務省、運輸省的高官，就日臺航線的復航進行密談。見《中央日報》1974年1月27日。引自［日］川島真等：《日臺關係史（1945—2008）》，第120頁。

[93].［日］川島真等：《日臺關係史（1945—2008）》，第121頁。

[94].日本國會第73次參議院外務委員會會議記錄第17號，1975年7月1日。見馬樹禮：《使日十二年》，第68—74頁。

[95].吳廷璆：《日本史》，南開大學出版社，1994年版，第1084頁。

[96].［日］川島真等：《日臺關係史（1945—2008）》，第122頁。

[97].謝益顯主編：《當代中國外交史（1949—2009）》，第250頁。

[98].［日］丸山伸郎：《日中經濟關係》，［日］岡部達味主編：《中國をめぐる國際環境》第6卷，岩波書店1990年版。

[99].RKJain，Chinaand Japan，P.27。引自張德明：《東亞經濟中的美日經濟關係研究（1945—2000）》，第67頁。

[100].張德明：《東亞經濟中的美日經濟關係研究（1945—2000》），第67—68頁。

[101].1952年10月28日吉田茂國會答辯記錄。引自馮昭奎：

《戰後日本外交》，第317頁。

[102]. [美] 南希·伯恩科普夫·塔克：《美國戰後對中日貿易的政策：政治與繁榮》《外交史》（DiplomaticHistory），第8卷第3期（1984年夏），第193頁。引自楊生茂主編：《美國外交政策史（1775—1989）》，第464頁。

[103]. [日] 吉田茂：《十年回憶》第一卷，世界知識出版社1966年版，第174—175頁。

[104].RKJain，China and Japan，PP.57-58.引自張德明：《東亞經濟中的美日經濟關係研究（1945—2000》），第68頁。

[105].FRUS，1950，Vol.6，pp.672-673.引自劉早榮：《20世紀50年代初期日本與美國在對華貿易禁運上的分歧》，《理論月刊》2008年第4期。

[106].在這次會議上，美國提出四項建議：（1）日本正式加入巴統組織；（2）巴統組織分別設立歐洲和遠東兩個委員會；（3）遠東委員會成員國除本次會議五國以外，吸收與對華貿易有關的其他國家參加；（4）遠東委員會暫將總部設在巴黎，是年11月遷移至東京。見Memorandum for Secretary of Defense，July31，1952，FRUS，1952-54，Vol.14，No.2，p.1293.引自崔丕：《美國對日經濟復興政策與中國》，《美國研究》1993年第4期。

[107].蔣立峰主編：《中日關係三論》，第47—48頁。

[108].中國社科院美國研究所編：《二十世紀美國與亞太地區國際學術研討會論文集》，現代出版社1992年版，第230頁。

[109].宋德星：《試論美國對華全面貿易禁運政策對五十年代

中日四次民間貿易協定的衝擊》，《日本問題研究》1998年第1期。

[110].《羅泊遜關於對外經濟政策的演講》，《美國對外經濟政策檔案》，1953年12月。在嚴格限制日本與中國大陸的貿易活動的同時，美國政府也採取了大力支持日本經濟復興的政策：一是日美貿易和美國對日本的投資，二是支持日本重返國際經濟舞臺。在當時日本對外貿易中，日本對美國的出口佔20%以上，而進口的比例是將近一半。從日本進出口商品的結構來看，從美國進口的多是日本急需的生產原材料，而向美國出口的又多是初級工業產品。戰前日本曾經對中國等亞洲國家形成過這種貿易結構，戰後日本失去了中國和亞洲的市場，而在日本重返東南亞市場之前，正是美國充當了這個角色，有力地支持了日本經濟的復興。此外，美國還向日本提供了大量的投資和貸款，幫助日本解決了資金問題。然而，日美貿易不久即出現了摩擦，這說明美國不會長期充當這個角色，日本應該在美國支持下向東南亞發展，而這一轉變是在岸信介內閣時期完成的。引自張健：《戰後日本的經濟外交》，第22頁。

[111].EditorialNote，NSC125/5，FRUS，1952—1954，China and Japan，Vol.XIV，pt.2，Washing-ton：United States Government Printing Office，1985 ，p.1414.引自鄧峰、杜宇榮：《艾森豪威爾政府對中日貿易政策的探析》。

[112].EditorialNote，NSC125/5，FRUS，1952—1954，Vol.XIV，pt.2，p.1414.引自鄧峰、杜宇榮：《艾森豪威爾政府對中日貿易政策的探析》。

[113].對於美國政府欲以東南亞地區取代中國市場的安排，日本政府與經濟界並不認可。1954年日本外務省在對東南亞地區進

行考察和研究後提出的報告中指出：如果想用這一地區來代替中國，對日本來說是不現實的，因為這些地區經濟不發達，購買力很低，而且歷來都是美國和英國的商品市場，日本在這一地區同美國和歐洲的出口商競爭是不會成功的。報告認為，如果從中國進口原料，日本生產的高質量的鋼鐵產品的成本要比從美國進口原料生產出來的產品低得多。報告指責美國政府控制中日貿易政策，破壞日本商品的出口，加大了美國在日本的開支，因為美國對中國禁運，日本出口產品將會同歐洲商品競爭，為了扶植日本，美國就必須給日本高成本的產品以補貼，從而鼓勵出口。另外日本也依賴美國原料，美國政府為了讓商人將原油、煤炭、礦產品以較低的價格賣給日本，也必須給以補貼。引自美國《紐約時報》1954年7月4日。

[114].《人民日報》1955年4月2日。

[115].［日］波多野勝、飯森明子：《日中貿易交渉と日中議連の対応——第3次民間貿易交渉を中心に》、《常磐國際紀要》第5號（2001年3月），第5頁。

[116].［日］波多野勝、飯森明子：《日中貿易交渉と日中議連の対応——第3次民間貿易交渉を中心に》。

[117].徐彬彬：《戰後十年的中日民間貿易》，《科技訊息》2009年第31期。

[118].蔣立蜂主編：《中日關係三論》，第52頁。

[119].［日］古川萬太郎：《日中戰後關係史》（陳喜儒等譯），遼寧人民出版社1993年版，第168頁。

[120].王俊彥：《南漢辰與中國貿促會的成立》，中國共產黨新聞網：http：//cpc.people.com.cn/.

[121].謝益顯主編：《中國當代外交史（1949—2009）》，第98頁。

[122].［日］藤井治夫：《自衛隧の作戰計畫》，三一書房1971年版，第50頁。

[123].［日］古川萬太郎：《日中戰後關係史》，第210頁。

[124].［日］古川萬太郎：《日中戰後關係史》，第223—224頁。

[125].RKJain，Chinaand Japan，P.67.引自張德明：《東亞經濟中的美日關係（1945—2000）》，第121頁。

[126].於宗先、孫震：《臺灣對外貿易論文集》，臺灣聯經出版公司1975年版，第287、282頁。

[127].WilliamR.Nester，Japan and the Third World，P.144。引自張德明：《東亞經濟中的美日關係（1945—2000）》，第122頁。

[128].林連德：《當代中日貿易關係史》，中國對外經濟貿易出版1990年版，第188-189頁。

[129].於宗先、孫震：《臺灣對外貿易論文集》，第280頁。

[130].趙學功：《略論尼克森政府的對日政策》，《歷史教學》2002年第1期。

[131].RKJain，China and Japan，P.145，note21.引自張德明：《東亞經濟中的美日關係（1945—2000）》，第72頁。

[132].［日］丹羽文生：《日中國交正常化と臺灣——焦躁と苦悶の政治決鬥》，北樹出版社2012年版，第30頁。

[133].以1965年為例，日本185個團體共3800 人訪問了中國，中國55 個團體397 人訪問了日本。見劉宏煊主編：《中國睦鄰史——中國與周邊國家關係》，世界知識出版社2001年版，第79頁。

[134].劉世龍：《70年代以來中日關係中的美國因素》，《日本學刊》1997年第1期。

[135].張德明：《東亞經濟中的美日關係（1945—2000）》，第160頁。

[136].［美］《哈德曼每日記錄》，1971年8月14日。引自［加］羅納德·普魯森：《火山口上的美國與臺灣海峽危機》，姜長斌、［美］羅斯主編：《從對峙走向緩和：冷戰時期中美關係再探討》，第233頁。

[137].美國雖然不反對日中接觸，但卻不贊成田中內閣過快實現日中邦交正常化。見張雅麗：《戰後日本對外戰略研究》，浙江人民出版社2002年版，第103頁。

[138].［日］田中明彥：《日中關係（1945—1990）》，東京大學出版會1991年版，第113頁。

第六章 跌宕曲折的美日臺關係（1970年代初期—1980年代中期）

進入1970年代，美日臺關係可謂跌宕起伏、危機四起。1972年中日建交、日臺「斷交」；1979年中美建交、美臺「斷交」，給臺灣社會造成巨大的振盪，戰後形成的美日臺關係一度趨於解體邊緣。但美臺憑藉《與臺灣關係法》形成「隱性同盟」或「準聯盟」的關係，繼續維繫實質性的發展；日臺關係也進入「半官半民」的狀態，雙邊經濟關係繼續得到極大發展。這一時期，中美圍繞美國對臺軍售仍處於較量與折衝的狀態；美國對日歸還琉球群島後，又產生出長期困擾臺海兩岸的釣魚島問題。日本為追求大國化而與美國重新構築新美日安保體制，而臺灣則繼續成為美日的重要地區夥伴。

第一節 1972年後日本與臺灣關係的嬗變

一、中日邦交正常化與日臺「斷交」

1972年7月7日田中角榮就任日本首相。他以實現日本國家利益為宗旨，將日臺關係與中日關係的位置進行「置換」。即在實現中日邦交正常化的同時，繼續保持與臺灣的經貿及其他聯繫。這樣，日本就可以實現其外交戰略的最大利益，可同時佔有海峽兩岸的市場與資源，這也是日本歷屆內閣對臺海兩岸的既定策略[1]。田中角榮在就任首相前日宣稱：「日本不僅需要《日美安保條約》，與中國也要締結友好關係。日中美三國如成為等邊三角形關係，就可以維持遠東和平。日本與中國的邦交正常化，是比在亞洲建立北約更為有力的安全保障」[2]。在首次內閣會議上，外相大平正芳亦宣稱：「日臺關係的處理與日中邦交正常化，是同等重要的問題」[3]。

對於田中內閣的新動向，臺灣當局進行了一系列干擾。8月8日蔣經國發表談話，向日本施壓；臺灣還透過日本自民黨親臺政治家灘尾弘吉等人對田中內閣進行牽制。田中首相在基本統一自民黨意見的基礎上[4]，9月25日與大平外相等訪問北京；29日上午在北京簽署中日《聯合聲明》，宣佈中日邦交正常化；同日大平外相宣佈：「作為日中邦交正常化的結果，可以認為『日臺合約』已失去存在的意義，宣告結束」[5]。同日上午9時日本外務省次官法眼晉作緊急召見臺灣駐日「大使」彭孟緝，提前一小時通告《聯合聲明》的內容，並通知臺灣方面：「日本希望與臺灣維持經濟、文化和其他關係」，「希望國民政府採取必須的措施保護日本公民的生命和財產」[6]。同日臺灣當局「外交部」發表聲明，宣佈與日本「斷絕外交關係」，但同時亦宣稱：「臺灣將繼續與日本的反共民主人士保持友誼」[7]。

按照筆者的粗淺判斷，中日建交在大戰略上是基本正確的，但基於雙方「急於求成」的因素，在諸多具體問題或重要環節上留下諸多隱患，如對臺灣問題的「詮釋」就是一例。中日《聯合聲明》強調：「臺灣是中華人民共和國領土不可分割的一部分。日本國政府充分理解和尊重中國政府的這一立場，並堅持遵循波茨坦公告第8條的立場」[8]；《波茨坦公告》第8條載明：「開羅宣言之條件必將實施」；而《開羅宣言》又明確規定：「日本所竊取於中國之領土，例如滿洲、臺灣、澎湖列島等，歸還中國」[9]。日本為什麼不按照《波茨坦公告》明確表示臺灣已經「歸還」中國？其實，日本的目的在於說明，當年《開羅宣言》規定的日本將攫取的中國領土「歸還中國」，是指歸還給了「中華民國」。中國學者指出：日本政府的行為「內含著兩重目的」，「第一，既承認了中華人民共和國政府是唯一合法政府，又表示了臺灣當局的『中華民國』的存在。這是搞隱形的『兩個中國』。第二，如果說，『中華民國』已不復存在，則形成臺灣『歸屬未定』的局面。日方善於談判，以造成矛盾的方式為以後萬一需要改變立場預埋伏筆」[10]。日本堅決反對在《聯合聲明》中寫進有關廢除「日臺合約」的條款，中方卻在如此重大的問題做出讓步。日方的真正目的在於說明：從日本方面來看，中國的合法政府在1972年《中日聯合聲明》簽訂以前是臺灣當局的所謂「中華民國政府」，在1972年中日復交以後方為中華人民共和國，即1972年中日復交以前，「日臺合約」是合法的，有其存在的意義[11]。如此，中日關係由以往的「民間」形式走向兩國邦交的正常化，實現了政治、經濟、文化關係的全面恢復。曲折發展23年的日臺關係則由「官方」下降為「民間」形式[12]。

如第五章所述，田中在訪問北京前，曾派自民黨副總裁椎名悅三郎攜帶其致蔣介石的親筆信於9月7日赴臺進行「解釋」[13]。田中的親筆信通報臺方：日臺「外交關係」將在其訪問北京之後終結，日臺「只能透過民間渠道維持貿易經濟等務實關係」[14]。但椎名悅三郎又對蔣經國做出「日臺歷來關係將繼續保持」的承諾[15]。

椎名悅三郎的言論在臺海兩岸引發種種猜疑，其實椎名訪臺是對田中訪華的「外圍障礙」的清除作業，日本僅是期待日臺「斷交」不致引發更大的風波[16]。另外，對於田中內閣而言，為保護在臺日本人的生命和財產安全，必須使日臺「斷交」平穩實現。

田中內閣雖積極推動中日邦交正常化，但實質上仍延續著「兩個中國」的對華政策。如中國曾要求將臺灣排除於《日美安保條約》的「遠東」條款之外，但日方則堅持其一貫立場[17]。中日邦交正常化後的10月1日，大平外相堅持認為：「存在於日本和臺灣間的關係是根深蒂固的，因此，即使外交關係結束，雙方間的行政上的聯繫仍應得到尊重和珍視……我們仍願意盡最大的努力，以保持日本與臺灣之間業已存在的行政聯繫」[18]。在10月6日自民黨內外情勢調查會上，大平又稱：「……對於日本已放棄的領土，其權利究竟屬誰，就日本人的立場而言，是即使憑著切掉舌頭也無權表示意見的事」[19]。

在涉及臺灣的問題上，日美始終保持著密切的外交互動。9月29日《中日聯合聲明》發表前的1 個半小時，日本外務省次官法眼晉作約見美國駐日大使英格紹爾，遞交聯合聲明的文本，並做出簡要說明稱：在「日臺合約」、臺灣問題等方面，日本政府「成功地守住了其基本立場」[20]；10月3日大平外相亦致電英格紹爾稱：中國理解「日本政府與臺灣維持經濟關係的意圖」[21]。

由此，筆者認為，奉行現實主義的田中、大平等日本政治家之所以在推動中日邦交正常化的問題上得到自民黨內（包括臺灣幫在內）的基本支持，主要是基於日本戰後確定的臺海戰略，即同時獨佔臺海兩岸的市場、資源得到充分的體現，其國家利益最大化的目標得以確保的因素。如果說在1972年之前日本始終不敢「過於公開地」推行、貫徹這一戰略，但自1972年之後日本政府則開始「堂而皇之」地與臺海兩岸同時進行經濟貿易。日本的經濟勢力則「長驅直入」大陸市場，長期在中國對外經濟領域佔據很大影響，尤其是中國大陸的戰略資源如煤炭、石油等源源不斷地為日本經濟「輸氧」。同時日本對臺灣的投資也不斷增加，日臺經濟關係發展很快。而臺灣基於發展經濟的內在需求，自1972年後也一直維繫著密切的對日經濟聯繫，至1970年代中期臺灣不僅成為日本的

「對美出口加工基地」和重要投資場所，也成為日本「雁行經濟模式」下的「亞洲四小龍」之一，日臺經濟的內在聯繫極為密切。迄今，國內多有著述對田中、大平等促進中日邦交之舉不乏「讚美之詞」，而對佐藤、岸信介等的對華政策則多持批判態勢。可見，中國學界多是「從意識形態和政治立場的視角作針對個人的批評，鮮有對國家間政治的結構分析」[22]。但歷史邏輯從來都是統一的。隨著近年來有關外交檔案解密和當事人證言問世，我們可以明白，田中等人之所以積極促進中日邦交正常化，不過是與美國爭奪中國市場資源，以實現日本國家利益的最大化的外交策略。日本看重的是中國大陸豐富的戰略資源和龐大市場，而非想像中的「中日人民友好」因素[23]。

二、日臺「斷交」對雙邊經濟關係的影響

為保持日臺「斷交」後的雙邊經貿與人員來往，1972年12月日本和臺灣分別在東京和臺北設立具有官方性質的「財團法人交流協會」與「亞東關係協會」，以作為對等交流窗口。為此，日臺決定互設「交流協會臺北事務所」與「亞東關係協會東京辦事處」，並確定辦事相處的功能[24]。其實，就其功能而言，這兩個機構「與一般駐外公使館辦理的官方事務機構幾乎沒有什麼不同」[25]。在岸信介等右翼政治家的操縱下，1973年3月成立有152名自民黨親臺國會議員參加的「日華（臺）關係議員懇談會」，由灘尾弘吉任會長。該會與臺灣政界保持密切聯繫，企圖使「斷交」後的日臺關係保持準官方的性質，並積極推進雙邊的「實務關係」。如此，形成於1957年2月的「臺灣幫」[26]再度糾集起來，這是日臺「斷交」以後維持和推進日臺關係的重要右翼團體。其後，日臺還先後設立東亞經濟人會議等諸多雙邊經濟團體。

日臺「斷交」後，日臺貿易、投資等領域一度發生糾紛。日本在取得美國的許諾後，於1974年4月與中國簽訂中日航空協定，日本擬繼續維持日臺航線[27]。但由於大平外相發表不承認臺航懸掛「國旗」的談話，臺灣單方面宣佈「停航」[28]。日臺航線「中斷」等一系列重大對抗性事件，對日臺經濟關係頗有衝擊。1972年11月臺灣「國際貿易局」宣佈：自日本進口機器限於2億美元以下，2億美元以上者須經特別申請，一般原料、材料的進口不受限制，但有關向日本貸款之計劃，決定除了9月29日以前簽訂者外，一律停止。12月14日臺灣「行政院」又發表對「斷交」後的經濟方針，強調停止未簽宇的向日貸款，工廠機器設備、原材料進口由日本轉向歐美市場等其他市場，關於投資方面，日本與其他國家受同等待遇[29]。

但是，臺灣當局決策集團最終能夠冷靜對待激變的局勢，審時度勢，堅持發展經濟建設為臺灣既定的最高目標。由此，在1972年日臺「斷交」後，臺灣並未對日本採取進一步的經濟貿易方面的報復措施，而是採取了「務實性」的應對措施。從經濟層次來看，由於臺灣處於工業化的發展初期，因而對日本市場、工業技術及機器設備等有著嚴重依賴，臺灣不會也難以徹底斷絕與日本的經濟聯繫。若在經濟上也實行對日「斷絕」的話，則意味著臺灣經濟將走向「崩潰」，也將危及國民黨對臺灣的控制[30]。臺灣最終只能重建與日本的「非官方」雙邊關係，以維繫臺灣對外的經濟窗口。

從日臺「斷交」的實際過程後，日臺雙方均採取了維持經貿關係等實務態勢，更多是臺灣採取了克制態勢。不過，日本亦採取了相應的一系列對策，畢竟日臺關係有著很長的歷史淵源和現實利益。若與臺灣斷絕經濟聯繫，不僅對於日本損益頗多，而且美國也不允許。日臺「斷交」後，原有的雙邊貿易聯絡機構如日臺合作促進委員會（日本方面的名稱是日華協力委員會）[31]、日臺貿易委員會[32]等不得不停止活動[33]。但「斷交」後的日臺間交流仍需要維持並擴大，1972年4月臺灣當局成立對外貿易發展協會，並在東京設立遠東貿易服務中心東京事務所，主要業務是向日方提供有關臺灣台灣的經濟訊息、舉辦臺灣商品展銷會等。

1972年12月1日日本成立半官方性質的「財團法人交流協會」，崛越楨三（日本經團聯副會長）出任會長，前駐臺「大使」板垣修[34]為理事長，交流協會的具體工作人員全部由日本外務省、通產省官員（以「民間人士」身份）組成。交流協會在臺北、高雄設立事務所，負責日本對臺的「民間聯繫」及其他事宜。12月3日臺灣也成立半官方性質的「亞東關係協會」，臺灣糖業公司董事長張研田任理事長，臺灣工商協進會理事長辜振甫任常務監事。「亞東關係協會」在東京、大阪、福岡設立辦事處，負責臺灣對日的「民間聯繫」及其他事宜等。兩組織的成立旨在推進日臺間的經濟、貿易、技術及文化交流，12月26日「交流協會」與「亞東關係協會」在臺北簽訂互設辦事機構的協定，日臺還約定每年定期召開一次經貿會議，商討日臺間的貿易及經濟問題。1973年1月4日「亞東關係協會東京辦事處」正式開張，1月26日辦事處首任代表馬樹禮到任。按照臺灣當局的慣例，辦事處應該隸屬臺灣「經濟部」。但經「行政院長」蔣經國裁決：「亞協及其所屬駐日各單位，在體制上仍屬外交部，亞協駐日代表之地位，一如派駐其他國家之大使，代表國家元首駐東京」[35]。「交流協會」臺北事務所也同時成立，由原日本駐臺「大使館公使」伊藤博教擔當首任所長。日臺互設辦事機構，為確保日臺經濟關係以及其他方面的交流提供了制度保障。

綜上所述，儘管臺灣對日本與大陸的邦交正常化極為「憤慨」，但迫於其所處的「外交困境」，最終採取了與日本發展「實質性外交」的基本政策，即以發展日臺經濟關係為主旨，繼續與美日保持密切的往來。而日本也基於本國經濟利益需求及美國的戰略要求下，一再對臺表示出發展日臺雙邊經濟關係的「願望」。正是由於日臺雙方發展經貿關係的積極態度，以及有關措施的出臺，日臺貿易額非但沒有減少，反而比上一年增加了60%，達到23億美元，超過了同期日本與中國內地的貿易額[36]。

1972年日臺經濟界成立了旨在促進日臺經濟交流的「東亞經濟人會議」，這是一個日本經團聯（日本經濟界的最高組織）和臺灣工商協進會共同推動設立的民間性質的定期協議機構，由日方「東亞經濟人會議日本委員會」和臺方「東亞經濟人會議中華民國委員會」兩部分組成。日方會長由東急集團會長五島升出任，臺方會長則由臺灣工商協進會董事長辜振甫出任。「東亞經濟人會議」雖然標榜是民間組織，但從其領導機構、組織規模、組織活動、出席會議的人員背景、會議性質與議題來看，實質上是由日臺「官方機構」直接指導，民間具體執行與配合方式所進行的半官方或準官方性質的「半官方機構」。辜振甫兼任國民黨「中常委」的要職足可說明這一政治背景。「東亞經濟人會議」標榜：「日臺經濟關係加強將成為亞洲經濟的『火車頭』」，主張透過經濟途徑密切與臺灣的政治關係[37]。1973年11月29日第一屆「東亞經濟人會議」在臺北開幕，其後，每年在日臺兩地輪流舉辦一次會議。

中日邦交正常化後，中國要求日本政府對既存的日臺經濟關係的性質作出澄清。1971年日本政府曾按照聯合國貿發會議[38]的決定，並根據日本「關稅暫定實施法」的規定，向貿發會議成員國提供「普惠」，其中包括臺灣。中國政府根據《中日聯合聲明》的原則，要求日本政府廢除這種「國際許諾」（不是指取消「普惠」本身，而是宣佈它不是政府間的國際許諾）。對此，日本政府說明「普惠」是日本政府單方面提供的，它不是雙邊協定，也不是國際承諾，中日邦交正常化後，日本政府已在官報上發佈政令，刪除

「中華民國」名稱，改稱「臺灣地區」，因此在「普惠」問題上，不存在作為「國際許諾」加以廢除的問題。日本政府於1973年3月15日給中國外交部照會中稱：「日本國與臺灣當局之間其他一切政府間的條約、協議及其他許諾，作為1972年9月29日日中邦交正常化的結果，已經全部失效。其中包括了有關貿易的一切政府間條約、協議和國際許諾」。1973年11月17日，日本政府向中國政府提交口頭確認事項稱：「根據日中聯合聲明的精神，日本國同中華人民共和國之間的貿易協定是國家間的經濟貿易關係，日本國與臺灣之間現在進行的一切經濟貿易往來都是地區性的民間的關係」[39]。

綜上所述，日臺「斷交」後，雖然對日臺經濟關係造成一定程度的衝擊，但在臺灣當局的克制下，日臺間又迅即形成「民間形式」的經濟關係網絡，使日臺經濟關係得以進一步發展。至1970年代末期中國大陸開始改革開放，對於日臺經濟關係的現狀開始持有「包容」的立場。1978年11月5日14日鄧小平在同緬甸總統吳奈溫會談時指出，在解決臺灣問題時，我們會尊重臺灣的現實。比如，臺灣的某些制度可以不變，美日在臺灣的投資可以不動，那邊的生活方式可以不動[40]。中國學者俞新天在吳濟南著《冷戰後日臺關係》（2009年）一書序言中亦指出：在東亞地區國際分工體系發生深刻變化後，作為亞洲「四小龍」之一的臺灣不僅是日本輸出資本貨物和技術的對象，也是日本進軍中國大陸的重要跳板。日本和臺海兩岸在經濟領域的良性互動無疑會有利於構築地區和平機制[41]。

三、美日臺關係下日臺經濟關係的持續提升

1972年日臺「斷交」當初，日臺間雙邊貿易額是12億美元左

右[42]。「斷交」對日臺政治關係造成嚴重衝擊，但出於雙方的利益需要，日臺經濟貿易來往並未停頓，反之有擴大之勢。1960年代中期至1970年代末期，臺灣完成了工業化的基本過程。工業化時期，臺灣對日貿易出口依賴不斷減少，1983年最低時降低至10%以下；對日進口依賴日益增加，1970年最高時一度達42.8%[43]。長期以來，臺灣對日貿易入超嚴重，但同時美日臺經貿聯繫密度亦有所提升。

在美日臺關係的大格局中，日臺雙邊的經濟貿易往來不斷提升。除1975年因受世界經濟危機影響而呈負增長外，其餘年份均為增長之勢。1985年日臺貿易額達到90.14億美元，比1953年增長了76倍。不過，當時的日臺貿易在日本的外貿中所佔的比重甚低，日本對臺灣的出口雖然一直在增加，但在日本的出口總額中所佔的比重僅佔2%—4%；日本自臺灣進口也僅佔日本進口總額的1.5%—2.5%左右。我們再將1970年代亞洲「四小龍」對日貿易在日本外貿中的地位作一比較。1960年臺灣對日本出口值佔日本進口總值的比重為1.4%，1978年增長為2.2%；同期韓國由0.4%提高到3.3%；香港由0.5%提高到0.6%；新加坡由0.3%提高到1.1%。1960年臺灣自日本進口值佔日本出口總值的比重為2.5%，1978年提高為3.7%；同期韓國由2.5%提高為6.2%；香港由3.9%降低為3.2%；新加坡由2.2%提高為2.4%。其中最主要的原因，韓國是「四小龍」中對日出口工礦產品較多的地區，而臺灣對日輸出則以農漁產品為主，增長幅度有限[44]。

隨著日本經濟的持續高增長以及配合美國東亞戰略的需要，日本有意識地從經濟上控制東亞地區，使之成為其經濟發展的腹地，奉行所謂的「雁型」經濟發展模式，即以日本為領頭，臺灣等「亞洲四小龍」為後續，帶動東亞地區經濟順序發展，從而最終保證日本經濟本身的持續發展。日本依靠其所累積的經濟與技術實力，

「利用直接投資與技術轉讓交互使用的手段，以最低製造成本為依歸，透過投資項目與技術相互間的有機結合，在亞洲建立起了以其為中心，以最低生產成本為依屬的多國間產業分工體系，臺灣被納入其中的重要一環」[45]。也就是說「臺灣的經濟發展正好銜接日本經濟成長的後一階段，因而臺灣設法引進日本的生產技術及生產設備者固多，而日本也獲得了一個資本與商品輸出的良好市場」[46]。至1970年代末期，美國成為臺灣的直接銷售市場和日本的間接市場，從而形成日本對臺投資、在臺灣加工裝配為成品、而後銷售至美國這樣的貿易關係。臺灣成為美日的廉價「海外加工基地」，其剩餘價值亦多為美日資本「榨取」，更進一步使臺灣納入美日的經濟體系之中。

臺灣工業化的60—70年代，臺灣自日本進口商品的結構開始變化，由主要進口生活消費的工業品，轉向主要進口工業原料和機器設備。臺灣從日本進口工業原材料和機器設備，發展加工工業，產品出口至美國等國家，因而使日臺貿易從順差轉為逆差，而美臺貿易則從逆差轉為順差。這充分說明了臺灣的進出口貿易，在進口方面，對日本的依賴度不斷提高，而在出口方面，對美國的依賴度也在提高[47]。

如前所述，1972年9月日臺「斷交」，並未對日臺雙邊貿易產生重大影響，仍保持了較好的發展勢頭。1973年臺灣對日輸出增加20%，自日本輸入增長36%，到1979年達到52億美元，7年間增至近4倍，1982年日臺貿易額已增至71.59億美元。但除了1952年和1955年外，臺灣對日貿易長期為逆差[48]。臺灣透過從日本大量進口技術、機器設備、關鍵零配件等，加工後出口到美國等市場，從而促成了臺灣出口加工工業的迅速發展，並推動了經濟的高速增長，臺灣因此也進一步加深對日本進口市場的嚴重依賴。換言之，臺灣經濟增長越快，從日本進口的規模也就越大，這是日本穩居臺灣的進口市場榜首，對日貿易存在巨額逆差而難以改變的根本原因。

隨後為適應世界經濟形勢的變化，特別是石油危機的衝擊，臺灣開始有步驟地調整台灣產業結構，從1970年代側重發展重化學工業，1979年開始轉向鼓勵發展策略性工業，試圖透過大力發展高科技產業並以此帶動台灣的「工業升級」。工業化升級時期的日臺貿易關係進一步發展，雙邊的貿易結構也發生變化。隨著臺灣工業升級，對日本進口商品的需求開始轉向技術含量較高的機器設備和工業半成品原料等，但日臺貿易不平衡更進一步深刻[49]。1953—1961年臺灣對日貿易逆差額年平均 0.2億美元；1962—1971年增加到2.1億美元；1978年突破20億美元；1981年達34.5億美元，1985年由於臺灣投資意願不佳，進口大幅度下降，臺灣的機器設備大部分自日本進口，1985年自日進口降低了13.8%，逆差額也降為20.9億美元[50]。

在戰後日臺貿易中，日本對臺灣的出口貿易結構基本上一直保持優勢，出口的商品絕大多數是高附加價值的工業品，臺灣在對日出口商品結構上也發生了較大的變化。六七十年代臺灣的對日出口中，粗糖、大米、香蕉佔絕對優勢，從70年代末期開始，對日出口的重點逐漸轉向機電設備、食品、金屬製品、一般機械等附加價值較高的商品上，而且這一發展勢頭越來越強。這表明，日臺間貿易結構上的不平衡正在逐漸縮小，但仍然有相當的差距。臺灣對日貿易在1980年超過30億美元，1981年為34.5億美元，1982年因臺灣經濟嚴重衰退，內外投資意願低落，逆差額暫時減少為24億美元。因此，從1972年至1982年期間，臺灣對日貿易平均每年入超竟高達17.7億美元[51]。總計1963—1982年底止的二十年間，臺灣對日貿易逆差累計金額已高達222億美元。1972—1982年，臺灣對日貿易年平均逆差額佔臺灣年平均出口額的10.5%，而等於

135.7%。如果將此逆差額按美國經濟規模來換算，則平均每年高達600億美元。因此，它已成為臺灣經濟發展一個十分沉重的負擔[52]。

80年代前期，日本對臺出口約佔其出口額的5%，世界排名第9位，而臺灣從日本的進口卻佔其進口總額的25%，世界排名第1位。80年代中期以後，因日元升值、日本開放國內市場等原因，雙方的貿易規模繼續增大。1985—1987年，日臺貿易額從90.1億美元增至187.8億美元，三年間增長了2.1倍，而且超過同一時期的中日貿易總額；臺灣對日本的出口額佔其出口額的比例也從11.3%升至14.6%，日本成為臺灣的第二大出口市場。從1987年起，日臺雙邊貿易總額便連續三年超過日本和中國內地的貿易額，1990年日本與中國內地的雙邊貿易總額為182億美元（尚不足1987年日臺間的貿易額），而日臺間的雙邊貿易額卻高達243.7 已美元，是日本與中國內地貿易總額的1.34倍；其中日本對臺出口額為160.3億美元，臺灣對日出口為83.4億美元，分別比日臺斷交的1972年增長了約15倍和22倍。日本成為臺灣最大的進口國和第三位的出口對象[53]。

從上述資料可以看到，日本與臺灣的貿易關係有兩大特徵。一是從1965年以來，日本就一直是臺灣的第一進口對象國，而且進口金額逐年急速增長。1965年臺灣從日本進口金額為 2.21億美元，1979年增長為45.61億美元，增長19.61倍，到1989年，進口金額為160.31億美元，比1979年增長2.15倍，至1997年，進口額更達290.22億美元，比1989年又增長81.045 ，比1965年增長130.13 倍。二是臺灣與日本的貿易，從1960年開始就一直呈現逆差，而且逆差的金額有不斷擴大的趨勢。1960年逆差只有0.43億美元，1979年擴大到23.13億美元[54]。

1972年日臺貿易額為14億美元，至1992年增至307.76億美元，增加近22倍，然而對日入超也由6.6億美元增至129.56億美元，擴增19.6倍以上[55]。工業升級期間，日臺貿易逆差問題愈演愈嚴峻，從1960年至1981年，日臺貿易逆差為197.84美元，而且有不斷擴大的趨勢，甚至出現日臺貿易幾近破裂的跡象。面對日本強勁的出口攻勢，1982年臺灣當局一再要求日本減少對日貿易的不平衡，而日本政府則消極應對。臺灣當局乃採取強硬措施，禁止1533餘種日本產品進入臺灣。雖然實施此貿易報復措施的目的是限制日貨進口，減少臺灣方面的逆差損失，但也致使當年臺灣台灣企業因減少從日本的工業原料進口而大幅減產，企業停工率驟增。儘管如此，1982年日本對臺貿易仍然有 24億美元的順差，1983年順差更達31.85億美元。據統計，臺灣每對外出口1 美元，其相應自日進口便約為0.28美元；而臺灣經濟每增長1%，日本對臺出口便增長1.82%[56]。「對臺灣享有相當大量貿易順差的唯一國家就是日本」[57]。但是，一個重要的事實是，在日臺貿易逆差問題日趨嚴重的持續過程中，美臺貿易順差並未改變，1987年臺灣對美貿易順差高達160億美元，後在美國實施對臺貿易限制措施的情況下，臺灣對美貿易順差有所減少，但至1990年時仍有91.3億美元。可以說這時期的日臺貿易關係仍是建立在臺灣對美順差的基礎上的。

日臺貿易逆差問題雖已成為日臺經濟關係中最尖銳的一個問題，同時又是一個無法根本解決的難題，難就難在臺灣工業生產對日本設備與原料的進口的過度依賴。第一，從歷史上看，臺灣對日貿易一直是對日出口以農產品和農產加工品為主。儘管進入工業升級時期，臺灣農產品和農產加工品對日出口的結構開始有所改變，從大米、砂糖為主改變以水產品和畜產品為主，還有少許工業初級製品，但這些產品的附加價值遠比日本機器設備和工業半成品的附加價值低，再擴大也縮小不了對日貿易巨額逆差的擴大；第二，臺灣製造業的產品要返銷日本也很困難。因為日本對臺灣的製造業投資和技術轉移，目的不是為了返銷日本，而是除利用臺灣廉價勞動力，獲取可觀的利潤之外，主要的還是在擴大其機器設備、工業半成品及技術的對臺出口，壟斷臺灣市場和間接出口其他地區。因此，日本對臺投資方式大多是將其在日本國內所製造的機器設備及工業半成品等作為資金的大部分，這也促使日臺貿易逆差的延伸與擴大[58]。

自1972年後日本停止對臺灣的政府援助（ODA）後，日本資本開始大量進入台灣，至1989年日本對臺投資超過同期美國對臺投資，達到28.56億美元。臺灣工業升級時期，經濟發展速度的加快對外資的需求更加提升。臺灣當局為彌補內部資金短缺，策定積極引進外資、以帶動產業升級和出口工業發展的產業政策，是此階段臺灣發展經濟重要策略之一。工業升級時期仍是臺灣大規模吸引外資的階段，而來自日本的投資仍然是主要外資來源之一。

日本對臺投資真止形成勢頭是在70年代中期以後。當時臺灣經濟發展速度明顯加快，出口持續上升，對外資的消化、吸收能力也大大加強。如表三所示，到1980年為止，日本對臺投資累計件數757件、金額4.57億美元，年均投資額超過了累計投資額的1%—3%。僅1980年一年對臺投資就達0.47億美元。80年代初期，在「工業升級」政策的推動下，日本對臺灣的投資迅速增加，到1985年底為止，日本對臺投資累計900件、金額11.3億美元。也就是說，僅1981—1985年的4年間日本對臺投資達143件、金額為6.73億美元，超過了1953—1980年27年間的累計總額。

表三日木對臺灣的直接投資　（單位：百萬美元）

年度	全世界(不含畢橋投資)		美國		日本	
	件數	餘額	件數	餘額	件數	餘額
1953—1960年累計	28	25.21	15	23.5	12	1.7
—1970年累計	587	396.2	156	242.2	386	89.0
—1980年累計	1258	1753.0	330	776.3	757	457.7
—1985年累計	1724	3985.4	-	1720.0	900	1130.4
—1987年11月累計	2281	5699.6	-	2254.0	1135	1699.4

資料來源：樊勇明：《日本的投資與亞洲的崛起》，三聯書店1991年版，第181頁。

日本對臺投資迅速發展的原因有三：第一，日本多數廠商對臺灣的投資環境都很瞭解，而且評價頗高。他們認為臺灣的基礎工業水平超過韓國，政治及社會穩定性高於香港，而勞動生產率則優於新加坡；第二，對到臺灣投資饒有經驗。由於經驗豐富，故其投資報酬率高過在其他國家與地區的投資。日資企業在臺灣的獲利能力特別強，為所有不同來源的外資企業之冠，這成為一個非常突出的現象。據臺灣「經濟部」投資審議委員會調查分析，1981年在臺灣外資企業的經營狀況，日資企業除資本獲利能力外，營業獲利能力、總資產獲利能力、固定資產獲利能力亦均居鰲頭。因此，日資企業以其所獲贏利轉作增資，經營規模日益擴大者時有所聞；第三，臺灣當局為了平衡對日貿易逆差，同時希圖藉引進日本資本而引進日本的先進技術與經驗，幫助臺灣實現工業升級，因此不斷改善投資環境，千方百計爭取日本資本去臺投資[59]。

1985年9月日元升值後，日本製造業在國際市場上漸漸失去競爭力，為了降低生產成本，保持競爭力，日本製造業企業紛紛尋找海外生產基地。臺灣距離日本較近，有良好的工業基礎，地處海上交通要道，而且有廉價的勞動力。據測算，若以日本的工資成本為100 ，1984年和1985年臺灣的工資成本則分別為日本的23.3%和22.6%。於是，日本企業對臺灣的投資慾望高漲。另外，日元升值，而臺幣則隨美元貶值，日本電器企業紛紛利用臺幣低匯價擴大對臺灣的投資，製造零件回銷日本。由於這兩部分投資增加，儘管經臺灣加工、產品輸往美國的企業投資停滯不前，日本私人資本對臺直接投資總額仍繼續增長[60]。

1986年日本貿易振興會對207 家日本中小企業所作的調查顯示，有140家企業認為臺灣是日本企業海外投資的最佳場所。此後，日本對臺灣的投資出現跳躍性增長。1986年比1985年的投資件數增加了一倍多，達88件，投資金額增加了74%，達2.54億美元，日本對臺灣的投資額突破2億美元大關。1987—1989年的3年間仍然保持持續增長，同期投資件數則呈下降趨勢，可見，80年代中期以前日本對臺灣的投資以小規模為主，此後則向著大型化的方向發展。從1989年起，日本對臺灣投資累計總額超過美國，居外國對臺投資之首。1990年日本對臺直接投資為8.27億美元，而當年美國的對臺直接投資僅為5.4億美元。至1990年為止，日本對臺直接投資累計總額為34.8億美元，而同期日本對中國內地的直接投資總額為28.23億美元[61]。

如果說日臺貿易關係從流通領域反映了日臺之間的經濟關係，日臺投資關係則主要從直接生產領域反映了日臺經濟關係。日臺投資關係是一種單向的投資關係。日臺之間的技術合作關係，也是一種單向的技術合作關係。也就是說，它們之間的投資和技術合作，是日本對臺投資和提供技術的單向關係。因此，日本對臺灣的投資和轉移生產技術，不僅能獲得直接的利益，而且透過投資和技術轉移，控制了臺灣經濟的發展方向，使臺灣經濟從屬於日本經濟。隨著日本對臺灣投資件數和金額的增長，這種控制和被控制，臺灣經濟從屬於日本經濟的關係就不斷加深[62]。

第二節　中美建交——《與臺灣關係法》與美臺「準聯盟」關係的形成

1977年1月卡特就任總統，牧師出身的卡特一向重視「道義」原則，他在競選期間就提出要「以世界秩序政治取代力量均衡政治」，試圖改變尼克森主義的戰略收縮方針而重新採取美國在具有重大「利益」的地區直接進行軍事介入的做法[63]。卡特還曾表示，美國政府在尋求與中國關係正常化，但不會犧牲臺灣利益[64]。5月12日卡特發表談話稱：中美關係正常化「主要的障礙是我們一直與臺灣保持關係，我們不想看到臺灣人民遭到懲罰和攻擊」[65]。但他同時也承認，承認中國是他的最終目標；但他要得到如下保證：臺灣「不受大陸中國的軍事壓制與統治」[66]。

隨著國際形勢的變化，蘇聯日趨向全球擴張，尤以1979年軍事干涉阿富汗為其軍事擴張之頂點。此時的中國進入經濟建設為中心的穩定發展期，卡特政府開始調整其對華政策。1977年8月22日國務卿萬斯訪問北京，萬斯對中國外交部長黃華宣稱，他代表美國政府聲明，美國同臺灣的「共同防禦條約」即將終止，準備承認中華人民共和國是中國的唯一合法政府，美國將完成軍事部隊和設施自臺灣撤退。1978年4月卡特總統公開宣佈：美國接受「一個中國」的概念，同中國建立正式外交關係符合美國的最大利益[67]。這樣，自1972年2月28日中美《上海公報》發表以來，經歷整整七個年頭的曲折迂迴，美國最終接受中國提出的建交三原則。中美經過反覆磋商後，達成以下三項協議：

一、美方承認中方關於「只有一個中國、臺灣是中國的一部分」的立場，承認「中華人民共和國是中國的唯一合法政府」，在此範圍內，「美國人民將同臺灣人民保持文化、商務和其他非官方關係」；

二、在中美關係正常化之際，美國政府宣佈立即斷絕同臺灣的

「外交關係」，在1979年4月1日前從臺灣和臺灣海峽完全撤走美國的軍事力量和軍事設施，並通知臺灣當局終止《共同防禦條約》；

三、從1979年1月1日起，中美雙方互相承認並建立外交關係，3月1日起互派大使，建立大使館[68]。

1978年12月16日美國總統卡特和中國總理華國鋒分別在華盛頓、北京同時宣讀《中美建交公報》，宣佈兩國於1979年1月1日正式建交[69]。卡特總統還特別強調「我特別注意確保美國和中華人民共和國之間的關係正常化將不損害臺灣人民的福利。美國人民將透過非政府方式同臺灣保持目前的商業、文化和其他關係」[70]。

1978年12月15日深夜（中美建交公報發表前七小時），美國駐臺「大使」昂格爾奉命向蔣經國緊急通報中美建交及美臺「斷交」事宜[71]，蔣經國當場對美國政府提出「強烈抗議」。昂格爾向蔣經國表達了卡特政府對臺的以下承諾：

（1）美國同臺灣「斷交」後，還將與其保留「實質」與「人民」之間的關係；

（2）雙邊關係將以「非官方」的機構來協調；

（3）除了「美臺共同防禦條約」之外的現有雙邊關係將繼續有效；

（4）美國政府將繼續有選擇地出售「防禦性」武器給臺灣；

（5）美國將派代表團赴臺灣洽商雙邊「新」關係的框架[72]。

16日上午8時國民黨中央委員會召開緊急會議，研究對策；隨後蔣經國發表聲明，對卡特政府進行了強烈譴責：「美國決定與共匪偽政權建立外交關係，不僅損害中華民國及其人民之權益，且將對整個自由世界產生嚴重影響，其因此所引起之一切後果，均應由美國政府負完全責任」[73]。獲悉美臺「斷交」的消息後，臺北等地發生反美遊行。12月18日臺灣駐美大使沈劍虹向美國政府提出抗議。為安撫臺灣當局，16日卡特總統致電蔣經國：「美國在為維持臺灣居民的和平、繁榮和福祉而建立新安排方面將隨時準備進行充分的合作」[74]。12月23日美國國務院向臺灣當局提出五項保證：

（1）美國仍然認為臺灣有「國際人格」身份；

（2）美國沒有承認「中共」對臺灣擁有主權：

（3）美國繼續在臺灣保持外交以外的全面關係，說明對臺灣的「重要承認」；

（4）美國與臺灣關係的基礎，仍是原有的58 項條約（指「美臺共同防禦條約」廢除後，美國與臺灣還剩下條約的數目），美國將就此另行立法；

（5）美國將以新的交流形式來取代原有外交代表機構[75]。

不過，即便美國政府反覆做出以上承諾，但美臺「斷交」給臺灣帶來的衝擊波仍是巨大的，美臺關係一時陷入深淵。為與臺灣當局商確建立今後的美臺關係，1978年12月27日美國副國務卿沃倫·克里斯托夫率領代表團前往臺北，在機場遭到臺灣民眾的強烈抗議[76]。臺灣「外交部常務副部長」錢復在與克里斯托夫的會談中，再次對美國政府的「斷交毀約之舉」表示「遺憾」[77]；克里斯托夫則重申美國不會停止向臺灣出售武器[78]。12月29日蔣經國在會見克里斯托夫時提出建立新臺美關係五原則：

（1）「持續不斷」。蔣經國回顧了雙邊歷史上的「同盟關係」，對美國「斷交」決定提出嚴厲指責，對美國事先沒有與臺方商量的做法表示了極大的憤慨；

（2）「事實基礎」。蔣經國堅持「中華民國的存在一向是個國際的事實」。要求美國尊重其「法律地位及國際人格」。

（3）「安全保障」。蔣經國認為，「美臺共同防禦條約」本為「西太平洋自由國家集體安全連鎖防線的重要環節」。美國「片面終止」條約，將引發該地區的「動盪不安」「甚至戰爭危機」。他敦促美國重申其安全保證；

（4）「妥定法律」。蔣經國稱卡特總統曾表示，在「共同防禦條約」終止後，美國仍將關切該地區的「和平安全與繁榮」，並繼續向臺灣提供「防禦性武器」。美國必須就此提供法律上的保證；

（5）「政府關係」。美國已經聲明，日後仍與臺灣保持文化、經濟、貿易、科技、旅遊等關係。為了便於保持和發展關係，蔣經國認為「在臺北和華盛頓必須互設政府與政府間之代表機構」[79]。

1978年12月29日臺灣駐美「大使」沈劍虹離美回臺；31日美國駐臺「大使館」降旗。美臺官方「外交」關係宣告結束。12月30日卡特總統頒佈一項題為《同臺灣人民的關係》備忘錄（史稱「卡特備忘錄」），宣稱「美國人民今後將同臺灣人民在沒有政府正式代表和沒有外交關係的情況下保持商業、文化和其他關係」。卡特備忘錄共有以下5項內容：

（A）目前有權同臺灣執行或實施計劃、交易或其他關係和有權執行或實施同臺灣有關的計劃、交易或其他關係的部門和機構奉命從1979年1月1日開始，根據這種權力並透過下面（D）段中提到的機構來執行和實施這樣的計劃、交易和關係。

（B）美國和臺灣之間現有的國際協議和安排將繼續有效，從1979年1月1日開始，將由各部門和機構根據它們的條款並透過這一機構加以實施和執行。

（C）為使本備忘錄的一切規定付諸實施，政府各部門和機構在解釋所有美國的法律、規定和命令中提到任何其他國家、政府和類似實體的條款以及應用這些法律、規定和命令時，應把臺灣包括在內。

（D）在執行和實施同臺灣人民的計劃、交易和其他關係時，將由一個法人形式的非官方機構來代表美國人民的利益，這一機構的名稱不久就將公佈。

（E）除了我另作規定的情況以外，上述命令將適用於政府所有部門和機構並由這些部門和機構執行。

我要求國會制定有關美國人民同臺灣人民之間的關係的法律。

本備忘錄將在《聯邦政府紀事》中發表[80]。

雖然「卡特備忘錄」對蔣經國所提出的「五項原則」中關於美國必須與其保持「政府間關係」的要求予以了回絕，但是「卡特此時在對臺灣政策的設計方案中，已經開始出現從中美建交協議精神倒退的某種跡象」[81]。

1979年1月美臺在華盛頓舉行會談，就今後美臺關係等事宜進行協商，臺灣當局「外交部副部長」楊西崑堅持今後的美臺關係必須是「官方」性質，但美方則堅持主張雙邊關係的「非官方」性質。1月10日美國通報臺灣當局，美國未來在臺灣的非官方機構是「美國在臺協會」，總部將設在華盛頓。1月16日美國國務院發言人約翰·沙利文宣佈「美國在臺協會」正式成立，他宣稱：「這是從同臺灣的正式關係走向非正式關係過程的下一個步驟」[82]。

從美國的國家利益出發，卡特政府雖實現了中美建交與美臺「斷交」，但並不等同於美國要徹底改變它以往干涉臺海問題的立場，卡特亦並非完全遵守其對中國的承諾，其最具表示意義的就是《與臺灣關係法》的出臺。從美國國內政治的生態來看，這項法案是美國國會親臺勢力企圖制約卡特政府對華政策的產物。卡特與臺灣斷交時，宣佈廢除美臺《共同防禦條約》及其他軍事性協議，對此美國國會要求總統提出保證臺灣安全的法案。1月26日卡特政府向國會提交《與臺灣關係法》草案；3月28日和29日參眾兩院分別以壓倒性票數透過了包含有「保證臺灣安全」條款的《與臺灣關係法》，並於4月10日經由卡特總統簽字生效。至此《與臺灣關係法》成為美臺關係發展的新基礎。《與臺灣關係法》公然聲稱：「美國決定與中華人民共和國建立外交關係，是基於臺灣的前途將透過和平方式覺得這樣的期望」；「認為以非和平方式包括抵制或禁運來決定臺灣前途的任何努力，是對太平洋地區的和平與安全的威脅，並為美國嚴重關切之事」；「美國將向臺灣提供使其能保持足夠自衛能力所需數量的防禦物資和防禦服務」，等等。這些條款嚴重違反了《中美建交公報》和國際法原則，連美國人也承認，「甚至比共同防禦條約更為有力」[83]。也就是說，實際上是美國宣佈將終止美臺《共同防禦條約》之後，緊接著又用變相的方式恢復了那個「條約」[84]。

從《與臺灣關係法》的內容以及後來美臺關係演變的情況看，美國政府企圖在該法案的基礎上，繼續保持和發展與臺灣的「實質性關係」。所謂美臺「實質性關係」，首先以關心「臺灣的前途將透過和平方式解決」為理由，繼續為臺灣提供某種程度的安全保障，當時的主要方式是繼續向臺灣出售武器。其次是建立起與臺灣的特殊的關係，即在「非官方」的框架內，保持雙方的各種聯繫[85]。其實，當時的美國副國務卿亦承認，《與臺灣關係法》實質上是要繼續把臺灣當作「國家」，把臺灣當局當作一個「國家」的「政府」，力圖使美臺關係帶有官方性質[86]。是要「保證美國同臺灣的關係在實質上沒有發生變化的情況下繼續保持下去」[87]。

美國將國內法性質的《與臺灣關係法》凌駕於中美《上海公報》與《中美建交公報》之上，其實質是為美國繼續介入臺灣問題、干涉中國內政提供法律上的保障。這一做法當即就遭到中國政府強烈反對。3月16日中國外交部長黃華約見美國駐華大使伍德科克表明中國政府的態度，黃華指出：《與臺灣關係法》「實質上是企圖在某種程度上保持美蔣『共同防禦條約』，繼續干涉中國內政，使美臺未來關係具有官方性質。對此，中國政府當然不能同意」[88]。4月19日鄧小平在會見美國參議院外委會訪華團時指出：「中美兩國關係正常化的政治基礎就是只有一個中國，現在這個基礎受到了干擾；中國對美國國會透過的《與臺灣關係法》是不滿意的，這個法案最本質的一個問題，就是實際上不承認只有一個中國；卡特總統表示他在執行這個法案時要遵守中美建交協議，中國正在看美國以後所採取的行動」[89]。4月28日中國外交部照會美國政府，指出《臺灣關係法》的許多條款都違反了中美建交協議，給兩國關係造成了損害。中國政府決不同意美國繼續向臺灣出售武器，中國反對「兩個中國」、「一中一臺」的立場是堅定不移的[90]。

4月10日卡特簽署《臺灣關係法》後發表聲明稱：「我今天簽署眾議院決議第二四七九號，即臺灣關係法，使之成為法律……授權美國在臺協會——按照哥倫比亞特區法律注冊的一個非政府團體——處理這些關係。同樣，臺灣人民將透過一個非政府組織——北美事務協調委員會——處理關係」[91]。按照《臺灣關係法》的規定，「美國在臺協會」，「具有美國政府官方機構的一切屬性」[92]。《臺灣關係法》在某種程度上是美臺《共同防禦條約》的延續[93]。

臺灣當局最初欲設立「準官方」性質的「北美事務協調辦事

處」，但卡特政府不予準可。而且美國還對臺灣當局發出最後通牒式的做法，威脅說如果在2月10日前達不成協議，美國將考慮完全終止關係。最後臺灣當局被迫讓步，同意設立「北美事務協調委員會」[94]。實際上，美國執行的仍是與臺灣保持「準官方」關係的策略安排。1980年10月美臺簽訂《北美事務協調委員會及美國在臺協會特權及豁免權協定》，規定臺灣駐美人員享有免稅、免予起訴和搜查等外交特權，使臺灣駐美機構具有官方的地位[95]。1979年2月15日美臺互設代表處，蔣經國發表談話稱：「......由於現實的需要，不得不堅忍勇毅，來處理當前變局」[96]。

美臺「斷交」促使雙邊關係發生了結構性的調整，表面上看，冷戰時期形成的美臺同盟關係降至較低級層次，實際上，「斷交」後美臺關係不僅與之前並未有大的差異，反而在一些實質性問題上有了更密切的聯繫。對於「斷交」後的美臺關係性質，迄今有「半（準）官方」、「半（準）同盟」及「隱性同盟」等多種說法。筆者以為孫德剛的「準聯盟」定義比較合理、準確，所謂的「準聯盟」關係即「兩個或兩個以上的國際實體在非正式安全合作方面而非軍事聯盟之上形成的持久性或臨時性安全管理模式」[97]。孫德剛認為美臺互設代表處是美臺「斷交」後美國政府對美臺政治關係所作的第一步安排，它使美臺安全合作關係由公開逐漸走向秘密，由聯盟關係轉變為「準聯盟」關係[98]。而且是一種心照不宣的「準聯盟」關係[99]。但美臺「準聯盟」實際上是美國意志的反映，而不是臺灣當局意志的反映......具有很強的隱蔽性和模糊性[100]。這一界定具有一定的客觀性，足可說明「斷交」後美臺關係務實發展的實況。另外，中國學者王衛星、信強等人把斷交後的美臺軍事關係定義為「準軍事同盟」[101]。

本書認同上述對於美臺關係「準聯盟」的界定，同時強調，「準聯盟」關係模式並不意味著雙邊關係密切程度的低下。「準聯盟」現像是國際安全合作中的一種新模式，20世紀70年代末美臺「準聯盟」關係的建立對於美日臺關係的持續運行、對於東亞地區安全環境等有著重要的戰略意義。美臺「準聯盟」關係之所以形成，主要是得益於美臺雙方戰略利益的契合，也是美國東亞戰略延續發展的表現形式。從實際歷程看，1979年之後美臺政治、經濟關係以及軍事合作等並不亞於以前的程度，臺灣與日本仍然是美國在東亞地區最可靠的戰略合作夥伴。而且，戰後美國與其盟國採取此類合作形式亦並非罕見，如美國與以色列亦屬於「準聯盟」的戰略夥伴關係[102]。這樣，美日臺關係中一度「受損」的美臺關係一邊得到「強力修補」，臺灣繼續成為支撐美日臺關係的戰略基點。

第三節日本對臺政策（1970年代中期—1980年代中期）

進入1970年代中期，日本對臺政策相對平緩，這一期間，日本歷經了福田赳夫內閣（1976年12月24日—1978年12月12月7日）、大平正芳內閣（1978年12月7日—1980年7月17日）、鈴木善幸內閣（1980年7月17日—1982年11月26日）、中曾根康弘內閣（1982年11月27日—1987年11月5日）等自民黨政權。

1976年12月福田赳夫當選日本首相，他起用務實的園田直擔任外相，同時積極推行與所有國家友好相處的「全方位外交」。為緩和東南亞的反日氣氛，1977年8月福田首相提出以「堅持和平、心心相印、平等合作」為原則的「福田主義」[103]。福田赳夫內閣時期，在維持日臺既有關係的同時，促進中日關係的實質性進展。1978年3月16日兩國簽訂中日長期民間貿易協定。此時，美國在中日關係接近的過程中予以推動的態勢，在5月福田首相訪美期間，卡特總統表示支持中日合約的早日簽訂；8月12日《中日和平友好條約》在北京正式簽訂；同年10月22日至29日鄧小平副總理為參加《中日和平友好條約》批準書互換儀式訪問日本，這是中國領導人戰後第一次踏上日本的國土。日本天皇與鄧小平在皇宮進行歷史性會晤，「意味著中日關係新時代的開始」[104]。在日期間，鄧小平就釣魚島等問題闡述了中國的原則立場，提出「擱置爭議、共同開發」的主張[105]。

在中日關係穩步發展的過程中，福田內閣對臺灣駐日機構的多次外交試探予以拒絕，使日臺政治關係一度處於微妙的地步[106]。不過，日臺經濟聯繫還是得以平穩發展。如福田內閣推動日本與臺灣之間的海底電纜建設。1977年7月日臺秘密商定，由日本國營的國際電報電話公司（KDD）出資設立「日本亞洲海纜公司」，與臺灣公營的「國際電信開發公司」合資建設一條由臺灣宜蘭頭城至琉球島間的「臺琉同軸海底電纜系統」。這條海底電纜的建成，對加強日臺雙邊關係的意義極為重大。

總體看來，福田赳夫內閣時期的日臺關係較為低穩，但這主要由於國際局勢所致，並非福田首相刻意對臺灣採取「冷淡」的政策。福田赳夫本是日本右翼親臺派的重量級人物，但他及他代表的勢力集團更重視日本的國家利益。在美國戰略的督促下，福田赳夫內閣實行了積極的對華政策，其目的就是使中國與美日接近，共同抵制蘇聯的擴張。同時更為日本經濟發展所著想，欲借中國剛剛實行改革開放，搶先佔領中國市場，實現其經濟利益最大化的戰略目標。

福田內閣時期正值臺灣工業升級時期，日本與臺灣的政治經濟關係基本保持平穩狀態，這與當時的政治、經濟大背景是分不開的。這一期間，在抗衡蘇聯的大戰略框架下，中美關係、中日政治、經濟關係發展穩定。由此，臺灣與外部的聯繫，特別是與日本的關係雖有緩慢之「改善」，但勢頭並不顯著。而此期間，日本經濟基本上處於穩定有升的狀況，國民生產總值連續保持增長勢頭。至1978年12月大平正芳內閣成立時，日本經濟連續三年經濟增長率維持在5%以上。從1978年末開始，日本經濟又出現設備投資高潮和以電子工業為先導的新技術革命。大平內閣的對臺政策基本維持1972年中日建交的政治原則，允許日本商界與臺灣商界進行經濟來往，但嚴格限制與臺灣方面的「政府間交往」。

1972年2月蔣介石再次當選「中華民國總統」，嚴家淦則連任「副總統」；同年6月1日蔣經國就任臺灣「行政院長」；1975年4月5日蔣介石病逝臺北市郊陽明山別墅；4月6日國民黨中常會根據「憲法」第19條作出決議，由「副總統」嚴家淦繼任「總統」；1978年3月21日臺灣「國大一屆六次會議」選舉蔣經國為「總統」，謝東閔為「副總統」；5月20日蔣經國正式就任「總統」一職，臺灣社會從此正式進入蔣經國主政時代。

蔣經國剛剛當上臺灣地區最高領導人，就碰上中美建交的「強烈風暴」。為安撫蔣經國剛剛執掌的臺灣當局，日本自民黨親臺右翼政治家金丸信和灘尾弘吉率領日本國會議員代表團於1979年1月15日赴臺訪問。期間，與蔣經國多次商談，就當前日臺關係及亞洲安全問題等交換意見。美國也於同月16日宣佈設立「在臺協會」，負責處理美臺間文化、貿易及其他非官方事務。1979年7月9日日本琉球與臺灣宜蘭之間的海底電纜開始啟用。1979年11月20日臺灣與日本、韓國在臺北舉行「東北亞地區戰略情勢研討會」，就東亞地區安全、經濟等進行研討，這是戰後首次在臺灣舉辦的臺日韓三方安全會議。

1980年6月12日大平正芳因心肌梗塞逝世，他是日本戰後第一個在任期間逝世的日本首相。隨即成立的鈴木善幸內閣（1980年7月—1982年10月）宣稱「要在外交方面執行大平內閣的政策，保持和提高已故大平首相建立起來的國際信譽」[107]。具體就是主張繼續鞏固日美關係為「基軸外交」，並同時增進與中國、東盟、中東各國的關係；內政方面提出要「整肅綱紀、重建財政、改革行政」，。鈴木內閣期間，日臺關係雖然表面上維持低穩現狀，但隨著日臺經濟關係的進一步密切，政治關係也「悄然」地改善著。鈴木內閣時期的美日關係則得到較切實地「促進」，1981年5月鈴木首相與雷根總統會談，雙方在會後發表的「聯合公報」中，首次確認美日兩國關係是「同盟」關係[108]。

大平內閣與鈴木內閣期間，將發展經濟作為首要目標，非常重視發展與東盟的政經關係，從1978年至1980年連續四次召開日本—東盟外長會議或其他會議，討論日本與東盟地區的經貿合作、特惠關稅以及當前國際局勢等。在1980年和1981年，鈴木首相還兩次出訪東南亞各國，反覆強調日本在該地區的「政治作用」。鈴木內閣期間，日本向東盟各國提供了15億美元貸款。日本政府如此重視與東南亞尤其是東盟各國的關係，　方面是因為這些地區是日本的原材料市場、重要投資市場和商品推銷市場。就資源市場而言，1976年日本所需的98%的天然橡膠、96%的錫和錫合金、37%的銅礦石、32%的木材、24%的鎳礦石和14%的石油來自東盟各國。另一方面，從政治和「防衛」角度看，這一地區及其周圍海域是日本海上交通的重要通道。為確保美國撤走後空出的政治地盤，防止蘇聯勢力南下，日本必須控制東南亞地區及其海域，以確保海上運輸線的暢通無阻[109]。日本由海外輸入戰略資源必須經過臺灣海峽或臺灣東側的巴士海峽，因而，日本極為重視臺灣的重要地緣位置。80年代以後日本對外經濟活動的重心放在對外直接投資上面，以東盟為中心的亞洲地區是日本直接投資的重點之一。1986年日本產銷量最大的100家國外製造業生產據點中，就有37家在亞洲。1985年以後日本取代美國成為世界最大債權國，在雄厚的經濟基礎上，日本提出建立其主導之「東亞經濟圈」的設想。即以日本為「領頭雁」，「亞洲四小龍」（韓國、臺灣、新加坡、香港）隨後，東盟五國緊隨的「一、四、五雁行發展模式」的經濟圈。在此大背景之下，日臺政治、經濟關係趨於密切。

蔣經國時代的日臺關係「持續升溫」；1981年3月15日臺灣省主席林洋港訪問日本。1982年日臺關係則是明顯「上升」的一年。1月19日在臺北召開第一屆日臺科學技術會議。在日本政府的支持下，日本企業開始向臺灣進行新的大規模投資。為調解嚴重的日臺貿易摩擦，並促進日臺關係的平穩發展，1982年7月日本自民黨國際經濟對策特別調查會會長江崎真澄率領大型代表團訪問臺灣。在臺期間，與蔣經國等臺灣政要舉行會談，在同臺灣當局達成的協議中使用「日臺兩國」的語句。日本《產經新聞》還大肆宣揚「修復日臺關係」的論調。對此，1982年8月6日的《人民日報》發表評論員文章指出，所謂「修復日臺關係」，就是「要改變日本和臺灣省之間只能有民間往來關係的現狀，就是要恢復中日邦交正常化以前日本與臺灣的官方關係」。同年12月2日，日臺共同在日本東京舉行的第十屆東亞經濟人會議。會議期間，臺灣代表團團長辜振甫曾詳細談到臺日「在經濟發展的過程中，產生非常密切而不尋常的關係」，臺日間的經濟貿易關係「具有在一般的雙邊經濟貿易關係中所罕見的特色」。他說：「一般地說，臺灣的經濟發展正好銜接日本經濟成長的後一階段，因而臺灣設法引進日本的生產技術及生產設備者固多，而日本也獲得了一個資本與商品輸出的良好市場」[110]。

1982年11月26日中曾根康弘內閣成立，日本進入戰後政治的重大轉折時期，其重要表示是中曾根提出「戰後政治總決算」的口號和日本要成為「政治大國」的國家發展目標。中曾根不僅突破「防衛費」不得超過國民生產總值1%的限制，他還在美國公然提出「不沉的航空母艦論」；1984年6月中曾根康弘更明確提出日美歐三極主導世界的政策主張[111]。1985年8月15日中曾根康弘首次在戰後以內閣總理大臣身份參拜靖國神社，引發中日關係的強烈

「震撼」。而與此同時，在日本親臺右翼勢力的鼓動下，日臺政治關係顯著升溫，日臺間「水面下」湧動的暗潮逐漸高揚。

1983年4月26日日本自民黨「日華（臺）關係議員懇談會」會長灘尾弘吉訪問臺灣，與蔣經國商談改善日臺關係。9月12日蔣經國與「行政院長」孫運璇先後接見日本輸入促進團團長安西浩，就盡快改變日臺間「巨額貿易逆差」等問題交換意見。1986年9月4日日本前首相岸信介、眾議院議長灘尾弘吉等親臺政治家，在東京王子飯店舉行「蔣介石遺德顯彰會」，會場上日本國旗與「中華民國國旗」並列懸掛[112]。9月20日在日本政界親臺勢力組織的一次集會上，有人公開要求恢復與臺灣的「外交關係」，甚至要求日本政府仿效美國，制訂日本版的《臺灣關係法》，實現與臺灣的關係正常化[113]。

在竹下登內閣、海部俊樹內閣、宮澤喜一內閣的五年多期間（1987年11月—1993年7月），日本經濟持續增長，截至1987年4月底，日本外匯儲備已超過西德，躍居世界首位。其排列順序是：日本、西德、美國、法國、義大利（尚未加入國際貨幣基金組織的臺灣，位於西德和日本之間）[114]。日本大藏省同年5月1日公佈的外匯儲備數字是680.2億美元，再創歷史最高紀錄。在經常項目收支盈餘（1986年為858.45億美元）和對外純資產（1986年底為1803.5億美元）均已達到世界第一的形勢下，外匯儲備又居世界之首。1989年外匯儲備為644.37億美元（比上年度減少16.9%，即減少131.29億美元），加上黃金儲備共計770.53億美元。1991年5月底，日本大藏省發表統計數字表明。日本的外匯儲備達到681.6億美元。1989年日本一國的國民生產總值已等於西歐三國（德、英、法）之和，相當於美國的60%，但日本公司企業的國內投資總額已經超過美國（截止1989年3月31日的12個月內），日本為5214億美元，美國為4948億美元[115]。1990年世界十大銀行中日本佔了七家[116]，日本的金融實力居世界首位。在日本經濟高速發展期間，日本對臺投資增速明顯，但鮮有技術含量高的投資項目。

1984年3月12日日野汽車株式會社與三井物產株式會社正式向臺灣當局「經濟部」提出「重車投資計劃書」，決定股本總投資額為1350萬美元，佔企業總投資額的45%，並在當年內達到生產重車2050 輛的生產規模；1985年12月20日日本豐田汽車株式會社正式向臺灣當局提出投資金額為14億新臺幣的投資計劃，其中投資國瑞汽車公司4.4元生產轎車及商用小卡車，並投資新創事業豐正股份有限公司9.6億元，生產汽車沖壓零件。正因為臺灣經濟靠拾取日本在經濟結構調整中相對淘汰的產業部門而發展，日本對臺灣輸出資本的同時，也大量向臺灣輸出這些部門的生產技術[117]。從1965年到1989年日本對臺投資額達到28.48億美元，平均每年達1.14億美元。說明日本利用投資的方式把控制臺灣經濟從流通領域的進出口貿易發展到生產領域，使臺灣成為日本的「技術殖民地」[118]。

1988年1月13日蔣經國因病逝世；李登輝繼任第七任「中華民國總統」。李登輝時期日臺雙邊互動頻繁，關係日趨密切化。1988年7月18日日臺經濟合作會議在臺北召開，臺灣方面建議日本方面協助臺灣電子零部件等工業產品輸日，以平衡日益嚴重的日臺貿易逆差；同年12月13日至14日日臺「東亞經濟人會議」在臺北舉行，會後發表共同聲明，表示雙方將努力進行經濟合作的結構調整；1989年2月20「日臺核能安全設施合作備忘錄」在臺北簽訂（效期三年）。備忘錄規定日臺雙方將就核能設施安全訊息交流、核子事故通報及核子事故的援助進行合作。1989年6月27日李登輝接見赴臺參加第一屆「亞洲展望研討會」的日方代表。8月23日至24日臺灣首次舉辦「臺日光電材料研討會」，當時臺灣光電材料科技發展迅速，繼美、日、荷之後，成為世界第四個製造光學讀取頭的主要地區，年產量達60 萬個，1987年光電科技出口產品價值達150億新臺幣，1988年更達190億元。日臺政治關係方面，1989年9月29日時任臺灣「國安會」秘書長蔣緯國赴日參加「東亞與太平洋安全會議」，在日期間，蔣緯國先後會見金丸信等親臺政治家[119]。

注　釋

[1].1972年10月3日大平外相在向美國駐日大使英格紹爾通報時稱：「日本認為，與中華人民共和國正常化的目標是把外交關係從臺灣轉向北京，希望在不損害與北京新關係的情況下，和臺灣保持儘可能密切的關係」。見美國國家安全解密資料庫（DNSA），「日本和美國：外交、安全和經濟關係（1960—1976）」，編號01648，定級「秘密」，《外相大平之中日關係正常化會談的通報》，1972年10月3日。引自劉宏：《中日建交再研究》，復旦大學出版社2011年版，第151頁。

[2].［日］毛裡和子：《中日關係》（徐顯芬譯），社科文獻出版社2009年版，第69頁。

[3].王俊彥：《戰後臺日關係秘史》，福建人民出版社2000年版，第141頁。

[4].田中首相訪問北京之前，以日本國家利益最大化為口實，最終取得前首相佐滕榮作等親臺勢力人物的理解，不再阻撓其推進中日邦交正常化的決斷。見《田中角榮秘書早坂茂三訪談》（《光明日報》1999年9月29日）；［日］石井明：《紀錄と考證：日中國交正常化と日中和平友好條約締結交涉》，《田中角榮首相·周恩來總理會談》，岩波書店2003年版，第52—53頁。

[5].田桓：《戰後中日關係文獻集》，中國社會科學出版社1997年版，第113頁。

[6].DNSA（美國國家安全解密資料庫），《日本和美國：外交、安全和經濟關係（1960—1976）》，編號01646，定級「秘密」，《日本政府-中華人民共和國關係正常化》，1972年9月29日。引自劉宏：《中日建交再研究》，第146頁。

[7].霞山會編印：《日中關係基本資料集（1945—1997年）》，第434-435頁。

[8].《中日條約集》，外文出版社1983年版，第2頁。

[9].田桓：《戰後中日關係文獻集（1945—1970）》，第2-3頁。

[10].蔣立峰等：《中日關係三論》，第84頁。

[11].孫立祥：《中日邦交正常化研究》，吉林人民出版社，第183—184頁。

[12].［日］永野信利：《日中建交談判記實》（顧汝鈺譯），時事出版社1989年版，第59—60頁。

[13].臺灣當局最初反對椎名特使團訪臺，後經大平外相與張群的直接斡旋，始得成行。見臺灣日本研究學會編：《臺灣與日本歷史文化座談會：臺日「斷交」三十年回顧與展望座談會記錄》，2003年，第46—47頁。

[14].［日］田村重信など：《日華斷交と日中關係正常化》，第55頁。

[15].事實證明，日本政府對日臺「斷交」採取了「兩手準

備」。在椎名訪臺期間，日本駐臺「大使」宇山厚曾致電大平外相，稱「原有關係的表述非常含糊，裡面有不少文章，包括外交在內」。見［日］永野信利：《日中建交談判記實》，第34—35頁。

[16].陪同椎名赴臺的日本外務省亞洲局事務次官中江要介回憶稱：他根據椎名與蔣經國會談做成的談話記錄，30年來幾乎無人問津。見臺灣日本研究學會編：《臺灣與日本歷史文化座談會：臺日「斷交」30年回顧與展望座談會議記錄》，第59頁。

[17].對於臺灣的地位問題，日本外務省堅持認為，美國在《上海公報》中使用的是「認知」（ac-knowledge）而不是「承認」或「接受」中國的立場，日本不能超越美國。最後在日方提案之「充分理解並尊重」之外另加上堅持《波茨坦公告》第八條的立場。見［日］栗山尚一：《日中國交正常化》《早稻田法學》卷4（4），1999年，第47—49頁。日本外務省還擔憂：如果接受中方主張，未來正常化後日本必須得到中國同意才能繼續維持與臺灣地區的經濟和貿易等實務關係。見［日］永野信利：《日中建交談判記實》，第9頁。

[18].《朝日新聞》1972年10月1日。

[19].林金莖：《戰後の日華關係と國際法》，有斐閣1987年版第104頁。林的這一說法尚未得到確實史料的印證。

[20].美國國家安全解密資料庫（DNSA），《日本和美國：外交、安全和經濟關係（1960—1976）》，編號01646，定級「秘密」，《日本政府-中華人民共和國關係正常化》，1972年9月29日。引自劉宏：《中日建交再研究》，第144頁。

[21].美國國家安全解密資料庫（DNSA），《日本和美國：外交、安全和經濟關係（1960—1976）》，編號01648，定級「秘密」，《外相大平之對中日正常化會談的通報》，1972年10月3日。引自劉宏：《中日建交再研究》，第149頁。

[22].劉建平：《中日「人民外交」的挫折——過程研究與結構分析》，《開放時代》2009年第2期。

[23].劉建平：《日本人民的「秘密外交」譜系》，《財經》2013年第7期。

[24].黃自進、簡佳慧：《林金莖先生訪問記錄》，第85頁。

[25].［日］若林正丈等：《臺灣百科》，日本一橋出版社1996年版，第150頁。

[26].［日］本沢二郎：《日本政界的「臺灣幫」》（吳寄南譯），上海譯文出版社2000年版，第93頁。

[27].1972年10月3日大平外相在向美國駐日大使英格紹爾通報時稱：「如果臺灣當局同意，日本政府希望像以前一樣繼續與臺灣通航」。見美國國家安全解密資料庫（DNSA），《日本和美國：外交、安全和經濟關係（1960—1976）》，編號01648，定級「秘密」，《外相大平之對中日正常化會談的通報》，1972年10月3日。引自劉宏：《中日建交再研究》，第151頁。

[28].1975年7月在日本親臺勢力的壓力下，三木內閣決定以設立日航子公司-亞洲航空的民間方式恢復日臺航線。參見田桓：《戰後中日關係史1945—1995》，第306頁。

[29].林金莖：《戰後中日關係之實證研究》，第351頁。

[30].據美國解密外交文獻分析：臺灣對日本的需求遠大於日本對臺灣的需求。任何限制日本在臺經濟活動的舉措都將削弱臺灣的經濟。此外，由於臺灣本地人與日本人的關係要遠大於大陸人與臺灣人的關係，任何中斷與日經濟關係的行為都將導致舉足輕重的臺灣商人與國民黨政權分道揚鑣。見《美國駐臺大使馬衛康致國務院電報——「日本在臺灣的影響上升」》（1969年6月4日），RG59，BOX1986，POLAFF＆PEL，General Records of the Department of State，美國第二國家檔案館。引自張曙光、周建明編譯：《中美解凍與臺灣問題——尼克森外交文獻選編》，香港中文大學出版社2008年版，第38頁。

[31].1955年日本自民黨總務會長石井光次郎訪臺期間，與臺灣當局達成協議，於1957年3月11日設立「日華（臺）協力委員會」（日臺合作促進委員會）。臺方的事務局是臺灣「中日文化經濟協會」；日方的事務局是「國策研究會」。1957年4月2日至5日「日華（臺）協力委員會」首次會議在東京召開。日方主席委員為日本商工會議所會頭足立正，臺方主席委員為谷正綱。該委員會下設政治、經濟、文化三個小委員會。御手洗辰雄（政治評論家）、崛越楨三（日本經團連常任理事）和矢部貞治（日本拓殖大學校長）分別就任三個小委員會的委員長。第7次「日華（臺）協力委員會」會議之後，「小委員會」改稱「部會」，「日華（臺）協力委員會」原則上每年在日態輪流舉辦兩次。但實際上除了1957年和1959年每年例行兩次會議外，其餘年度基本上只做到每年舉辦一次。引自日本經濟團體聯合會編：《第1—9 次東亞經濟人會議要錄》，第1頁。

[32].在1965年在東京舉辦的第10次「日華（臺）協力委員

會」會議上，日本提出在經濟部會下設立貿易協議會的建議，臺灣予以贊同。遂設立旨在促進日臺貿易的日臺貿易委員會（臺方稱「中日貿易協議會」）。1967年10月第一次「日臺貿易委員會」會議在東京召開。日方委員長為崛越楨三（日本經團連常任理事），臺方委員長為辜振甫（臺灣工商協進會理事長）。會議主要針對日臺貿易不均衡的改善、貿易手續的改善及其臺灣農產品和農產加工品的對日輸出等進行研討。同委員會還決定每年輪流在日臺兩地召開會議，開會時間在「日華（臺）協力委員會」舉行之前，決議事項向「日華（臺）協力委員會經濟部會」進行報告。引自龔騫：《戰後日本與臺灣的關係研究》，北京大學歷史系博士論文2004年，第73頁。

[33].1972年9月日臺斷交，「日華（臺）協力委員會」和日臺貿易委員會不得不中止。「日華（臺）協力委員會」第16次會議於1971年10月7日至8日在臺北；日臺貿易委員會第5次會議於1971年10月6日在臺北畫上中止符。引自龔騫：《戰後日本與臺灣的關係研究》，北京大學歷史系博士論文2004年，第74頁。

[34].板垣修是日本甲級戰犯板垣征四郎的長子。板垣征四郎是「九一八事變」的主要策劃者，歷任關東軍參謀長、陸軍大臣、中國派遣軍總參謀長等，戰後被定為甲級戰犯，1948年11月12日被判處絞刑。

[35].王俊彥：《戰後臺日關係秘史》，第164頁。

[36].戴國煇：《臺灣》，弘文堂1993年版，第322頁。

[37].《日本工業新聞》1993年10月8日。

[38].聯合國貿易和發展會議（United Nations Conferenceon

Trade and Development—UNCTAD）是聯合國處理有關貿易和發展問題的常設機構，簡稱「貿發會議」，是由發展中國家倡議並根據第十九屆聯大1995號決議於1964年成立的。

[39].林連德：《當代中日貿易關係史》，中國對外經濟貿易出版社1990年版，第124頁。

[40].姚建平：《鄧小平思想年譜（1975—1997）》（中央文獻出版社1998年版，第91頁）；《黨的文獻》1992年第1期。

[41].吳寄南：《冷戰後日臺關係·序文》，第2頁

[42].DNSA（美國國家安全解密資料庫），《日本和美國：外交、安全和經濟關係（1960—1976）》，編號01648，定級「秘密」，《外相大平之對中日正常化會談的通報》，1972年10月3日。引自劉宏：《中日建交再研究》，第151頁。

[43].李非：《臺灣經濟通論》，九州出版社2004年版，第358頁。

[44].張貽達：《戰後臺灣的對外貿易》，鷺江出版社1987年版，第111頁。

[45].胡石清：《簡述二戰以來臺日經濟關係及其發展趨勢》，《臺灣研究》2004年第4期。

[46].《臺灣經濟研究月刊》第5卷第12期，1982年12月。

[47].林長華：《戰後美臺經濟關係概論》，九州出版社2001年版，第66頁。

[48].蔡宏明：《臺日貿易逆差的本質與因應之道》，《今日經濟》1994年2月號。

[49].日本學者大橋英夫認為：臺灣不具有完整配套的產業結構，產業結構升級中的新產業領域高度依賴於對外依存。臺灣的產業升級導致了日臺貿易的不均衡這一重大問題，進入1990年代以後，不斷擴大的貿易不均衡成為了日臺經濟關係中的最大問題。臺灣的面向工業化乃是由從日本進口生產設備、中間材料與部件、零件在臺灣進行加工、裝配之後出口到美國市場這樣的一種「三角貿易」模式來加以實現的。因此，臺灣的出口貿易額的增大便誘發了來自日本的進口貿易，巨額的對美貿易收支順差同時也給臺灣帶來了巨額的對日貿易收支逆差。見［日］大橋英夫：《臺灣的產業升級與日臺經濟關係》，《臺灣研究集刊》，1993年第4期。

[50].張貽達：《戰後臺灣的對外貿易》，第112頁。

[51].臺灣經濟日報社編印：《臺灣經濟年鑑（1983年）》，1987年，第39頁。

[52].金泓汎等：《臺灣經濟概論》，時事出版社1986年版，第344頁。

[53].吳寄南：《日臺關係的現狀和發展趨勢》，《臺灣研究集刊》，1992年第1期。

[54].臺灣「財政部關稅總局」統計室編印：《臺灣地區進出口貿易統計月報》，各年版。

[55].1992年在臺灣的貿易中日本所佔比重為出口11%，僅次於美國的29%、香港的19%，位居第三位；進口則為30%，佔最大之佔有率。根據日本方面的通關統計，1992年在日本的貿易中，臺灣所佔的佔有率出口為6.2%，居第三位，進口為4.1%，居第八位。兩者都具有相當大的份量。引自羅吉煊：《臺日經濟關

係》，《彰銀資料》第43卷第4期。1994年4月。

[56].金泓汛等：《臺灣經濟概論》，第344頁。

[57].《南華早報》1984年9月24日。

[58].金泓汛等：《臺灣經濟概論》，第344頁。

[59].金泓汛等：《臺灣經濟概論》，第340頁。

[60].段承璞：《戰後臺灣經濟》，中國社會科學出版社1989年版，第291—292頁。

[61].吳寄南：《日臺關係的現狀和發展趨勢》。

[62].林長華：《論戰後的日臺投資關係》。

[63].楊生茂主編：《美國外交政策史（1775—1989）》，第549頁。

[64].沈劍虹：《使美八年紀要——沈劍虹回憶錄》，世界知識出版社1983年版，第159—160頁。

[65].熊志勇：《中國與美國——邁向新世紀的回顧》，河南人民出版社1995年版，第267頁。

[66].蘇格：《美國對華政策與臺灣問題》，403頁。

[67].孟紅：《解密中美建交談判：臺灣問題如何達成共識》，中國共產黨新聞網：http：//dangshi.people.com.cn/2012年2月24日。

[68].熊志勇：《中國與美國——邁向新世紀的回顧》，第271頁。

[69].陶文釗主編：《中美關係史》下卷（1972—2000），上

海人民出版社2004年版，第59頁。

[70].美聯社華盛頓1978年12月15日。引自劉連第：《中美關係重要文獻資料選編》，時事出版社1996年版，第201頁。

[71].美國國務院電令昂格爾，指示其在此日雙方宣佈中美建交公報前兩小時將消息通告臺灣當局。昂格爾認為此舉「太過分」，堅持要提前通報。國務院勉強同意提前通報，但要附加一個條件：要蔣經國保密：在建交公報正式發佈前，不能把消息走漏出去。見沈劍虹：《使美八年紀要》，第187—188頁。

[72].陳志奇：《美國對華政策三十年》，臺灣中央日報社1981年版，第403頁。

[73].沈劍虹：《使美八年紀要》，第188-189頁。

[74].梅孜：《中美關係重要資料選編：1948.11—1996.4》，第140頁

[75].資中筠：《戰後美國外交史》，第817頁。

[76].［美］約翰·H·霍爾德里奇：《1945年以來美中外交關係正常化》，上海譯文出版社1997年版，第236頁。

[77].沈劍虹：《使美八年紀要》，第199頁。

[78].［美］約翰·H·霍爾德里奇：《1945年以來美中外交關係正常化》，第237頁。

[79].沈劍虹：《使美八年紀要》，第315—316頁。

[80].美國國際交流署華盛頓（1979年1月3日電）；《總統文件每週彙編》第15卷第1（1979年1月8日）。引自劉連第：《中美關係重要文獻資料選編》，第202頁。

[81].蘇格：《美國對華政策與臺灣問題》，第454頁。

[82].梅孜主編：《美臺關係重要資料選編》，第153頁。

[83].美國《外交政策》季刊，1979年秋季號，第134 頁。引自資中筠、何迪：《美臺關係四十年（1949—1989）》，第197頁。

[84].莊去病等：《評美國的〈臺灣關係法〉》，資中筠、何迪：《美臺關係四十年（1949—1989）》，第198頁。

[85].蘇格：《美國對華政策與臺灣問題》，第474—482頁。

[86].《美國參議院外交委員會關於「臺灣關係法」的聽證會記錄》，第53 頁。引自資中筠、何迪：《美臺關係四十年（1949—1989）》，第199頁。

[87].美國《國會記錄》1979年3月8日，H1176頁。美國《國會季刊每週報告》，1979年3月10日，第403頁。引自資中筠、何迪：《美臺關係四十年（1949—1989）》，第199頁。

[88].《人民日報》1979年3月24日；謝益顯主編：《當代中國外交史（1949—2009）》，第246頁。

[89].田增佩：《改革開放以來的中國外交》，世界知識出版社1993年版，第386頁。

[90].劉連第、汪大為：《中美關係的軌跡——建交以來大事縱覽》，時事出版社1995年版，第9頁。

[91].《總統文件每週彙編》第15卷第15冊（1979年4月16日）。引自劉連第：《中美關係重要文獻資料選編》，第209—210頁。

[92].美國《國會記錄》（1979年3月8日），H1176頁。美國《國會季刊每週報告》（1979年3月10日），第403頁。引自資中筠、何迪：《美臺關係四十年（1949—1989）》，第199頁。

[93].蘇格：《美國對華政策與臺灣問題》，第478—479頁。

[94].蘇格：《美國對華政策與臺灣問題》，第456頁。

[95].由於美方公然違背中美建交時美方所作的只承認一個中國的承諾，10月15日中國外交部副部長章文晉約見美國駐華大使伍德科克，就此事向美方正式遞交了抗議照會。見謝益顯主編：《當代中國外交史（1949—2009）》，第290頁。

[96].肖元愷：《百年之結——美國與臺灣地區關係的歷史透視》，人民出版社2001年版，第187頁。

[97].孫德剛：《多元平衡與「準聯盟」理論研究》，時事出版社2007年版；《美臺準聯盟關係的源起：1979—1980》，《社會科學》2006年第1期。

[98].孫德剛：《論1979年至1980年美臺「準聯盟」關係的形成》，沈志華、唐啟華主編：《金門：內戰與冷戰——美、蘇、中檔案解密與研究》，九州出版社2010年版，第312頁。

[99].孫德剛：《論1979年至1980年美臺「準聯盟」關係的形成》，第307頁

[100].孫德剛：《論1979年至1980年美臺「準聯盟」關係的形成》，第322頁。

[101].王衛星：《美臺聯手建立準軍事同盟》，《國家安全通訊》2002年第10 期。信強：《邁向「準軍事同盟」——美臺安全

合作的深化與升級》，《美國研究》2009年第4期。

[102].參照白玉廣：《美國對以色列的政策及美以關係的發展（1945—1958）》（《世界歷史》2000年第2期）；張彥飛：《美國與以色列「準聯盟」關係形成研究（1953—1968）》（陝西師範大學碩士論文2008年）。

[103].喬林生：《福田主義與日本的東盟外交》，《日本研究》2007年第2期。

[104].謝益顯主編：《當代中國外交史（1949—2009）》，第250—253頁。

[105].李清津：《鄧小平「共同開發」思想與釣魚島問題》，《日本學刊》1999年第4期。

[106].參照馬樹禮：《使日十二年》；士俊彥：《戰後臺日關係秘史》。

[107].隋碓：《鈴木內閣的外交政策》，《世界知識》1980年第22期。

[108].楊生茂主編：《美國外交政策史（1775—1989）》，第609頁。

[109]. 王振鎖：《日本戰後五十年》，世界知識出版社1996年版，第317頁。

[110].《臺灣經濟研究月刊》第5卷第12期，1982年12月。

[111].張國慶：《從美日關係發展看日本的政治生態》，《經濟觀察報》2004年12月13日。

[112].金戈：《岸信介其人其事》，《國際問題資料》1986年

第18期。

[113].張進山：《日本政界的臺灣幫與臺灣的對日院外活動》《當代亞太》2001年第2期。

[114].《朝日新聞》1987年6月26日。

[115].裘元倫：《1989年西方經濟回顧》，《人民日報》1989年12月20日。

[116].1990年當時世界十大銀行的排列順序是：日本第一勸業銀行；日本住友銀行；日本太陽神戶三井銀行；日本三和銀行；日本富士銀行；日本三菱銀行；法國農業借貸銀行；法國巴黎銀行；日本興業銀行；法國里昂借貸銀行。

[117].金泓汎等：《臺灣經濟概論》，第341—342頁。

[118].林長華：《論戰後的日臺投資關係》。

[119]. 參照《李登輝「假統真獨」分裂活動大事記》，民革中央：http：//www.minge.gov.cn/txt/2008年9月25日。

第七章　冷戰格局解體與美日臺關係的演變（20世紀80年代中期—90年代中期）

在20世紀80年代中期至90年代中期，最大的事件莫過於雅爾塔體系與兩級冷戰格局的徹底崩潰，這為美日臺關係的延伸發展帶來諸多不確定因素。至20世紀末期中國經濟高速增長，臺海兩岸經濟貿易往來發展迅速，大陸逐漸成為臺灣對外貿易的主要對象之一，臺灣對美日經濟的依賴逐漸降低。圍繞美國對臺軍售問題，中美展開長期反覆的較量與博弈；冷戰後期的日臺關係亦日趨升溫。隨著後冷戰時期美日同盟的重新定義及美國全球軍事戰略調整、中國綜合國力的持續上升等，美日臺關係趨於「隱性」務實發展。

第一節　中美圍繞對臺軍售的較量與博弈

一、《八一七公報》——美國對臺軍售與美臺關係

自1978年中美正式建交以來，美國違背承諾、堅持對臺軍售成為中美關係矛盾交織中的最大焦點。1978年12月16日中國總理華國鋒在人民大會堂有關中美建交的記者招待會上強調指出：「在兩國關係正常化以後，美方繼續向臺灣出售武器，這不符合兩國關係正常化的原則，不利於和平解決臺灣問題，對亞太地區的安全和穩定也將產生不利的影響」[1]。1978年卡特總統宣佈美臺「共同防禦條約」將在中美建交一年後「自動失效」，在1979年一年內

美國將凍結對臺軍售。但《臺灣關係法》則為美國繼續對臺軍售提供了法律依據。就在卡特宣佈中美建交2個半小時後，總統安全事務助理布熱津斯基就發表電視談話稱：「我們並沒有放棄臺灣」。不久，卡特本人亦明確指出：「當共同防禦條約失效後，要向臺灣出售防禦性武器」[2]。1980年美國對臺軍售總價值達2.67億美元，大大超過1978年的2.08億美元[3]。不過卡特政府也有所克制，如在臺灣提出的18 項軍事用品清單中，卡特政府僅同意出售其中6項，臺灣當局最迫求購置的魚叉艦對艦導彈、標準型艦對空導彈及F-4 幽靈戰鬥機等均遭美國拒絕。可見在卡特任期內並沒有大規模向臺灣出售武器，所以建交時遺留的「對臺軍售」問題並不突出[4]。1979年4月25日美國撤走最後一批駐臺美軍，從而完成了其在中美《建交公報》中作出的與臺「斷交、廢約和撤軍」的承諾。

另一方面，由於1980年是美國總統大選年，共和黨總統候選人雷根宣佈如果他贏得此選舉，他將會恢復與臺灣的「官方關係」[5]，並公開宣稱他當選後要向臺灣出售高端武器裝備[6]。雷根「一向被認為是臺灣的一位特殊朋友」[7]。1980年11月4日雷根勝選，1981年1月正式就任後，他雖然沒有恢復與臺灣的正式「外交關係」，但卻決定提升對臺軍售的規格和規模。不過，雷根採取的是被稱為「雙軌」的對華政策：一方面表示要繼續發展中美兩國之間的正常關係，另一方面聲稱要「充分實施」《臺灣關係法》，其中著重強調向臺灣出售武器，實際上要在不少方面把美臺關係當做官方關係來處理[8]。

美國對臺軍售不僅侵犯中國內政，更是「嚴重違反國際法的行為」[9]。1981年6月中國外長黃華在與美國國務卿黑格會談時指出：美國對臺出售武器絕不是一般的商品貿易，也不是民間來往，美國這樣做違反公認的國際關係準則。黑格表示他意識到這個問題的敏感性，美國將非常謹慎和克制地對待這個問題[10]。10月中國總理趙紫陽在出席墨西哥坎昆南北首腦會議時與雷根總統舉行會晤時提出：「美方必須在某個規定期限內停止對臺軍售」的嚴正要求，而美方則表示難以接受[11]。隨後，根據中美坎昆首腦會談的約定，自1981年12月4日起，雙方開始就對臺軍售問題進行外交磋商。1982年1月美國宣佈將不向臺灣出售FX戰鬥機，但繼續合作生產F5E戰鬥機；4月13日美國又宣佈向臺出售價值6000 萬美元的軍事零配件，包括飛機部件等。在外交磋商陷入僵局的時刻，是年5月5日至9日美國副總統布希赴北京訪問。5日中國領導人鄧小平在與布希會見時指出：美國向臺灣賣武器問題，是中美關係中的一個陰影，而且今天來說是一個潛伏的危機。如果兩國關係中的這個疙瘩能夠解開，將對全球戰略很有利。布希則對中方表示：美國不同意承諾一個向臺灣停止出售武器的日期，這並不意味著它今後要無限期地向臺灣繼續出售武器。雙方同意兩國就此問題繼續保持外交接觸。

布希訪華兩個月後，美駐華大使恆安石向中方提交美方解決美國售臺武器問題的聯合公報草案。雙方經過反覆談判，終在8月17日簽訂旨在解決美國售臺武器問題的《中華人民共和國和美利堅合眾國聯合公報》（又稱《八一七公報》）。美國政府在公報中第六條中承諾：它不尋求執行一項長期向臺灣出售武器的政策，它向臺灣出售的武器在性能和數量上將不超過中美建交後近幾年供應的水平。它準備逐步減少它對臺灣的武器出售，經過一段時間導致最後的解決[12]。在簽訂《八一七公報》前一個月，為安撫臺灣當局，雷根直接指示美國在臺協會代表李潔明向臺灣當局做出以下六點保證：

1.美國不會設定終止對臺軍售的期限；2.美國不會修改《臺灣關係法》；3.美國在決定對臺軍售之前不會先跟中國諮商；4.美國

不會在臺灣與中國之間充當調解人；5.美國不會改變對臺灣主權的立場；6.美國不會壓迫臺灣與中國進行談判[13]。

講究現實利益的雷根政府在臺海政策上也始終採取所謂的「均衡戰略」，《八一七公報》簽訂後，美方隨即發表雷根備忘錄稱：將繼續根據《臺灣關係法》進行對臺軍售，對《八一七公報》予以某種限定[14]。此後美國政府均是按照以上六點保證及雷根備忘錄而非《八一七公報》，來處理有關對臺軍售問題。大致看來，自《八一七公報》簽訂到1980年代末，美國在臺灣問題上基本上能按三個聯合公報原則行事，未有大規模和高性能的對臺軍售。儘管美國在《八一七公報》簽訂前突擊擴大對臺軍售（1982年11月美國表示將對臺出總額為9700 萬美元的裝甲車輛等；1983年2月美國宣佈向臺灣出售66架F-104 戰鬥機等），總額從1982年的6億美元猛增至1983年的8.2億美元。但從公報簽訂後直到1991年，美國還是按照公報中的承諾，逐年遞減軍售額，1983—1991年對臺軍售從每年約8億美元遞減至4.7億美元。但同時美國又以提供技術合作的方式來提高臺灣軍隊的裝備性能。至1993年美國對臺軍售額激增到66.2億美元，出現強烈反彈，以至發展到後來售臺武器平均每年超過20億美元，且都是比較尖端的先進武器。期間，有時為了繞過《八一七公報》的限制，還經常以租賃等其他形式向臺灣提供武器和技術合作[15]。

與這一時期美臺軍事、政治關係跌宕起伏形成鮮明對照的是，美臺經濟關係則持續穩定發展。至1987年美國在臺灣的投資達到16.83億美元，是斷交前27年投資總額的1.87 倍。美國在臺投資總額也居外國在臺投資的首位。另外雙方貿易總額也成倍增長，臺灣因此成為美國在世界上的第五大貿易夥伴。美臺經濟關係逐步取代了政治和安全關係，成為美臺關係的主要基礎[16]。

至1980年代初期中蘇關係開始和緩，1982年10月中蘇雙方代表在北京舉行磋商，商確改善兩國關係的問題，中美蘇「大三角」的最新動向引起國際社會的重視。雷根政府亦對中國外交戰略的調整極為關注，1983年2月2日美國國務卿舒茲專程訪問中國，其主要使命就是試圖摸清中國調整對蘇政策的底牌，儘可能阻止中蘇接近。舒茲對中方表示：美國希望同中國建立「牢固而持久的」關係。中國總理明確告訴舒茲：「發展兩國關係的主要障礙是臺灣問題。要使中美關係得到發展，雙方必須認真執行1982年8月17日發表的中美聯合公報」。舒茲則回應稱：中美兩國「今後關係的基礎是美中兩國之間的直接接觸和我們不僅僅在蘇聯可能做什麼或不做什麼問題上的利益，而是許多兩國及國際上都關心的問題上的利益」。就此，美國打消了把中國作為新盟國的念頭，而把中國當作是「友好的非盟國」[17]。此後，中美雙方領導人開始互訪。1984年1月趙紫陽總理訪問美國；4月26日至5月1日雷根總統訪問中國，期間與中國領導人就臺灣問題進行商確，他也是中美建交後第一位正式訪問中國的美國總統[18]。1985年7月11日至於31日中國國家主席李先念訪問美國。但中美關係發展的一個主要障礙——臺灣問題始終未得解決，《臺灣關係法》始終是影響中美兩國關係的陰影[19]。

在雷根總統期間的1986年，日本加入美國主導的「星球大戰」計劃的研究，被認為是美日關係發展的重要一步。但也就在雷根時期，美日經濟關係空前緊張，貿易摩擦反覆跌宕、日趨激化，美國對日貿易赤宇日趨增大，1982年為72億美元；1983年190億美元；1985年497億美元。美國曾經多次施加壓力，要求日本開放市場、限制對美出口，提高日元比價等等，以減少對美國的出超。日本採取的策略是：對美國的要求既不斷然拒絕，也不一概接受，必要時稍作讓步。日本堅持認為，美國貿易赤宇的根本原因在於美國推行高匯率和高利率政策，影響了美國的出口競爭力，同時表明日本決不放棄「貿易立國」的基本國策。美國開始改變以往對日本的「盟國意識」，及至雷根任期即將結束的1988年，美國已明確把日本看作是「潛在的威脅」[20]。

就在1988年，臺灣政壇發生重大變化。蔣經國因病逝世，本島出身的李登輝成為臺灣新一代領導人。同一時期，世界局勢風起雲湧，美國借東歐劇變、蘇聯解體等動盪時機，欲再次以臺灣問題來實施其對華「壓制」政策，從而達到「和平演變」中國的戰略目的。從1989年6月「天安門事件」至1996年3月「臺海危機」爆發，美國政府（布希政府、克林頓政府）積極推行「以臺制華」策略，乃從政治、經濟、軍事等方面不斷突破和提升美臺「實質關係」。此時，在美國的戰略「關懷」下，李登輝主導下之臺灣政局也發生重大變化，台灣的政治體制轉為美國所樂見的「民主政體」。李登輝則漸顯其「臺獨」真面目，更加尋求美國、日本對其「臺獨」的支持，逐漸形成美日臺「隱性安全同盟」[21]。冷戰時期美國外交的基石乃是竭力推行與保持全球霸權主義。這歸根到底是由經濟動因引起的[22]。

自1979年中美建交以來，美國一方面聲稱堅持「一個中國」的原則，另一方面又以《臺灣關係法》為依據，以保持臺灣海峽局勢穩定為藉口，向臺灣提供變相的安全保護，實際上就是企圖長久維持臺海兩岸的「和而不統」的局面，即兩岸關係相對緩和、但又繼續維持著分裂的局面。美國認為，這種局面既最符合它的近期利益，又符合它的長遠利益：首先，堅持「一個中國」的政策，能使美國同中國繼續保持符合其國家利益的戰略合作；其次，繼續與臺灣保持各種利益合作，並在戰略上利用臺灣牽制中國[23]。

二、布希（1989—1993年）、克林頓（1993—1996年）時期的對臺政策

進入1990年代，隨著兩級冷戰格局的崩潰，在失去蘇聯這個最大的遏止目標以後，美國遂將其遏止的主要矛頭再次轉向東亞地區的中國；美國對臺政策也隨之發生顯著變化，這一時期有（史稱老布希）布希政府（1989年1月—1993年1月）與克林頓政府第一任期（1993年1月—1996年11月）。不過，在1989年6月「天安門事件」之前，美國尚無確定對華強硬的政策。如1989年1月布希總統就任不久，就於2月25日至26日對中國進行工作訪問，雙方確定在中美三個聯合公報的基礎上進一步發展兩國的政治經濟關係。但1989年「天安門事件」至1996年的八年時間內，中美關係嚴重倒退。1989年6月5日布希總統宣佈對中國實施三項制裁措施：（1）暫停中美間一切軍售和商業性武器出口；（2）暫停中美兩國間軍事領導人的互訪；（3）同意重新研究中國留美學生要求延長逗留時間的請求。6月20日布希政府再次宣佈新的制裁措施，包括：（1）暫停同中國一切高層（助理國務卿以上）互訪；（2）中止海外私人投資公司對在中國經營實業的公司的幫助；（3）反對世界銀行和亞洲發展銀行新的10億美元對華貸款事宜[24]。

不過，由於當時蘇聯及東歐社會主義國家仍存，布希政府擔憂採取過激制裁行為可能將中國推向蘇聯。出於長遠的和全球的戰略考慮，他對於國會提出的一系列提升對華制裁的措施，採取了選擇的做法。一方面採取了「暫停」（suspend）雙邊關係，另一方面小心謹慎不「打破」（disman-tle）雙邊關係的框架[25]。為此，「天安門事件」後布希頂住國會反華勢力的壓力，拒絕召回美國駐華大使李潔明。同時布希總統繼續推動同中國保持「建設性接觸」。如他接受前總統尼克森等人的建議，派國家安全事務助理斯考克羅夫特將軍以總統特使身份於7月、12月兩次秘訪北京，與鄧小平等中國領導人進行會晤[26]。10月28日-11月2日前總統尼克森、11月7日-10日前國務卿季辛吉先後來北京進行「外交斡旋」。由於美國的這一態勢，避免了兩國關係徹底破裂[27]。

布希政府在「制裁」中國之同時，亦有迎合親臺勢力要求而大幅調整對臺政策之舉。1989年7月美國參議院透過《關於臺灣問題前途的政策》（第285號修正案）稱：「臺灣的前途應該以一種和平的、不帶任何強制的，並且是臺灣人民能夠接受的方式來決定，美國和中華人民共和國的良好關係取決於中國當局不使用武力解決臺灣前途或不以武力進行威脅的意願」[28]。該法案把和平解決臺灣問題與中美關係掛鉤，顯然是對中國內政的公然干涉。此後，美臺雙邊關係明顯開始回升。美臺雙邊的高層互訪明顯增加。1992年11月美國貿易代表卡拉·希爾斯訪問臺灣，從而突破中美建交後13年來美國部長級以上官員不得訪問臺灣的限制[29]。與此同時，1991年始起美國開始支持臺灣加入關貿總協定（世貿組織前身）、亞太經濟合作組織等國際性經濟合作組織，對臺灣當局擴大所謂「國際生存空間」的外交活動予以支持。

更為嚴重的是在1992年美國總統大選期間，布希總統主要出於其競選的需要，以中國從俄羅斯購買SU—27 殲擊機，打破了海峽兩岸軍力平衡為藉口，在9月2日宣佈向臺灣出售價值60億美元的150架F—16 A/B型戰機[30]。美國這一對臺軍售的幅度大大突破《八一七公報》的限制。可見，美國外交政策的唯一考慮是美國的國家利益。當它與臺灣利益平行時，美國會支持臺灣的立場；但兩者間如有分歧，美國必須遵循自身的利益[31]。

1991年12月25日蘇聯總統戈巴契夫宣佈辭職，表示著迄今已有69年歷史的蘇聯宣告終結。蘇聯解體後，中美接近的主要地緣政治基礎不復存在。布希政府末期美國對臺政策發生明顯逆轉，1993年1月克林頓上臺後加速這一過程。2月28日克林頓在美利堅大學發表演講時，公開稱臺灣是「一個國家」。7月16日美國參院外交委員會（由參議員穆爾科斯基發起）透過了一項對《臺灣關係法》的「修正案」，主要內容就是取消對美售臺武器的限制。在

1994年初國會開始審議國務院授權法修正案時，國務卿克里斯托弗反對國會透過該項修正案，但他迫於國會壓力又同時聲稱：《八一七公報》並不損害美國對保持臺灣安全的承諾，「包括本政府的每一屆政府，皆確認《臺灣關係法》在法律上優先於1982年公報，前者是美國的法律，後者為政策聲明」[32]。這項修正案規定：基於臺灣防務的需要，再度確認《臺灣關係法》。美國雖多次聲稱承認中美三個聯合公報，但這一法案的透過，無疑使《臺灣關係法》在安全、防務及軍售等方面的規定高於中美三個聯合公報，這對美國不受限制地維護臺灣所謂的「安全」，向其出售軍火，並對中國政府對臺灣的統一政策和活動構成「威懾」提供了美國國內法的依據。這是美國提升美臺關係的一個重要信號[33]。7月克林頓政府還以「銀河號」事件[34]、所謂中國向巴基斯坦轉讓導彈技術事件[35]等為由，對中國實行經濟制裁，同時擴大對臺軍售、大幅提升美臺關係。

1994年4月30日克林頓簽署《1994年度和1995年度對外關係授權法》，其中包括允許美國部長級官員訪臺、美國在國際組織中繼續支持臺灣等內容。5月27日美國參議院透過一項決議案，敦促克林頓總統努力使臺灣完全參與聯合國及其機構，並建議美臺進行「部長級」的交流。1994年6月7日臺灣「行政院長」連戰對紐約進行了為期兩天的「私人訪問」，美臺關係不斷升溫。9月7日美國政府宣佈允許美臺「部長級官員」互訪；9月克林頓政府正式宣佈「調整對臺政策的框架」。美國政策調整的實質和方向，即透過加強美臺政治關係，提升美臺關係的交往級別，支持臺灣加入某些國際組織等等，使美國介入臺灣問題的手段和目標公開化[36]。對此，美國助理國務卿洛德宣稱：美國對臺關係的調整將有助於確保美在臺的經濟、商業和文化利益。洛德還掩飾說，美國同臺灣當局進行較高級別的接觸，是為瞭解決實際問題和做生意，而不應認為是官方關係，美國對中國的政策依然未變[37]。

1995年4月7日美國眾議院制訂《眾議院共同決議案》，支持臺灣加入聯合國；5月美國國會以絕對多數透過一項決議案，決定邀請李登輝進行所謂「非官方的、私人的訪問」，並參加康乃爾大學的畢業典禮[38]。5月22日克林頓總統簽署這一法案。5月23日中國副總理兼外長錢其琛緊急召見美國駐華大使，就美方宣佈允許李登輝訪美一事提出強烈抗議[115]。。鑑於如此嚴重事態，中國政府以述職名義召回駐美大使李道豫。而在這之前，美國駐華大使芮斂儉已任滿離開中國，新大使尚未赴任，這樣中美之間出現建交16年以來從未有過的現象：「中美兩國首都在4個月內沒有對方的大使。李登輝訪美對中美關係的損害之大由此可見」[114]。一時間，因李登輝訪美而導致中美關係出現重大危機。

臺灣問題是中美關係中的核心問題，也是最敏感的問題。1995年6月後中美關係跌落到兩國建交以來的最低點，即是因克林頓政府「刻意」準許李登輝到康乃爾大學「訪問」引發的，究其根本原因則是冷戰結束後，美國對華政策一度背離了6屆總統所共同遵守的基本方針而失去重心、劇烈搖擺所造成的後果[39]。克林頓此舉也是美國試探中國政府在臺灣問題上的決心和立場，為其重新修訂冷戰後東亞戰略之「窺探之舉」。在美國的支持下，美臺關係日趨提升，「臺獨」勢力有恃無恐，愈加猖獗。

為打擊極度膨脹的李登輝「臺獨」勢力，1996年3月中國人民解放軍在臺灣海峽地區進行導彈試射和軍事演習，20世紀末期的「臺海危機」就此爆發，美中關係面臨全面倒退的境地。事實證明，克林頓政府對李登輝「臺獨」勢力的支持，是發生1996年臺灣海峽危機的主要原因。這場世紀末期的臺海危機，一方面嚴重地破壞臺海地區的穩定，另一方面為美國重新定義美日同盟找到「現實依據」。但是，保持臺海地區平衡是美國既定的戰略目標，克林頓政府於1996年上半年開始進行一系列調整，主要是將前段時期美國對李登輝「臺獨」勢力的支持力度予以適度「降溫」。是年7月美國國家安全事務助理訪問北京；11月再次當選的克林頓宣佈：他將在第二個任期中加強與中國的接觸[40]。

克林頓第二任期（1997—2001年）的對臺政策雖不在本書闡述範疇，但為瞭解克林頓對臺政策的全貌，本節對20世紀末期的中美博弈略作闡述。1997年10月26日至11月3日中國國家主席江澤民對美國進行了正式國事訪問。美方在兩國元首會談後發表的《中美聯合聲明》中指出：「美方重申，美國堅持一個中國的政策，遵守中美三個聯合公報的原則」[41]。在與江澤民的會談中，克林頓多次表示美國「不支持臺灣獨立，不支持臺灣加入聯合國，不支持製造『兩個中國』、『一中一臺』 的主張」[42]。1998年6月25日至7月3日克林頓總統對中國進行回訪。期間，克林頓再次表示美國堅持一個中國的原則和恪守三個公報的原則，並明白、公開重申了美國已在內部多次向中國表示的「不支持臺灣獨立，不支持『一中一臺』、『兩個中國』，不支持臺灣加入任何必須由主權國家才能參加的國際組織」的「三不政策」[43]。針對美國對臺軍售事宜，克林頓在6月29日北京大學的演講時稱：「如果出售武器給臺灣，一定只是用於防衛的目的」[44]。

筆者以為，克林頓是在透過1996年公開干涉臺海危機、對美日同盟重新定義等，重新在東亞地區（具體看就是臺海地區）確立其戰略威懾機制後，再赴北京進行中美關係的調整，以求其同時制衡臺海兩岸的「平衡戰略」的實現。而且，自進入後冷戰時期，圍繞美國對臺軍售的中美博弈始終未見停息。

第二節 冷戰後期美日臺關係的演變

一、日本政府的對臺政策（1980年代中期至1990年代中期）

進入1980年代中期至1990年代中期，日本雖已開始出現泡沫經濟的跡象，但仍是世界最具競爭力的經濟大國。在其對外政策開始發展轉變的過程中，其對臺政策亦漸次發生改觀。這一時期先後有竹下登内閣（1987年11月6日—1989年6月3日）、宇野宗佑（1989年6月3日-8月10日；69天任期）、海部俊樹内閣（1989年8月10日—1991年11月5日）、宮澤喜一内閣（1991年11月5日—1993年8月9日）等自民黨的内閣，以及聯合執政的細川護熙新黨内閣（1993年8月9日—1994年4月28日）、羽田孜新生黨内閣（1994年4月28日-6月30日，32天），以及村山富市聯合（社會黨、自民黨、先驅新黨三黨）内閣（1994年6月30日—1996年1月11日）等。

1989年6月中國發生「天安門事件」後，日本一度追隨美國加入對華「制裁」行列，不僅撤回在華工作的大批工程技術人員，停止兩國間的一些合作項目，而且中止了兩國部長級以上的高層往來，凍結尚未實施的第三批對華日元貸款（ODA）等，中日關係急劇下降。

但是，由於西方國家經濟不景氣，當時的日美矛盾比較突出，日本比較早地注意與中國改善關係。1990年1月中國國家計委會主任鄒家華訪問日本，這是「天安門事件」以來中國政府高官首次訪日；7月9日海部俊樹首相在西方七國首腦會議上宣佈，日本決定恢復第三批對華日元貸款；1991年8月海部首相訪問中國，表示著日本完全解除對華經濟制裁[45]。日本此舉有其實現開拓和佔領中國市場的潛在動機，同時也是由於得到了美國布希政府的許可。

就在中日關係處於低谷之時，李登輝時期的日臺關係則逐漸提升。1989年6月26日李登輝在首屆日臺「亞洲展望研討會」上致辭，呼籲日臺合作，「攜手建設未來的亞洲」。1990年7月臺灣「立法院副院長」劉松藩訪日，這是日臺「斷交」後臺灣高官首次公開訪日。1991年臺灣「經濟部長」蕭萬長和「外交部次長」章孝嚴先後訪日。1991年5月日本通產省經濟合作局副局級官員以民間人身份隨日本民間經濟代表團訪問臺灣。5月14日在日臺共同舉辦「國際政策研究信睦會」的成立大會上，李登輝發表書面致辭稱：臺日關係是「合則兩利，分則兩害」。他在接見日方代表時希望「信睦會」能為臺日關係繼續努力。7月李登輝任命前「內政部長」許水德出任臺灣駐日「代表」。9月17日李登輝接見日本《產經新聞》記者。9月19日李登輝接見出席臺日第三屆「亞洲展望研討會」日方代表。11月在漢城召開的亞太經合組織部長級會議上，日本通產相渡部桓三同臺灣「經濟部長」蕭萬長舉行「斷交」19年以來第一次日臺「部長級」會談。在日本政府的許可下，1992年5月「亞東關係協會」駐東京辦事處改名為「臺北駐日經濟文化代表處」。這不僅在名義上突出其「準官方性質」，又借此提升臺灣的國際地位。日本駐臺灣的「交流協會臺北事務所」也同時大大擴充規模。1993年1月日本右翼作家司馬遼太郎在臺灣與李登輝多次晤談[46]；1月11日李登輝在接見日本參議員齋藤十郎一行時表示，臺日建立「穩定的實質關係」，對雙方乃至亞洲地區都有正面意義與影響。1993年2月臺灣當局「外交部長」錢復以觀光名義訪問日本，他先後與竹下登、金丸信、三冢博、藤尾正行、小淵惠三等日本政要會見。同月以辜振甫、江丙坤為正副團長的臺灣貿易代表團赴日訪問，受到日方高規格接待。5月20日日本通商產業省通商政策局長岡松壯三郎訪問臺灣，這是日臺「斷交」後日本政府局級官員首次訪臺。1994年3月9日日本新生黨「日臺關係議員懇談會」代表團赴臺訪問，10日會長小澤辰男向李登輝當面表達新生黨歡迎其訪日的立場[47]。7月9日至10日李登輝連續兩次會見訪臺的日本《產經新聞》社長羽佐間重彰，李登輝表示自己是「會說日本話、偏愛日本的總統」。9月17日臺灣「行政院新聞局長」胡志強赴美、日，為臺灣當局參與聯合國活動造勢[48]。11月8日李登輝接受日本《讀賣新聞》專訪。日本原擬邀李登輝出席1994年9月在廣島舉辦的第12屆亞洲運動會開幕式，未逞後轉而邀請臺灣「行政院副院長」徐立德。徐立德雖以臺灣「亞運會申辦團團長」頭銜進入日本，但其具有的政府背景是無法改變的，日本政府（村山內閣）允許徐立德入境不僅大大超出中日關於日臺關係僅限於「民間往來」範圍的約定，更在「實際上提高了日臺關係的規格」。

1995年6月15日日本自民黨177 位親臺派議員組成的「日華議員懇談會」舉行緊急會議，決定要求日本政府邀請李登輝參加當年11月在大阪舉行亞太經合組織會議，並順道參加京都大學校友會（1943—1945年李登輝曾留學京都大學經濟學部）。6月17日日本政府派遣負責國際貿易經濟事務的外務省外務審議官內田勝久作為特命全權大使，在通產省官員陪同下訪問臺灣。這是自1972年中日建交以來，日本政府派出訪臺的最高級別官員。9月16日臺灣「內政部長」黃昆輝訪問日本。在1995年11月亞太經合會議（大阪）期間，日本副首相兼通商產業大臣橋本龍太郎專門與臺灣當局「經濟部長」江丙坤見面，刻意提高日臺「官方」交流的級別。

日本對臺灣的關注，不僅有地緣政治的考慮，也有地緣經濟的關聯，對臺政策已成為冷戰時期日本外交及安全戰略的重要部分，日臺關係也是在這一前提下得以運行的。事實表明，日本政府始終堅持「臺灣歸屬未定論」，拒絕承認臺灣是中華人民共和國主權領土的一部分。如1988年日本前駐華大使中江要介在卸任後所做的報告中稱：「中國說臺灣是中華人民共和國的一部分，日本政府表示充分理解，尊重中方這一立場，然而，理解、尊重與完全承認並不完全一樣，日本稱要堅持波茨坦公告第8 條的立場，但該條中只寫有應履行開羅宣言的條款，而由於波茨坦公告時還沒有中華人民共和國，所以寫的是應歸還中華民國」[49]。中江要介的報告可謂代表了日本政府對臺政策的「一貫立場」。顯然，此類言論在冷戰時期的日本政界多有發生，但至冷戰後仍然「不思悔改」，甚至更為囂張。1996年4月10日日本外務省亞洲局局長加藤良三在國會聲稱：對於中國關於「臺灣是中國一部分」主張，日本只是表示「理解與尊重」，而並不是承認[50]。日本國內不少人還認為這種「理解與尊重」並不具有法律效力，提出《中日聯合聲明》過時的論調，認為聲明過於拘泥舊的主權觀念，不能適應新形勢等等。在正式場合，當日本不希望中日關係過於緊張時，日本就強調它是「充分理解和尊重」中方的這一立場，而日本政界親臺勢力又始終堅持其從未「承認和接受」中方的這一立場。其背景是「日本希望在臺灣問題上扮演一個更直接的角色」[51]。

21世紀初解密的一份日本外務省的文件，對冷戰時期日本政府制訂對臺政策的內幕有所披露。據1957年4月（鳩山內閣時期）日本外務省制訂的《日本與『國民政府』及中共的關係》文件透露：「中共擁有巨大的資源和眾多的人口，它作為一個國家在不斷發展，這一事實是不能忽視的。到將來某一時期，中共自然而然就會作為實際上統治中國大陸的政府被承認，這也是不可避免的。但是若真到了哪個時期，日本還需與美國等其他自由國家充分交換意見，根據聯合國有關這方面的決議作出決定。那個時候，最棘手的是對臺灣問題的處置。隨著中共實力的增強，『國民政府』內部的情況及其國際地位將變得更加艱難，然而，在目前的國際形勢下，臺灣若加入共產圈，那麼，無論從防衛的角度，還是從世界的角度，自由各國都會全力制止的。因此，解決這一問題的方法只有一個，那就是臺灣以某種形式從大陸分離出來，成為與大陸不相干的兩個國家。使臺灣與大陸成為兩個國家，無論是『國民政府』還是中共都會反對的。這一點是人所共知的。當臺灣從本土分離出來成為獨立國家後，就會產生一個微妙的問題，即究竟是以本土來的現統治者為主體呢，還是以當地的臺灣人為主體呢？關於這一點，自由國家內部及早作出預測並制定可行的方針。不然的話，中共解放臺灣的工作很可能會出人意料地迅速展開，由中共實現統一，使臺灣與大陸成為一個中國」[52]。這體現出鳩山內閣對華政策的真實意圖[53]。

日本政局也發生著變化，1993年8月6日在日本第127屆特別國會上，在野的七黨一派（社會黨、新生黨、公明黨等）共同推薦的細川護熙以262票對224票戰勝自民黨推薦的首相候選人河野洋平，當選為日本第79任首相，並組成各黨聯合政府。表示著自民黨和社民黨兩大政黨主導的「1955年體制」的結束[54]。日本政壇的如此變化，也意味著日本對臺政策將發生某些「調整」。

1993年8月26日細川首相接受中國記者書面採訪時說：「對中國來說，日中關係是與日美關係同等重要的雙邊關係。維持和發展良好而穩定的日中關係，不僅對日中兩國，而且對亞太地區以及世界的和平與穩定都是非常重要的因素」。在臺灣問題上，細川重申將嚴格遵守日中聯合聲明的原則，不同臺灣發展任何官方關係[55]。1994年7月村山富市（自民黨與社會黨、先驅新黨）聯合內閣成立。1995年11月大阪舉行亞太經合組織（APEC）會議，圍繞臺灣當局與日本右翼勢力推動李登輝與會的事宜，成為中日關係的焦點。但最終日本政府（村山富市內閣）沒有同意李登輝入境日本。

由此，我們對1980年代中期至1990年代中期日本歷屆政府對臺政策的演變過程就可有一個清晰的把握，那就是自戰後吉田茂確定「一中一臺」的臺海策略以來，日本政府對臺政策的核心部分始終沒有變化，即使在1972年中日邦交正常化之時，日本政府也未完全改變其對臺政策的核心部分。追隨美國東亞戰略，從外力方面維繫「兩岸對峙」，長期維持臺海兩岸的「不獨不統」的非正常狀態，同時自臺海兩岸攫取最大的政治利益和經濟利益，也必將是未來日本政府對臺政策的基本走勢。雖然20世紀90年代泡沫經濟的崩潰，對日本打擊甚大，致使其對外擴張的實力大為減弱，但不可忽視的是，至20世紀末期，日本依然是世界第二經濟大國，其對臺灣經濟的影響仍存。

二、冷戰後期美日臺關係的博弈與折衝

至冷戰後期，圍繞臺灣的折衝始終是中美、中日關係中最具敏感的問題，隨著時間的推移，時至今日的臺灣問題已變得十分複雜。不僅涉及到中國國家主權、民族尊嚴、戰略利益和意識形態等政治安全因素，同時還關係到美國在臺商業利益、歷史淵源和國內政治等多方面因素[56]。

冷戰後期，美日出於各自的戰略需要，更重要的隨著中國國力的漸次增強，美日採取了以軍事力量「共同關注」臺海地區的戰略對策。長期以來，日本自海外進口的戰略資源大多經由臺灣海峽或臺灣東部的巴士海峽，臺灣海峽對於日本的地緣重要性日趨提高，臺灣海峽是日本連接東南亞、南下太平洋和印度洋、西達非洲和歐洲的必經之路。至20世紀90年代日本國內所需的99.9%的石油、99.4%的鐵礦石、91.3%的煤、90.6%的小麥，以及大約7億噸的物資和產品都要經過臺灣海峽和巴士海峽運進或輸出[57]。從地緣政治上看，臺灣對日本的重要性超過了美國。日本與臺灣的經濟聯繫有增無減，整個冷戰時期，日本是臺灣僅次於美國的重要貿易夥伴國（90年代末期大陸已成為臺灣最重要的貿易對象）。日本的一些政治家和戰略家從地緣戰略的角度考慮，認為臺灣問題關係到日本根本的地緣安全利益，涉及了日本的核心國家利益。臺灣扼日本生命線之要衝，位於日本的「1000海哩海上運輸線」範圍之

內，是其南下東南亞，進入波斯灣，前往歐洲的必經之道[58]。

至二十世紀末期，隨著經濟發展和國際局勢的變化，日本在保持與美國協調的同時，也更多地考慮本國的利益。有日本學者指出，日本外交中常說的「日美基軸」並不是日本的國家利益，而是實現國家利益這一目的的手段[59]。更有甚者，1997年6月28日在東京舉行的《構築新日臺交流》研討會上，日本德山大學校長淺野一郎建議制訂「日臺關係法」，他要求日本政府「給日臺務實關係以法律基礎，為使其行之有效，有必要採取法律措施」。「日臺關係應以議員立法的形式進行，其基本部分為對臺政策，實效部分為保護人員財產的特例等，採取與有外交關係時同等的措施」[60]。

在1996年4月的《美日安全保障聯合宣言》和1997年9月修訂的《美日防衛合作指針》的地理適用範圍上，日本始終未明確將臺灣排除在外，也是出於對其國家利益的考慮。因為這是保證日美安全合作的需要，也是配合美國對華實施「牽制」戰略的需要。「就亞太經濟區域的地緣關係來看，在東亞，日本雖然在表面上並不反對『一個中國』，但並不樂見中國統一，臺灣海峽變成中國的內海，而威脅到日本通往南海之路」[61]。的確，由於中日兩國固有的矛盾和歷史問題的糾纏，缺乏充分的相互信任，日本認為，一旦臺灣海峽發生軍事衝突，無論是否被捲入，日本在臺灣海峽的自由通航必然要受到影響。而令日本政府更為擔憂的是，如果中國用武力解決臺灣問題後，可能會借臺海航道對日本進行「外交勒索」，因此日本前駐泰國大使岡崎久彥提出「臺海安全攸關日本生死存亡」[62]的觀點，也有人提出「萬一臺灣為中國所佔，中國就會把攻勢轉向釣魚島，下一個目標恐怕就是沖繩了」等的觀點[63]。這些說法雖然言過其實，但卻反映出日本「島國心態」在臺海問題上的某些「憂慮」。

對於日本方面的種種謬論，臺灣方面予以積極的配合，臺灣學者何思慎稱：「對日本來說，臺灣具有高度戰略價值，若臺灣被中共所吞併，勢將形成對日本的直接威脅」[64]。1994年臺灣「駐日代表」林金莖則借中國在南沙海域建立海軍基地一事煽動稱：「中共在南沙建立海軍基地的一個意圖，就是為了在必要的時候可以封鎖日本的海上交通線」[65]。臺灣方面的如此言論，為強化美日軍事同盟提供了「藉口」。同年3月，日本新進黨幹事長小澤一郎任會長、前法務大臣永野茂門任理事長的日本戰略研究中心首次提出明確的政策主張：關於中國統一問題「最好是固定現狀，需要看到統一後將使中國的政治、經濟、軍事影響力擴大」。日本「將以半永久性地維持現狀為前提，與環太平洋各大國合作，為維持正義與秩序而支持或請求美國採取行動，在區域內各國築起防洪堤，排除對世界體系的惡劣影響，在軍事和非軍事兩個領域積極行動。但是，希望慎重對待在與臺灣關係上使用集體自衛權和直接針對中國疆域的軍事行動」，「若美國根據臺灣關係法介入保衛臺灣，作為同盟國的中國也將對其支援」，「共同確保海上安全」[66]。日本前駐泰國大使岡崎久彥亦在日本《呼聲》雜誌刊登文章強調：如果中國統一，中國的國力將飛躍性地增大，以往因為被淺海和列島線包圍而活動受限的中國海軍，將面對廣闊的西太平洋。對於日本來說，除東北航線以外的所有海上航線都會受到遏止，中國在戰略上將比日本明顯處於優勢。另外，支撐東南亞經濟的華僑歷來分為親大陸、親臺灣和中立三種立場，如果中國統一，華僑借助中國的力量，在政治上的發言權將會大大增大，這對日本半個多世紀努力經營的與東南亞的關係，將產生嚴重影響[67]。此類觀點對日本社會輿論影響甚大。

為維持臺灣海峽和平局面，打擊「臺獨」勢力，1995年7月到1996年3月中國在臺灣海峽和臺灣附近海域進行了四次有針對性的軍事演習[68]。這本是中國內部事務，但日本政府（橋本龍太郎內閣）執意介入，多次向中國政府施加壓力，企圖迫使中國停止軍事演習。甚至不惜以「延緩第四次日元貸款」相要挾，公然干涉中國內政，以給臺灣方面壯膽鼓氣。在日本政府（橋本龍太郎內閣）的緊急促請下，克林頓政府迅即派出以兩艘航空母艦（「獨立號」和「尼米茲號」）為首的特混艦隊駛近臺灣海峽地區對大陸進行「軍事威懾」[69]。其中，「獨立號」航空母艦是自日本橫須賀港母港出發，其後勤補給則由沖繩美軍嘉手納空軍基地提供；日本海上自衛隊則派出護衛艦駛至臺灣近海，在中國大陸導彈試驗區附近觀察導彈濺落的全過程，與美國航母編隊共同對中國軍演進行監視與威懾[70]。這不僅是自越南戰爭結束以來美國在東亞地區的最大一次軍事集結，也是冷戰結束以來美日首次公開聯合干涉臺海地區事務的重大軍事行動。

臺海危機之後，1996年4月美國與日本重新定義《美日同盟》，確認後冷戰時期美日在臺海地區乃至東亞地區實施軍事干預的戰略方針。1997年4月14日日本首相助理岡本行夫就公然宣稱「臺灣海峽就在日本附近，日本是臺灣海峽的準當事國」，「臺灣海峽的安全是日美安全條約的對象」[71]。8月17日日本內閣官房長官梶山靜六發表談話稱：日美兩國的防衛範圍「理所當然地包括臺灣海峽」，並特別強調他的發言絕非只代表個人，而是代表日本政府的立場[72]。1997年9月美日聯合修訂新的「美日安全防衛合作指針」，確定美日防衛範圍涵蓋臺灣海峽。由此，筆者亦再次確定，冷戰結束後，美日對臺海地區的公然干涉以及臺灣當局的積極配合，證實美日臺關係的運行機制依舊存續，依舊延續著遏止大陸的舊冷戰思維。

冷戰後美國的國家戰略目標是建立以美國為首的集體霸權。在亞太地區，美國始終將中國視為其實現戰略目標的最大障礙。美國一方面透過「接觸」，「引導」中國「合作」；另一方面則透過「遏止」阻礙和延緩中國崛起。在臺灣問題上，美國一方面聲稱堅持「一個中國」政策「不變」；另一方面又不斷透過具體措施提升美臺實質關係，如擴大軍售、允許臺灣領導人入境和過境等等。短期內，不可能指望美國放棄「以臺制華」的政策。在維護領土主權，捍衛國家利益的問題上，中國政府始終堅持一貫的原則立場。

與上節一樣，為求全面瞭解中國在臺灣問題上的立場全貌，本節擬對冷戰結束後至20世紀末期圍繞臺灣問題的中日交鋒略作簡述。1998年11月26日中國國家主席江澤民在訪問日本時表示：「維護國家統一和領土完整，是每一個主權國家的神聖權利。解決臺灣問題，實現中國的完全統一，是中華民族的夙願。從歷史上看，在臺灣問題上日本是有負於中華民族的」。對此，日本首相小淵惠三不得不代表日本政府回應稱：「日本政府不支持臺灣獨立，這一點已明確表述過，今後也不會變。同時，日本對臺灣也沒有野心。日本在臺灣問題上的立場將恪守《日中聯合聲明》和《日中和平友好條約》所確定的各項原則」[73]。但是，日本不會完全履行其在臺灣問題上對中國政府的一再承諾。1999年6月8日《世界週報》刊登日本國際論壇委員會對日本政府提交的題為《日本與美中俄關係的展望及構想》的政策建議書。該建議書公開提出「不允許以武力解放臺灣」的政策構想。該建議書稱：「對中國來說，臺灣問題無疑是一個重大問題，然而，對於日本和美國來說，臺灣問題也不是一個無關緊要的可以忽視的問題」，美國在對臺的「『三不政策』之外還存在著第四個『不』，即中國不得以武力解放臺灣。美國方面似乎不願意公開向中國表明第四個『不』，但是美國沒有放棄這一政策」[74]。該建議書還進一步宣稱「日本的基本立場體現在1972年發表的《日中聯合聲明》當中，即『充分理解和尊重中國政府的立場』。當然，『充分理解和尊重』並不等於『承認』。從這一立場來說，當臺灣海峽的軍事緊張局勢日趨升級、進而事態發展到爆發戰爭時，日本是不能袖手旁觀的......日美兩國應該協調起來堅持『不允許以武力解放臺灣』的基本態勢，不能在這一問題上向中國發出錯誤的信號」[75]。1999年7月小淵惠三首相在回訪中國時再次就臺灣問題表態稱：「日本政府對臺灣的立場在《日中聯合聲明》有明確表示。作為日本本來就不可能參與或者支持臺灣的獨立......海峽兩岸問題應由中國人本身透過對話來取得和平解決。日本政府歡迎中國政府也以和平解決為目標，並且衷心希望將能實現這種解決。上述立場是日本政府自日中邦交正常化以來的一貫立場，它一直沒有任何變化」[76]。

但是，日本對於臺灣問題的政策如何延續、變化，這不僅取決於日本內政外交的需要，也取決於中國的強盛程度和中國的統一進程。日本在臺海問題上最擔憂的是「中國的崛起和單方面解決臺灣問題後將會從根本上改變亞太地區的戰略態勢和大國間的軍事平衡」。日本認為，亞太地區目前和今後都無法建立起像歐洲那樣的多邊安全保障機制，是美國的軍事存在才實現了亞太地區現在的軍事平衡，保障了本地區穩定。如果中國成為經濟、軍事和政治大國，就會大大增加中國用軍事手段來解決臺灣問題的可能性。中國勢將與日美形成軍事對峙的局面，如果美國戰略地位下降，日本將處於極為不利的位置[77]。可以預料的是，隨著中國綜合國力的提升，臺海兩岸關係的長期和平發展，美國、日本對臺海地區的影響日趨減弱已是不爭的事實。中國國際戰略學者郭震遠指出：「作為外部干擾因素的日本，實際上也包括美國，對臺灣問題的影響，不僅是有限的，而且也是完全可能減弱的；因而無論在什麼情況下，都不應該過分強調這些外部干擾因素的影響」[78]。

第三節　美日同盟重新定義、全球軍事戰略調整與美日臺關係的演變

冷戰時期，為推行其獨佔全球的冷戰戰略，美國根據其戰略利

益之需要，不斷修訂其軍事戰略。二戰結束至1952年杜魯門政府推行「遏止戰略」（亦稱有限遏止戰略）。1953年至1960年艾森豪威爾政府推行大規模報復戰略。1961年至 1968年甘迺迪、詹森政府推行靈活反應戰略。1969年至1980年尼克森、福特、卡特政府推行現實威懾戰略。1981年到1988年雷根政府則推行新靈活反應戰略（該戰略是對上屆政府靈活反應戰略的繼承和發展）。1989年5月布希總統正式提出「超越遏止」的國家軍事戰略；1992年2月國防部長切尼正式將布希的軍事戰略定名為「地區防務戰略」。該戰略的主要內容是戰略核威懾與戰略防禦、前沿存在、危機反應和部隊重建，把美國防務計劃重點從對付蘇聯全球性挑戰轉向對付地區性衝突，其核心是全球威懾和危機反應。

至冷戰後的1995年3月，克林頓政府提出「靈活與選擇參與戰略」。該戰略圍繞「打贏幾乎同時發生的兩場大規模地區衝突」的方針，提出以海外軍事存在和力量投送作為基本手段，以「和平時期參與、威懾和防止衝突、戰鬥並獲得勝利」作為美國的主要任務和軍事行動樣式。透過「提高人員素質、加強戰備和現代化」等措施全面提高和加強美國的軍事實力，從而實現「促進穩定」、「阻止侵略」的國家軍事戰略目標，維護美國唯一超級大國的地位。從美國戰略演變的軌跡看，這些戰略都只是過渡性戰略。「遏止戰略」也好，「先發制人」戰略也好，不管各個時期戰備方針的重點放在哪裡，準備打贏一切類型與規模的戰爭，乃是美國的根本立足點。美國軍事戰略雖經多次調整，但以爭霸世界、戰略擴張、謀求全面優勢、維護單極世界的指導思想，都始終沒有改變[79]。

綜上所述，冷戰結束後，鑑於最大的戰略對手—蘇聯的解體，美國先後多次對其全球軍事戰略進行調整，主要是縮減其海外駐軍和軍事基地。其後，先後撤除97 個大型軍事基地，海外駐軍縮減至29.6 萬人。不過，這些調整只是局部性調整和數量上的調整。後冷戰時期美國全球軍事戰略重大調整，不僅是影響東亞地區安全環境的重大因素，也是規定美日臺關係發展的主要現實背景[80]。從實際上看，美國全球軍事戰略調整的重心日趨轉向東亞地區[81]。

無論冷戰時期或冷戰後，美國東亞戰略對於臺灣的關注是「永恆」的。1960年美國著名中國問題專家鮑大可就在《共產黨中國與亞洲：對美國政策的挑戰》（1960）一書中明確指出美國在臺灣的戰略利益：「不容置疑，如果中共控制了臺灣並將其確立為一個主要軍事基地，美國在亞洲的現有安全體系將會受到嚴重損壞」[82]。美國對臺的戰略構思，長期影響著其對臺政策的制訂與實施。冷戰結束後的美臺關係較之冷戰時期，既保持了本質上的一致性，又具有新的變化與發展，即在保持冷戰時期美臺關係基本架構的基礎上，美國著力提高臺灣「獨立政治實體」地位，以實現「以臺制華」的目的，但又抑制臺灣當局圖謀分裂、「臺獨」的自我膨脹勢頭，以免影響其對華戰略的實施[83]。現在，美國已把中國定位為新世紀潛在的主要對手，為防止中國因統一和強大對美國的全球霸權構成挑戰，西化、分化和弱化中國是美國既定的長遠戰略，「維持現狀、阻撓統一、控臺制華」是美國干涉臺灣問題的必然政策選擇。隨著中國日益復興，美國對中國的防範和遏止亦會隨之加強。美國對華總體戰略不會因為中美關係的發展而發生根本性的變化，未來的美國對華對臺政策取向仍將大體上在中美三個聯合公報和《臺灣關係法》之間來回擺動，不至於脫離這個大框架[84]。

長期以來，美國在臺海問題上施行「雙軌」政策，即按照三個聯合公報保持與中國大陸的關係，同時按照《臺灣關係法》維持與臺灣的關係。如上所述，美國的「雙軌」政策是由其國家利益決定。一方面，中美兩國具有許多共同利益，美國在許多方面需要中國的合作，客觀上要求兩國均穩定和改善關係。另一方面，美國需要利用臺灣制約中國，成為其控制亞太、影響全球的重要戰略基地；而且可以利用臺灣對進口美國先進武器裝備的嚴重依賴獲取重大的經濟利益。美國既不想使自己失去一張重要的牽制中國的「臺灣牌」，也不願意看到「臺獨」導致臺海戰爭的爆發，美國的如意算盤是「不戰不和」，從中漁利[85]。

進入後冷戰時期，面對中國綜合國力的日趨增強，美國仍將持續奉行「不獨不統不戰」的臺海政策，經過1996年臺海危機後，美國更加視臺灣為其在西太平洋安全防禦體系中的重要一環[86]。就美國重新調整的東亞戰略趨勢看，美國將更加注重維持兩岸的戰略均衡和動態平衡，美臺關係將不會出現實質性的重大改變，美國將在維護中美關係大體穩定的框架內，繼續與臺灣保持和發展「半官方」或「準聯盟」關係[87]。

1991年蘇聯解體後，面對中國的崛起，美日同盟面臨重新定義的問題。在阻止中國崛起方面，美日擁有共同的利益，雙方都希望透過密切軍事合作，制定共同的作戰計劃等措施來強化其同盟關係，逐步提高自主防衛能力，以完成對中國的「軟遏止」體制。這種共識為美日在冷戰之後擱置經貿摩擦、重新定義美日安保體制、加強美日同盟關係奠定了基礎[88]。

在美國對其全球軍事戰略重新調整的過程中，東亞地區始終是其「重點關注」區域。1995年2月美國國防部發表《東亞安全戰略報告》，改變了1980年代以來的收縮兵力方針而宣佈在東亞地區維持10萬「前方部署兵力」。日本也加緊對其《防衛計劃大綱》進行相應修改，對美國的新東亞戰略予以配合。雙方在預定在美日首腦會談後發表的《共同宣言》草案中確認：繼續把美日關係作為其安全政策的基礎，強調美日關係由安全同盟、政治合作和經貿關係三大支柱構成[89]。

1995年11月28日村山富市內閣透過新的《防衛計劃大綱》，

以取代1976年三木內閣時期制定的《防衛計劃大綱》。新大綱最突出的特點之一，就是強調美日同盟，進一步加重美日安全保障體制的份量[90]。1996年4月16日至18日克林頓總統訪問日本；4月17日克林頓與橋本龍太郎首相共同簽署《美日安全保障聯合宣言——面向21世紀的同盟》，宣言表示著冷戰後美日同盟的一個新階段的開始，對冷戰結束後的美日同盟進行了全面總結和重新定義，重新確認冷戰後美日同盟的基本戰略框架。根據重新定義，美日軍事同盟的防衛範圍已經變成「日本的周邊地區」。「防衛」範圍的變化，不僅僅是範圍的寬窄問題，而是日本正式表明要在邊界以外發揮軍事作用，同時也表明美日安保條約由保衛日本型變成以整個亞洲太平洋地區為對象的針對地區衝突型[91]。具體看就是同盟防範的主要對象也由原來的蘇中轉變為中朝。1997年9月23日美日發表新的《美日防衛合作指針》，這是美日安全同盟「再定義」過程的重要一步。《指針》使日美同盟的性質發生了變化，日本從僅向美軍提供基地轉變為在所謂「周邊事態」時也提供「後方支援」，其中不乏其直接捲入地區軍事衝突的可能性。日美兩國在是否將臺灣排除在日美共同防衛範圍之外的問題上採取了暖昧態度，經中國一再要求對此予以澄清，日本表示堅持「一個中國」的立場，不支持「臺灣獨立」，但仍未明確承諾日美安保合作範圍不包括臺灣[92]。

值得關注的是，就在美日重新定義美日同盟、建構跨世紀「新安保體制」的同時，臺灣李登輝當局做了一系列積極的策略性配合。如李登輝指示主管國民黨黨營事業的劉泰英動用龐大資金投資沖繩，沖繩是駐日美軍的大本營（沖繩僅佔日本國土面積的0.6%，但卻容納了74%的駐日美軍基地），根本不具備投資開發經濟的環境，但臺灣當局執意斥巨資設立「自由貿易區」，無非是擬以經濟手段支持「美日安保體制」，對《美日防衛合作新指針》「周邊事態有事」涵蓋臺海區域表示「回報」。臺灣學者曾健民認為：事實上李登輝的圖謀成功了，當時的日本內閣官房長梶山靜六就明言「周邊事態」包括臺海在內[93]。

具體過程是，為給李登輝「臺獨」勢力打氣，8月17日梶山靜六在接受朝日電視臺採訪時稱：日美防衛合作的適用範圍「理所當然地包括臺灣在內」。在中國表示強烈抗議之後，18日外務省次官柳井俊二仍出面表態稱：「從1960年以來日本政府的統一見解來看，臺灣包括在日美安保條約規定的『遠東』範圍內」。19日池田行彥外相公然聲言，梶山靜六的言論是根據「日本政府的一貫立場」發表的。20日內閣副官房長官與謝野馨又代表日本政府發表正式談話，稱梶山靜六的話與日本政府的立場「並不矛盾」[94]。可見日本公然干涉中國內政的程度之深，亦說明臺灣李登輝當局的對沖繩投資明顯奏效，日臺攜手對抗大陸也略見一斑。

不僅如此，為進一步配合美日對臺海地區的軍事幹擾，李登輝更積極採取一系列政策措施限制兩岸經貿政策、以阻止兩岸關係的和平發展潮流。本來在「一國兩制」方針的指引下，兩岸經貿關係發展很快，至1994年底，兩岸貿易總額累計已達600多億美元。臺商在大陸投資達3萬餘項，協議金額超過300億美元[95]。1996年9月李登輝提出「戒急用忍」政策，從嚴管制和審查臺灣企業赴大陸投資，提出所謂的「西進暫緩、南向推動、臺灣優先」的投資政策。1997年7月15日臺灣當局實施新版的《企業對大陸地區投資審查辦法》，該《辦法》對臺商到大陸的「規範」和「審查」更加嚴苛，其主要目的就是嚴格控制臺灣大企業到大陸投資基礎設施和高科技產業[96]。1998年李登輝又利用東南亞金融危機，啟動「南向政策」[97]。表明臺灣當局既無意擴大大陸對臺出口，也無意減少臺灣對大陸的出口。也就是說，臺灣當局有意保持兩岸貿易失衡，獲得大量順差，以彌補其對日貿易的逆差。按臺灣當局統計，1997年臺灣的貿易順差為76.72億美元，扣除對中國大陸順差

130.46億美元，則逆差53.74億美元[98]。可見，李登輝為其「臺獨」主張，不惜破壞兩岸經貿對臺灣經濟帶來的利益格局。

兩岸經貿的順暢發展，在很大程度改變著臺灣對外經濟的發展趨向。臺灣企業到大陸投資，需要自臺灣進口機器設備和原材料，從而投資帶動了貿易。由於臺灣當局只許臺灣企業與大陸開展間接投資和間接貿易，而間接貿易主要是經香港轉口，因此，兩岸進出口貿易在這裡略去其他途徑的貿易額，只計算經由香港的轉口貿易額。從1990年到1998年10月兩岸間接貿易額為1068.302億美元，其中臺灣出口到中國大陸為957.320億美元，臺灣從中國大陸進口為110.982億美元，臺灣順差達846.337億美元，平均每年順差達94.04億美元。在這期間，大陸對美貿易的順差也逐年增高，以至於扣除對臺貿易逆差後仍有不少順差。這其中的一個重要原因是，臺灣企業進入大陸沿海地區投資製造業，其產品的大部分依舊出口至美國市場。因此形成了臺灣—中國大陸—美國新的三角貿易關係。這種新三角貿易關係說明臺灣如果不與大陸開展間接貿易獲得順差，臺灣進出口貿易在1992年以後將會呈現逆差而非順差。而且臺灣透過大陸對美國的間接出口，至少在表面上減少了臺灣對美貿易順差，從而緩和了與美國的貿易摩擦，但實際上把與美國的貿易摩擦「負擔」轉嫁給大陸。進入後冷戰時期，又有向「四角貿易」結構發展的趨勢[99]。隨著兩岸關係的日趨發展以及臺灣對美國經濟依賴性的迅速下降，李登輝阻撓兩岸經貿發展的「政策性動作」可謂接連不斷。

第四節　安全困境下的美日臺關係走向

綜上所述，戰後長期以來（整個冷戰時期乃至後冷戰時期），在臺灣當代社會的演變進程中，始終存在著來自美日的政治、經濟和軍事「關切與介入」。美日借助其強大的經濟、軍事實力，長期對臺灣實施著獨佔性影響；而臺灣亦借助與美日的多邊密切關係，形成與大陸長期對峙的嚴峻局面。美日臺聯手遏止、挑戰大陸，這就是冷戰時期美日臺關係得以維持的最大理由。毛澤東曾指出：「臺灣問題很複雜，又有國內問題，又有國際問題。就美國說，這是一個國際問題」[100]。

基於中國綜合國力的日趨強大，後冷戰時期美日臺關係框架及運行機制有所變化，更多地體現為「隱蔽」的方式。由此，中國學者張仕榮把冷戰後美日臺關係定義為「隱性安全同盟」，他認為美臺同盟自中美建交以來不再以正式的條約形式而改以「隱蔽」的方式得以存在；美日安全同盟在1990年代結束「漂流」後重新定義，主要理由在於應對來自中國崛起的威脅，臺灣當局一再叫囂大陸對其軍事威脅恰好順應了美日安全同盟的共同的「利益訴求」。由於美日臺安全同盟的溝通和協調處於隱蔽乃至半公開狀態，所以是一種「隱性安全同盟」[101]。筆者仍深信，今後很長一個時期，來自美日對臺海問題的「戰略干擾」仍是一個不可迴避的「戰略難題」，「靈魂不散」的美日臺關係框架仍是我們必須予以重點關注的目標。中國學者俞新天在吳濟南著《冷戰後的日臺關係》（2009年）一書的序文中明確指出：「日本和美國一樣，是當今世界在臺灣問題上影響最大的國家之一。美國對臺灣的介入主要反映在政治和軍事領域。中美建交至今已經30年，但美國仍在依據其國內法《臺灣關係法》向臺灣出售武器，粗暴干涉中國的內政。相比之下，日本對臺灣的影響更多地表現在經濟和文化領域。由於日本和臺灣在地理上相距較近，又曾對臺灣實行過近半個世紀的殖民統治，它對臺灣的影響是其他任何國家所無法比擬的」[102]。筆者以為，這一段論述，比較完整地對本書主題的基本內容做了精闢概括。

綜上所述，臺灣對於美國而言，最重要的價值在於遏止中國，所以美臺關係是服從於中美關係的，臺灣並非美國全球戰略的核心部分。而臺灣對於日本而言，則涉及日本的核心國家利益，日本從甲午戰爭到第二次世界大戰期間發動絕大部分對外侵略戰爭都離不開臺灣這塊「跳板」，因為日本是一個島國，缺少必要的以廣闊陸地為依託的戰略縱深，必須借助多個可以互相呼應的地理上的支點展開戰略部署，臺灣則是輻射亞洲特別是東亞地區最為理想的支點。美國前駐華大使芮斂儉指出：在太平洋戰爭中，臺灣是日本的戰爭支撐機制的關鍵部分。日本把臺灣作為一個力量構造的內容，在很大程度上不是針對中國的，而是針對東南亞[103]。今天看來，芮斂儉的這段論述仍具有現實意義。面對中國的日益崛起，日本根本無法取得東亞地區的主導權，它唯有繼續依靠美日軍事同盟，以經濟援助、投資開發等手段，並借所謂的「共同價值觀」，繼續影響包括臺灣在內的東亞地區的未來政治走勢。

最後，透過本書對1945—1995年美日臺關係演變過程的簡述可知，戰後50年美日臺關係的形成不僅是美國推行新殖民主義的需要，亦可視為冷戰時期東亞地區安全困境的具體表現。近年來多有學者以「安全困境」解釋東亞地區國際關係，以此類推，亦適用於對美日臺關係演變、博奕過程的理論詮釋[104]。這裡，筆者擬對「安全困境」做一簡述，且做本書之最後闡述。

「安全困境」本是西方國際關係理論中用以解釋國際緊張、對立乃至衝突形成機理的一個基本概念，也是美日對中國施以冷戰遏止戰略的理論來源之一。英國學者赫伯特·巴特菲爾德在《歷史與人類關係》一書中對國家間的安全困境曾有經典的描述：「在這樣一種局面下，你會對其他國家有現實的恐懼感，別國也會對你有著同樣的恐懼，也許你對別國根本無傷害之意，做的只是一些平常的事情，但你無法使別國真正瞭解你的意圖。你無法瞭解別國為什麼會如此的神經質。反之亦然，在這種情況下，雙方都以為對方是敵意的，無理性的，都不肯做出可以使大家都獲得安全的保證。軍備競賽的不斷升級，就是這種狀態的產物」[105]。美國學者約翰·米爾斯海默則在《大國政治的悲劇》（2001年）一書中亦明確指出：「『安全困境』的實質是，一個國家用來增加自己安全的測度標準常常會減少他國的安全。可見，一個國家在不威脅其他國家的安全情況下增加自己的生存機會是困難的」[106]。米爾斯海默認為，大國的生存意志是追求自身權利最大化及地區霸權，因而大國間不可避免地會形成衝突。但米爾斯海默卻「無端地」認為，由於中國經濟的飛速增長，中美衝突將不可避免。他預計中國會和當年的美國一樣，提出亞洲版的「門羅主義」，將美國趕出亞洲，因而他主張及時限制中國的發展，反對接觸而主張遏止中國。按照米爾斯海默的邏輯，中國巨大的人口規模，必然會走上「條頓武士」的道路，與美國爭奪「生存空間」。但不得不承認的是，米爾斯海默的邏輯結構存在著缺陷[107]。雖然米爾斯海默提出「安全困境」是在後冷戰時期，但他亦是在戰後以來逐漸形成的美國冷戰遏止理論的基礎上進一步延伸闡述的，可見，所謂「安全困境」不過是美國冷戰遏止理論在新時期「改頭換面」式的延續。

簡述之，戰後以來美國長期推行以遏止中國為主旨的東亞戰略，日本、臺灣長期予以積極配合的過程，就是基於各自對東亞地區「安全困境」的博奕過程。戰後初期東亞地區「安全困境」在美日臺各有不同表現與內涵。對於美國而言，主要是出於意識形態的考量。自1950年1月中蘇同盟條約簽訂、同年6月朝鮮戰爭爆發以來，美國為防止共產主義在東亞的「蔓延」，不僅將日本列島、臺澎列島置於其西太平洋島鏈戰略體系之中，還把日本、臺灣定位為其遏止中國、推行新殖民主義的重要戰略夥伴。由此，美國不惜對日臺施以巨大經濟和軍事援助，扶植日臺戰後經濟、軍事實力迅速增強，使其成為美國「扼制」中國大陸的重要戰略協作夥伴。對於日本而言，戰後初期日本只有追隨美國的東亞戰略，才能得到美國的戰略支持，以圖日本政治、經濟在東亞地區的重新崛起。而且日本絕不願意在東亞地區看到一個強大的中國，作為一個資源匱乏的島國，日本更擔憂臺海兩岸一旦統一，不僅對日本構成戰略性挑戰，亦對日本海上運輸線造成巨大威脅。故日本不斷強化美日同盟，始終堅持把臺海地域納入美日共同防禦範疇。這些都是美日基於安全困境在臺海問題上採取的對策。但至1990年代，美日在臺灣問題上存在著微妙的差異，如日中經濟貿易中心理事長木村一三就認為：美國明確表示「臺灣應該和平統一」，而日本政府則強調「和平解決」臺灣問題。日本這樣說，是因為基於臺灣歸屬未定論的立場[108]。臺灣最初是欲借助美日軍事力量，伺機實施「反攻大陸」；至60年代中期之後，主要是防止人民解放軍「解放臺灣」。冷戰後期臺灣當局則積極配合美日的東亞戰略，充當遏止大陸向海洋發展的「前沿軍事基地」。

至70年代中後期，雖由於日臺「斷交」、美臺「斷交」對於美日臺關係造成巨大振盪，美臺、美日關係一度趨於「停頓」。但經過「調整與修補」，臺灣與美日仍繼續維持半官方性質的關係。在臺灣致力於經濟發展的過程中，臺灣與美日關係愈加密切。80年代末期臺灣台灣政治生態亦發生重大變遷，至後冷戰時期，美國透過對「美日同盟」重新定義、不斷提升對臺軍售規格等措施，不斷強化與日臺的雙邊關係，繼續保持其對東亞地區的戰略威懾。時至今日，東亞安全困境仍是一個難解的困局，但歸根結底是由於美國的東亞軍事存在造成的，也是美日基於其戰略需要而刻意為之的。

本來，國家間關係更多是受市場經濟的影響。在美日臺關係的形成與演變過程中，中國大陸的存在與影響力始終是一個特殊的，不可忽視的博奕因素。隨著後冷戰時期中國大陸國力的空前增強，其對美日臺關係的影響漸次增強，中國大陸逐漸具有了更多的戰略主動性。未來的美日臺關係既充滿變數，也充滿著矛盾與折衝。但至20世紀末期，日本外交的基軸始終是對美外交。日本既希望能在其走向政治大國的進程中借美國之「船」出海，同時又擬儘可能地減少對美國的戰略性依賴，這其實是兩難的選擇。而美日雙邊關係的變化也勢必影響到美日臺關係的動態性演變。

有人以為，美國對包括臺灣在內的西太平洋的軍事控制能力實際上是十分有限的，如果沒有高超的政治和外交能力彌補，隨著中國的崛起，美國退出西太平洋是必然的[109]。此觀點過於樂觀，也不符合當代東亞歷史發展的實際過程和未來趨勢。不論看美國近代在東亞地區擴張過程，還是觀其冷戰結束後東亞戰略的實施作為，奉行霸權理念的美國絕對不會「主動」退出東亞區域。在可以預見的未來，美國將依舊是影響和制約東亞地區事務的主要參與者甚至是決定力量。美國一方面構建起以自己軍事盟友為基礎的地區安全體制，以維持符合美國戰略意義的東亞制度安排；另一方面，在霸權體系下的東亞，主要矛盾依舊存在，成為地區安全局勢緊張的潛在根源，而東亞地區多元化的安全結構必須要依靠自己的力量構建，各國減少對美國的依賴提高自主性，努力增強自身實力，勇於承擔起安全合作的義務，才是突破東亞地區安全困境的正途[110]。

冷戰後，美國企圖借東歐劇變、蘇聯解體之「風」，以「以臺制華」來配合其推行對華「遏止」政策，從而達到「西化、分化」中國的戰略目的[111]。長期以來，在臺灣問題上，美國的政策是「兼具政策目的的清晰性與政策手段的模糊性於一身」。所以一邊強調承認一個中國的原則，一邊又每年都上演對臺軍售的鬧劇。美國在臺海問題上的模糊性源於美國既不希望臺灣問題破壞中美關係的發展，同時又想利用臺灣問題遏止中國大陸。為此，美國積極推行其「戰略模糊」的雙軌政策，旨在使海峽兩岸都摸不透美國的底牌，以防止臺海地區爆發軍事衝突，損害美國的國家戰略利益與民主價值觀念[112]。日本亦追隨美國東亞戰略而採取與美國一致的

「戰略模糊」政策。臺灣學者楊永明指出：對於日本而言，確保臺灣海峽的和平與安定具有重要的戰略利益。日本一直密切關注兩岸關係與臺灣海峽的安全保障問題。在1996年臺海危機之時，日本就曾表示出關注與擔憂的態勢。但日本一直採取了在美日安保體制下對應臺海地區安全的立場。對於美日安保體制的範圍是否涵蓋臺海地區，或者臺海地區一旦發生軍事衝突時美日應如何對應的問題，日本始終採用「周邊事態」的模糊概念，迴避對地理概念的明確界定與在安全保障上的公開承諾。這既是出於不刺激中國的考慮，同時也是為了保持其戰略威懾功能，也即所謂的「戰略模糊」政策[113]。

注　釋

[1].《人民日報》1978年12月17日。

[2].熊志勇：《中國與美國——邁向新世紀的回顧》，第278頁。

[3].陳一新：《斷交後的中美關係》，臺灣五南圖書出版社公司1995年版，第184頁。

[4].implementation of the taiwan relations act：hearings before the subcom mitteeon asian and pacificaffairs of thec ommittee of foreign affairs，house of representative，96th congress，2an.session，1980，pp.28-29.引自牛軍：《美國對臺灣政策及美臺關係的演變——一個歷史考察》，中國戰略與管理研究會：http：//www.cssm.org.cn/.

[5].楊生茂：《美國外交政策史（1775—1989）》，第615頁。

[6].梅孜：《美臺關係重要資料選編》，第217頁。

[7].［美］約翰·H·霍爾德里奇：《1945年以來美中外交關係正常化》，第243頁。

[8].王偉男：《中美關係中的臺灣問題（1948—1982）》，第149頁。

[9].劉佳雁、劉宏：《美國對臺軍售及其踐踏國際法行徑》，《臺灣研究》2001年第2期。

[10].蘇格：《美國對華政策與臺灣問題》，第513 頁；謝益顯主編：《當代中國外交史（1949—2009）》，第292頁。

[11].謝益顯主編：《中國外交史：中華人民共和國時期（1979—1994）》，第8頁。

[12].李長久：《中美關係二百年》，第339-340 頁；王偉男：《中美關係中的臺灣問題（1948—1982）》，第152頁。

[13].國務院臺辦研究局編：《臺灣問題文獻資料選編》，第1057頁。

[14].雷根備忘錄的內容大致對《八一七公報》的解釋是繼續軍售臺灣，供給臺灣武器的質量，完全要看中華人民共和國威脅而定，臺灣的防衛能力須予以維持。這份備忘錄只有一頁，鎖在美國國安會保險箱裡，每當對臺軍售問題冒出來，這份備忘錄就會被取出。在美國學者孟杰慕的《轉向》及臺灣「國安會秘書長」胡為真的《美國對華一個中國政策之演變》的著述中，均提到雷根備忘錄。見《雷根在臺灣問題上扮演不光彩角色》，環球視野網，http：//www.globalview.cn/.

[15].王衛星：《對臺軍售——美國製華的重要籌碼》，《光明日報》2001年4月13日。

[16].牛軍：《美國對臺灣政策及美臺關係的演變——一個歷史考察》，中國戰略與管理研究會，ht-tp：//www.cssm.org.cn/.

[17].謝益顯主編：《當代中國外交史（1949—2009）》，第296頁。

[18].張穎：《雷根總統夫婦訪問中國紀事》，《縱橫》1997年第10期。

[19].楊生茂：《美國外交政策史（1775—1989）》，第617頁。

[20].《美國國防部把日本視為「潛在威脅」，極其秘密地進行了模擬演習》，時事社華盛頓1988年7月23日電訊。引自楊生茂：《美國外交政策史（1775—1989）》，第610頁。

[21].張仕榮：《21世紀初期中美日安全關係中的臺灣問題》，九州出版社2010年版，第179頁。

[22].楊生茂：《美國外交政策史（1775—1989）》，第621頁。

[23]. 孫建社：《影響中美關係的四大因素》，《當代世界社會主義問題》2001年第2期。

[24].司馬亮：《1989年中美制裁危機是如何化解的》，《文史參考》2010年第6期；陳述：《共和國外交史上的一件大事——打破西方國家的「制裁」》，《中國黨政幹部論壇》1999年第10期。

[25].呂乃澄、周衛平主編：《大棋局——中美日關係風雲五十年》，當代世界出版社2001年版，第303頁。

[26].參照吳建民：《外交案例》（第二章「逆境外交」，中國人民大學出版社2007年）；錢其琛：《外交十記》（世界知識出版社2004年）；司馬亮：《1989年中美制裁危機是如何化解的》，《文史參考》2010年第6期。

[27].劉麗華、張仕榮《美國臺海政策的演變分析（1945—2007）》，內蒙古大學出版社2007年版，第111頁。

[28].美國國會記錄，1989年7月19日，第8159-8160 頁。梅孜：《美臺關係重要資料選編》，第250頁。

[29].牛軍、肖蓉：《淺析美國對臺灣政策及美臺關係的歷史演變》。

[30].張清敏：《布希政府向臺灣出售F-16 戰鬥機的決定—美國對華政策決定因素的一個案例分析》，《美國研究》2000年第4期。

[31].《雷根在臺灣問題上扮演不光彩角色》，環球視野網http：//www.globalview.cn/ReadNews.asp？NewsID=1398.

[32].牛軍：《論克林頓政府第一任期對華政策的演變及其特點》，《美國研究》1998年第1 期；蘇格：《美國對華政策與臺灣問題》，第727頁。

[33].呂乃澄、周衛平主編：《大棋局—中美日關係風雲五十年》，第365頁。

[34].1993年8月美國指責中國「銀河」號貨輪載有危險化學品並對該貨輪進行干擾和威脅。8月7日中國外交部部長助理秦華孫緊急召見美國大使芮效儉提出強烈抗議。見《人民日報》1993年8月8日。9月4日中國外交部發表關於「銀河號」事件的聲明，對美

國的霸權行徑進行了譴責。見《人民日報》1993年9月5日。

[35].1993年8月美國認定中國向巴基斯坦進行了與M-11 導彈相關的技術轉讓而決定對華實行制裁。8月27日中國外交部副部長劉華秋緊急召見美國大使芮效儉提出強烈抗議。見《人民日報》1993年8月28日。

[36].牛軍、肖蓉：《淺析美國對臺灣政策及美臺關係的歷史演變》；蘇格：《美國對華政策與臺灣問題》，第729—730頁。

[37].呂乃澄、周衛平主編：《大棋局——中美日關係風雲五十年》，第367頁。

[38].1994年兼任臺灣經濟研究院長的臺灣國民黨黨營事業委員會主任劉泰英與美國著名的公共關係公司——卡西迪公司接上了關係。劉泰英以臺灣經濟研究院長的身份每年向卡西迪公司提供200萬美元。條件是該公司必須為李登輝訪美打通美國的各個環節，尤其是要爭取眾參兩院國會議員的全力支持。見陳鋒主編：《中美大較量》，中國人事出版社1996 年版，第613 頁。

[39].許世銓：《簡評冷戰後美國對臺灣政策的調整》，《臺灣研究》1997年第3期。

[40].《人民日報》1996年11月23日。

[41].《人民日報》1997年10月31日。

[42].《人民日報》1997年10月31日。

[43].謝益顯主編：《當代中國外交史（1949—2009）》，第413頁。

[44].正源編著：《克林頓訪華言行錄》，中國社會科學出版社

1998年版，第151頁。

[45]. 朱良：《國際共運危機和西方對華制裁》，《炎黃春秋》2009年第11期。

[46].《生為臺灣人的悲哀——李登輝與司馬遼太郎對談全文》，原載於《朝日週刊》：http：//www.douban.com/group/.參照李家泉：《欲把臺灣人民引向何方？——評李登輝與司馬遼太郎對話》，《臺聲》1994年第7期。

[47].為拉近日臺關係，李登輝以十億新臺幣作為策劃訪日的專項經費。1991年6月中旬日本自民黨政治家金丸信赴臺參加臺灣大學校慶時，允諾透過「日臺議員懇談會」安排李登輝於8月15日到18日訪問日本的行程。當年7月10日日本《讀賣新聞》以《臺灣總統訪日計劃曝光，中共反彈，政府為難》為題，披露李登輝正在秘密策劃訪日的內幕，在中國的抗議下，未及得逞。

[48].李登輝提出「兩國論」，企圖以「主權國家」身份進入聯合國。見沈惠平：《臺灣「參與聯合國」問題研究》（《國際論壇》2011年第2期）；周忠菲：《李登輝「兩國論」出臺背景分析》（《世界經濟研究》1999年第6期）。

[49].路洲、黃達維：《臺灣何處去》，臺灣雙和國際出版社1996年版，第120頁。

[50].吳獻斌：《變化中的中日關係》，《世界經濟與政治》1997年第8期。

[51].《臺海關係中浮出日本因素》，《亞洲週刊》，1997年8月4日—10日。

[52].日本外務省微縮膠卷：E』2522《本邦對中共貿易關係雜件—·一般（一）》，1957年4月。引自張耀武：《中日關係中的臺灣問題》，新華出版社2004年版，第364頁。

[53].參照劉莉：《淺析鳩山內閣時期對華關係的發展》《日本學論壇》1999年第2期。

[54].劉天純等：《日本對華政策與中日關係》，人民出版社2004年版，第280頁。

[55].《人民日報》1993年8月27日。

[56].郝雨凡：《白宮決策：從杜魯門到克林頓的對華決策內幕》，東方出版社2002年版，第706頁。

[57].馬建離：《海峽兩岸關係40年》，湖北教育出版社1995年版，第333—334頁。

[58].郝鐵軍：《日本介入臺灣問題的動因分析》，《學術論壇》2012年第2期。

[59].《世界週報》2000年1月18日。

[60].薛君度、陸忠偉：《顛簸的日本》，時事出版社2001年版，第179頁。2005年10月12日，日本平成國際大學淺野和夫在東京提出《有關日本和臺灣相互交流基礎的法律草案》，強調日本制訂類似美國《臺灣關係法》的必要性。見「日教授提所謂『日臺關係法』冀在小泉任期內實現」，華夏網：
http：//www.huaxia.com/xw/tw/，2005年10月13日。

[61].許介鱗：《日本現代史》，三民書局1991年版，第328頁。

[62].［日］岡崎久彥：《2005年美日中決勝臺灣》（林玉珮譯），臺灣先智出版公司2001年版，第65頁。

[63].［日］和泉太郎：《日美臺三國同盟》（李毓昭譯），臺灣晨星出版社1999年版，第203頁。

[64].何思慎：《擺盪在兩岸之間：戰後日本對外政策》，臺灣東大圖書公司1999年版，第233頁。

[65].徐之先：《中日關係三十年》，時事出版社2002年版，第329頁。

[66].日本戰略中心編：《生存於世的安全保障》，原書房1994年版，第145—146、第221—222頁。引自劉江永：《日本的國家利益觀、對外戰略與對華政策》，《外交學院學報》2012年第5期。

[67].引自王義偉：《中國統一對日本意味著什麼》，《中華工商時報》2005年2月24日。

[68].李健編：《臺海兩岸戰事回顧》，華文出版社1996年版，第1—9頁。

[69].據臺灣「國安局」曝光的秘密文件顯示，1996年臺海危機時，「國安局」明德小組透過當時的日本首相橋本龍太郎，向美國總統克林頓施壓，使美國派出航空母艦赴臺灣海峽，發揮超乎想像的作用。日本杏林大學教授伊藤潔稱，1996年海上自衛隊幕僚長曾親口向他表示，當年「獨立號」在日本出發時，日本海上自衛隊曾提前為其掃雷，顯示當年美、日軍方有相當密切的聯繫。但日本學者船橋洋一等人則持有異議。見南方網：http：//news.china.com/Zh cn/hmt/1004/2002年3月26日。此

事有待今後發掘進一步的佐證資料。

[70].郝雨凡：《白宮決策：從杜魯門到克林頓的對華決策內幕》，第645頁。

[71].新華社1997年4月15日電訊。

[72].徐之先：《中日關係三十年》，第327頁。

[73].《人民日報》1998年11月27日。

[74].日本國際論壇委員會編：《日本與美中俄關係的展望及構想》，《世界週報》1999年6月8日。

[75].日本國際論壇委員會編：《日本與美中俄關係的展望及構想》。

[76].日本大使館文化部編印：《日本簡訊》第120號，1999年8月1日。

[77].李鵬：《臺海安全考察》，第268頁。

[78]. 郭震遠：《日本在臺灣問題上的影響不斷減弱》，《中國評論》2009年11月號。

[79].《美國軍事戰略的9次調整：始終謀求世界霸權》，人民網2002年12月17日。翟曉敏：《冷戰後美國調整軍事戰略的基本依據和指導思想》，《世界經濟與國際政治》1999年第1期。

[80].2005年美國再次進行規模更大的戰略調整，根據美國國防部的全球戰略調整計劃，主要內容包括：1.大幅度減少在歐洲的駐軍。美國陸軍在歐洲的基地數量幾乎縮減一半，撤回美國的駐軍數量相當於美國海外陸軍總數的1/4。其中，駐德國1.5萬人的重型裝甲旅被規模僅有其1/3的輕型裝甲旅所取代。2.加強在東歐、中

亞、中東的軍事存在。波蘭、保加利亞、匈牙利和捷克已同意美軍進駐。而在「9·11事件」後美國已在包括阿富汗在內的中亞5國建立了13處軍事基地，如阿富汗的巴格拉姆空軍基地和坎大哈機場、吉爾吉斯斯坦的馬納斯機場等。3.對東亞地區的兵力部署和基地進行調整。例如，將駐韓美軍基地向南移動，撤走部分作戰部隊，將駐紮在沖繩的海軍陸戰隊部分兵力轉移到關島。駐日美軍司令部將移至座間兵營，第5航空隊司令部將移至關島安德森空軍基地。駐美國本土的陸軍第1軍司令部也將移至日本的座間兵營，負責指揮遠東地區陸、海、空軍及海軍陸戰隊。4.全球調整的重心在西太平洋地區。美國在關島多艘核潛艇、B-52 型轟炸機和B-2 型隱形轟炸機、戰斧式巡航導彈等。原駐本土的美國空軍第391戰鬥機中隊也部署到關島的安德森空軍基地。據媒體透露，安德森基地儲存的導彈和炸彈數量實際保持1萬枚左右，飛機燃料儲量達6600萬加侖，在全球美軍基地中排名第一。航空母艦戰鬥群從關島出發，兩天內就能抵達臺灣海峽。見［美］羅伯特·卡普蘭：《我們應該如何與中國作戰》，《太平洋月刊》2005年6月號。引自《中國時報》2005年6月27日。

[81].美國的全球戰略大調整引發世界各國的密切關注，這是一次全球規模的結構性變化。其特點表現在三個方面：首先是這次調整的宗旨是針對雙重性的威脅，既打擊國際恐怖主義和防止新興大國（主要指中國——筆者注）挑戰美國在全球或地區的領導地位。其次，美軍實行的是網絡性的部署，強調機動性和協調性，使美軍能迅速地投入到全球所有的「熱點」地區執行任務。再次，調整的結果是美國在歐亞大陸的戰略態勢更趨均衡。這次戰略調整表面上看，美國全球戰略的基點仍然是在歐亞大陸。但在歐洲、中東和中亞、遠東三條戰線中，美國在歐洲的軍事部署由「老歐洲」向

「新歐洲」東移；在中東地區呈加強態勢；在遠東地區則將其軍事部署重心由夏威夷轉移到關島，將其戰略前沿向西推進了6000多公里。美國的全球軍事調整很難簡單地用「擴張」或者「收縮」這樣的一個詞來概括。應該說，這是一種重新佈局，在局部地區有收縮，整體來說是擴張。見吳寄南：《冷戰後日臺關係》，上海人民出版社2009年版，第145—146頁。

[82].李增田：《從鮑大可的著述看美國在臺灣問題上的利益需求》，《國際論壇》2004年7月第6卷，第4期。

[83].範來忠：《冷戰後美臺關係的演變原因及未來走向》，《社會科學》1998年第12期。

[84].丁詩傳、魏宏洲：《冷戰後美國干涉臺灣問題戰略策略評析》，《世界經濟與政治》2000年第7期。

[85].雲莉、孟萌：《冷戰時期與冷戰後美國對臺政策比較》，《內蒙古師範大學學報》2008年第6期。

[86].吳心伯：《反應與調整：1996年臺海危機與美國對臺政策》，《復旦大學》2004年第2期。

[87].參照範來忠：《冷戰後美臺關係的演變、原因分析及未來走向》（《世界經濟與政治論壇》1999年第1期）；胡凡：《冷戰後美臺關係淺析》（《國防科學》2000年第5期）。

[88].趙丹：《淺析日美安保體制嬗變的原因》，《理論學刊》2004年第6期。

[89].金熙德：《日本外交與中日關係——20世紀90年代新動向》，第11頁。

[90].任曉、劉星漢：《論二十世紀九十年代的美日同盟》，《美國研究》2000年第4期。

[91].張大林：《評「日美安全保障聯合宣言」》，《國際問題研究》1996年第4期。

[92].金熙德：《日本外交與中日關係——20世紀90年代新動向》，世界知識出版社2001年版，第17頁。

[93].曾健民：《臺灣「日本情結」的歷史諸相——一個政治經濟學的視角》，臺灣「人文與社會」，http：//wen.org.cn/modules/2009年2月3日。

[94].事實上，關於「防衛範圍」，在中日邦交正常化之後，日本政府的主管閣員曾經明確表達了日本的立場。例如，1972年11月8日，作為《中日聯合聲明》的簽署人之一，大平正芳外相在國會答辯時指出，1969年日美聯合聲明中有關臺灣的條款表達了當時日美領導人對臺灣地區形勢的看法，臺灣問題是「中國的內政問題」，日本今後「要考慮到日中兩國友好關係而慎重對待」。1978年12月12日，作為簽署《中日和平友好條約》的「日本國全權代表」，園田直外相在國會質詢中表示，鑑於中美關係正常化，日美兩國締結的安保條約第六條關於遠東地區的條款已經失效，而今，日本政府某些官員卻說日本從未改變過1960年的立場。這種不顧事實的狡辯，顯然是在為某些人的政治圖謀找藉口。見《人民日報》1997年8月22日。

[95].盧仁祥：《海峽兩岸貿易關係研究——基於1979—2007年貿易數據的實證分析》，《商業時代》2012年第10期。

[96].《企業對大陸地區投資審查辦法》主要有四方面內容：1.

禁止投資項目新增基礎設施等32個，包括基礎設施13項、石化上游產品7項、電子科技產品10項和房地產、保險等項。這些均屬在大陸最具發展潛力、成為臺商投資新熱點的項目，故其負面影響相當大；2.帶能夠企業、上市上櫃公司到大陸投資上限，依其資本額或資產淨額，採用40%、30%、20%的「累退比例」規範，企業規模愈大，準許赴大陸投資比例愈低；3.任何領域的個案投資上限均不得超過5000萬美元；4.專案審查指標繁雜，標準嚴苛。引自韓清海：《中國企業史·臺灣卷》，企業管理出版社2003年版，第525頁。

[97].1994年至1996年間，臺灣當局推行第一輪「南向政策」，其目的在於鼓勵臺灣企業往東南亞地區投資以抑制它們對中國大陸的「投資熱」，並選擇了越南與菲律賓作為重點推行此項政策的基地（因為進入90年代，世界銀行將中國、越南、印度、菲律賓列為亞太地區的「新經濟增長區」）。1994年至1996年三年間，臺灣企業在東南亞地區的累計投資額達127.74億美元，超過了其在中國大陸的累計投資額98.31億美元，與1992年至1993年期間的臺灣企業在中國大陸的累計投資額（93.04億美元）遠遠超過了臺灣企業在東南亞地區的累計投資額（25.84億美元）的情況，形成了一個逆轉的形勢。1998年1月，臺灣當局「經濟部」制定出《加強對東南亞及澳新地區經貿工作綱領》；3月臺灣「行政院」又透過一系列加強對東南亞經貿的具體措施。欲推動第二輪「南向政策」，但至1998年9月底，所謂的第二輪「南向政策」以失敗而告終。引自汪慕桓：《臺灣當局的「南向政策」評析》，《臺灣研究集刊》1999年第1期。

[98].龍永樞：《海峽兩岸經貿合作關係研究》，經濟管理出版

社1998年版，第114頁。

[99]. 臺灣方面認為：80年代中期，由於香港取代日本成為臺灣的第二大出口對象地區，1992年對香港輸出領先了對日本輸出達65億1450萬美元。這主要是由於對大陸間接投資的激增，從臺灣經由香港對大陸出口持續增加所延伸的結果。1992年從臺灣經由香港對大陸的間接出口額為62億8790億美元（較前一年增加34.7%），佔對香港出口的40.8%。臺灣對大陸之間接出口已達總出口的8.3%，兩岸貿易之擴展大大地影響了臺灣的出口結構。從貿易收支來看，自1991年起由於香港出口的急速增加及自香港進口的停滯，臺灣對香港的貿易出超從1989年48億美元至1990年達71億美元，1991年達105億美元，1992年達136億美元，1993年達167億美元。而1991年以後至1993年9月間對香港的出超為365億美元，根據香港政府的統計，此期間經香港輸往大陸的貿易出超為137億美元，佔對港出口的37.5%。同期間臺灣對中國大陸的出口值為165億美元，因此形成臺灣單向出超。再加上中國大陸對美國之出口急速增加，形成對美國之單向出超，日本單向對臺出超→臺灣單向對香港及大陸出超→中國大陸單向對美國出超，亦即浮現出日本→臺灣→香港·中國大陸→美國的四角循環結構。引自羅吉煊：《臺日經濟關係》，《彰銀資料》第43卷第4期，1994年4月。

[100].中華人民共和國外交部、中共中央文獻研究室編：《毛澤東外交文選》，中央文獻出版社、世界知識出版社1994年版，第382頁。

[101].張仕榮：《21世紀初期中美日安全關係中的臺灣問題》，第179頁。

[102].吳濟南：《冷戰後的日臺關係》，第1頁。

[103].劉建飛：《芮斂儉：中國崛起不至於導致兩國（中國、美國）發生衝突》，《亞洲論壇》2005年9月號，第33頁。引自張仕榮：《21世紀初期中美日安全關係中的臺灣問題》，第116-117頁。

[104].參照範明英等：《安全困境的概念、成因及其實踐超越》（《長白學刊》2006年第3期）；封永平：《安全困境與中日關係》（《日本問題研究》2005年第4期）；劉剛：《安全困境與後冷戰時代的中美關係-兼論臺灣問題》（《國際論壇》2002年第2期）等。

[105].引自王逸舟：《全球化時代的國際安全》，上海人民出版社1999年版，第57頁。

[106].［美］約翰·米爾斯海默：《大國政治的悲劇》（唐小松、王義桅譯），上海人民出版社2003年版，第48頁。

[107].宋衛濤：《「大國政治的悲劇」霸權邏輯的脆弱性——評約翰·米爾斯海默的「中國威脅論」》，《東北亞論壇》2004年第4期。

[108].［日］木村一三：《不要把中國視為假想敵國，而應該擴大經濟交流》，《財政》週刊1996年8月27日。

[109].張文木：《美國東亞地緣戰略：底線和極限》，《領導者》2007年第16、17期。

[110].陳雅慧：《東亞地區兩安全困境透視》。

[111].馬萬義：《冷戰後美臺關係的演變》，《當代亞太》

1999年第10期。

[112].陳雅慧：《東亞地區兩安全困境透視》，《環球軍事》2011年10月。

[113]. ［日］川島真等：《日臺關係史（1945—2008）》，第212頁。

[114]. 劉建飛：《中美關係三十年回顧與展望》，《解放軍報》網絡版：http：//www.chinamil. com.cn/gb/pladaily/.2002年2月25日。

[115]. 《人民日報》1995年5月23日。

結語

本書就戰後美日臺關係的演變過程做了極為粗線條的論述，主要想說明的一個核心問題是：二戰後的冷戰時期，基於臺灣的戰略地緣關係、以及圍堵中國的戰略考量，美日對於臺灣長期持有戰略獨佔傾向。以臺灣作為制衡中國的戰略基點，牽制中國的崛起，始終是美日共同的戰略取向。雖然冷戰後美日臺關係有所「鬆散」，更主要是由於中國國力的增強，美日在臺海地區的影響日趨減弱，但其以往的戰略規劃並沒有「收斂」，相反更多以「隱性」手段持續推行。

20世紀末期而言，主要以美日同盟和美臺「隱性同盟」組成的美日臺關係框架是攔阻臺海兩岸的最大戰略阻礙。因而有人認為，從短期看，臺灣問題的主要矛盾在美國，但從長期看主要矛盾則在日本。因此，中美在太平洋上的戰略博奕過程，本質上是一個磨合過程而不是絕對衝突的過程，是一個需要美國對中國西太平洋的利益有一個起碼承認的過程。承認中國西太平洋利益的核心是接受中國統一臺灣[1]。旅日中國學者張雲（日本新潟大學副教授）亦認為：戰後，在經濟上，美國沒有在亞洲積極推進類似於歐洲一體化的地區主義建設；在安全上，也沒有建立類似於北大西洋公約組織的多邊安全框架，而是建立了以華盛頓為中心、以經濟和安全高度依賴美國為兩大支柱的雙邊同盟網絡——這包括日本、韓國、菲律賓、泰國、澳大利亞、紐西蘭和臺灣（地區）。不可否認，這個雙邊網絡在一定程度上提供了地區穩定，也帶來了經濟發展，但是從上世紀70年代末開始，這個網絡出現了很大的變化。在這個大背景下，美國提出了「亞太再平衡」、「回歸亞太」等戰略口號。儘管美國一直試圖告訴中國這些都不是針對中國的，美國無意阻撓中國的崛起和發揮更大的地區作用，但似乎並不那麼讓人信服。結果，對於美國人來說，「亞太再平衡」變成了一個危險的平衡遊戲，而各方面的誤算、誤判更是增加了不確定性和危險性。沒有人懷疑美國的重要性，更沒有人希望把美國從亞洲排擠出去，但東亞未來的安全最終需要依靠本地區的和解，而美國可以在這個過程中發揮建設性的作用，如果美國的「再平衡」的著力點在這裡，那將會是多贏[2]。筆者以為，這些論述乃屬「東郭之言」，把東亞地區未來和平環境的構築寄託於美國之身，結局無疑是「黃梁一夢」。

東亞地區和平環境的構築，主要取決於中國未來國際地位的持續增強，取決於中華民族偉大復興的實現。中國學者劉建飛認為：從今後長期一個時期來看，美日將進一步加強在臺灣問題上的戰略協調，不可避免地給臺灣海峽兩岸的對話與和平統一帶來了相當大的阻力。實行社會主義制度的中國與資本主義制度的美國始終存在著意識形態的對立，在臺灣問題也是如此。由此，我們需冷靜而深刻地意識到：資本主義與社會主義這兩種制度並存將是個長期的現象，美國的意識形態外交也將長期存在下去。就目前來講，由於美國仍處於唯一的「一強」地位，安全環境和經濟形勢比較好，美國比較強調意識形態外交。但是從長遠趨勢來講，隨著「和平與發展」時代主題的深化，隨著全球化與多極化進一步發展，美國意識形態外交的作用或將弱化。社會主義國家在處理同資本主義國家的關係要超越社會制度和意識形態的差異，就應當正確地認識到這兩種制度國家間的關係定位，尋求共同利益的匯合點。中國是最大的社會主義國家，而美國則是最大的資本主義國家，如何認識兩國關係定位和共同利益，對認識兩種制度之間的關係具有指導意義[3]。

從這個意義上講，中國繼續堅持改革開放、繼續發展經濟，以實現中華民族的偉大復興為最高目標，是維持東亞地區和平的最大戰略保障。對於中國而言，構築中國與周邊國家和平共處的戰略模式，是極為重要的。在今天看來，推動開放性的地區共同體的建設，可能是最好的選擇[4]。但這個共同體的成員是平等的，不需要任何大國居中發號施令。

最後，筆者深信，縱觀未來世界，不論全球與東亞地區，和平與發展將是永恆的主題。排除外部干擾，推動兩岸統一，中國對此充滿信心。2013年3月23日中國國家主席習近平在莫斯科國際關係學院發表演講時指出：「面對國際形勢的深刻變化和世界各國同舟共濟的客觀要求，各國應該共同推動建立以合作共贏為核心的新型國際關係，各國人民應該一起來維護世界和平、促進共同發展」。「隨著世界多極化、經濟全球化深入發展和文化多樣化、社會訊息化持續推進，今天的人類比以往任何時候都更有條件朝和平與發展的目標邁進，而合作共贏就是實現這一目標的現實途徑。世界的命運必須由各國人民共同掌握。各國主權範圍內的事情只能由本國政府和人民去管，世界上的事情只能由各國政府和人民共同商量來辦。這是處理國際事務的民主原則，國際社會應該共同遵守」[5]。

注　釋

[1]. 張文木：《美國東亞地緣戰略：底線和極限》。

[2].《日本專家：美國別拿「亞太再平衡」玩火》，《人民日報·海外版》2013年8月24日。

[3].劉建飛：《美國與反共產主義—論美國對社會主義國家的意識形態外交》，中國社會科學出版社2000年版，第280頁。

[4].張小明：《中國與周邊國家關係的歷史演變、模式與過程》，《國際政治研究》2006年第1期。

[5].新華網，http：//news.xinhuanet.com/world/2013年3月24日。

參考書目

一、日文版

1. [日]國分良成：《中華人民共和國》，築摩書房1999年版。

2. [日]毛里和子：《日中關係—戰後から新時代へ》，岩波書店2006年版。

3. [日]石井明等：《紀錄と考證：日中國交正常化と日中平和友好條約締結交涉》，岩波書店2003年版。

4. [日]竹內實：《日中國交基本文獻集》，蒼蒼社1993年版。

5. [日]諸方貞子：《戰後日中·日米關係》，東京大學出版會1992年版。

6. [日]池田直隆：《日米關係と「二つの中國」-池田·佐藤·田中內閣期》，木鐸社2004年版。

7. [日]由良善彥：《日臺國交斷絕》，開放經濟研究所1972年版。

8. [日]古川萬太郎：《日中戰後關係史》，原書房1981年版。

9. [日]中村勝範等：《日米同盟と臺灣》，早稻田大學出版社2003年版。

10. [日]平川幸子：《「二つの中國」と日本方式》，勁草書房2012年版。

11. [日]吉田茂：《世界と日本》，番町書房1963年版。

12. [日]吉田茂：《激動の百年史：わが決斷と奇蹟の轉換》，百川書院1978年版。

13. [日]吉田茂：《日本を決定した百年》，日本經濟新聞社1980年版。

14. [日]吉田茂：《回想十年》，新潮社1958年版。

15. [日]五百旗頭真：《日本の近代（6）：戰爭？佔領？講和》，中央公論新社2001年版。

16. [日]升味準之輔：《戰後政治：1945—55年》，東京大學出版社1984年版。

17. [日]池井優：《增補·日本外交史概說》，慶應義塾大學出版會1982年版。

18. [日]志賀義雄：《世界と日本》，曉明社1948年版。

19. [日]田中明彥：《日中關係：1945—1990》，東京大學出版社1991年版。

20. [日]神谷不二編：《現代の國際政治：「戰後」の克服》，旺文社1980年版。

21. [日]丹羽文生：《日中國交正常化と臺灣——焦躁と苦悶の政治決鬥》，北樹出版社2012年版。

22. [日]北岡伸一、御廚貴編：《戰爭？復興？發展？における昭和政治史權力と構想》，東京大學出版會2004年版。

23. [日]鳩山一郎：《鳩山一郎回顧録》，文藝春秋新社1994年版。

24. [日]安藤良雄編：《昭和経済史への證言》，上中下卷，每日新聞社1966年版。

25. [日] 原彬久：《岸信介證言録》，每日新聞社2003年版。

26. [日] 三浦陽一：《吉田茂とサソフラソシスユ講和》，大月書店1996年版。

27. [日] 宮沢喜一：《東京—ワシソトソの密談》，實業之日本社1956年版。

28. [日] 渡辺昭夫、宮裡政玄編：《サソフラソシスユ講和》，東京大學出版會1986年版。

29. [日] 西村熊雄：《日本外交史二七 サソフラソシスユ平和條約》，鹿島研究所出版會1971年版。

30. [日] 添谷芳秀：《日本外交と中國1945—1972》，慶應義塾大學出版會1995年版。

31. [日] 田川誠一：《日中交涉秘錄 田川日紀—14年の證言》，每日新聞社1973年版。

32. [日] 田村重信等：《日華斷交と日中國交正常化》，南窗社 2000年版。

33. [日] 大江志乃夫等：《近代日本と殖民地》第1—9卷，岩波書店1992—1993年版。

34. [日] 矢島鈞次：《最新臺灣經濟のすべて》，日本經濟通信社1986年版。

35. [日] 若林正丈：《臺灣》，築摩書屋2001年版。

36. [日] 伊藤潔：《臺灣》，中央公論社1992年版。

37. [日] 伊藤潔：《臺灣·四百年歷史與展望》，中央公論社

1996年版。

38. [日]渡邊昭夫：《亞洲·太平洋の國際關係と日本》，東京大學出版會1992年版。

39. [日]齋藤真：《戰後資料·日美關係》，評論社1972年版。

40. [日]末川博編：《資料·戰後二十年史》，評論社1971年版。

41. [日]中村隆英：《佔領期日本の經濟と政治》，東京大學出版會1979年版。

42. [日]三和良一：《佔領日本の經濟政策史地研究》，日本經濟評論社2002年版。

43.塗照彥：《日本帝國主義下の臺灣》，東京大學出版會1975年版。

44.陳肇斌：《戰後日本の中國政策—1950年代東アジア國際政治の文脈》，東京大學出版會2000年版。

45.袁克勤：《日華講和と戰後初期日本の中國政策の形成》，富士ゼロックス小林節太郎紀念基金1992年版。

46.袁克勤：《アメリカと日華講和：米·日·臺關係の構圖》，柏書房2001年版。

47.王偉彬，《中國と日本の外交政策：1950年代を中心にみた國交正常化へのプロセス》，ミネルヴァ書房2004年版。

48.殷燕軍：《中日戰爭賠償問題：中國國民政府の戰時·戰後對日政策を中心に》，御茶の水書房1996年版。

49.殷燕軍：《日中講和の研究——戰後日中關係の原點》，

柏書房2007年版。

50.黃輝慶：《臺灣經濟の源流—對日依存の原因と將來像を探る》，株式會社新報2002年版。

51.林金莖：《梅と櫻—戰後日華關係》，日本產經出新聞社1984年版。

52.林金莖：《戰後日華關係と國際法》，有菲閣1987年版。

53. [日]吉澤清次郎：《日本外交史》（第28卷），鹿島和平研究所出版會1975年版。

54. [日]安原和雄等：《戰後日本外交史》第 1—4 卷，三省堂 1984年版。

55. [日]石川忠雄等編：《戰後資料—日中関係》，日本評論社 1970年版。

56.霞山會編印：《日中関係基本資料集（1949—1997）》，1998年版。

57.鹿島和平研究所編：《日本外交主要文書·年表》第一卷（1941—1960），原書房1983年版。

58.鹿島和平研究所編：《日本外交主要文書·年表》第二卷（1961—1970），原書房1984年版。

59.鹿島和平研究所編：《日本外交主要文書·年表》第三卷（1971—1980），原書房1985年版。

60.鹿島和平研究所編：《日本外交史》第1—34卷，鹿島和平研究所出版會1970—1973年版。

61.日本大藏省編：《昭和財政史：終戰から媾和まで》第1—18卷，東洋新報出版社1954—1982年版。

62.日本外務省編：《日本佔領及び管理重要文書集》第1—2卷，東洋經濟新報社1949—1950年版。

63.日本外務省編：《日本外交年表竝主要文書》上下冊，原書房1965年版。

64.日本亞洲歷史資料中心：http：//www.jacar.go.jp/.

65.日本國立公文書館：http：//www.digital.archives.go.jp/.

66.日本外務省第一至第八回公開文書：http：//gaikokiroku.mofa.go.jp/.

67.日本國會會議錄：http：//kokkai.ndl.go.jp/.

二、中文（大陸地區）版

1.劉世龍：《美日關係（1791—2001）》，世界知識出版社2003年版。

2.資中筠、何迪：《美臺關係四十年（1949—1989）》，人民出版社1991年版。

3.資中筠：《美國對華政策的緣起和發展》，重慶出版社1987年版。

4.資中筠：《戰後美國外交史——從杜魯門到雷根》，世界知識出版社1993年版。

5.資中筠：《追根溯源：戰後美國對華政策的緣起與發展（1945—1950）》，中國社會科學出版社2007年版。

6.張耀武：《中日關係中的臺灣問題》，新華出版社2004年版。

7.王偉男：《中美關係中的臺灣問題》，山東人民出版社2007年版。

8.蘇格：《美國對華政策與臺灣問題》，世界知識出版社，1998年版。

9.張德明：《東亞經濟中的美日經濟關係研究（1945—2000）》，人民出版社2003年版。

10.張蘊嶺：《轉變中的中美日關係》，中國社會科學出版社1997年版。

11.張蘊嶺：《合作還是對抗：冷戰後的中國、美國和日本》，中國社會科出版社1997年版。

12.任曉、胡泳浩等：《中美日三邊關係》，浙江人民出版社2002年版。

13.楊潔勉等：《世界格局中的臺灣問題—變化與挑戰》，上海人民出版社2002年版。

14.王俊彥：《戰後臺日關係秘史》，福建人民出版社2000年版。

15.林長華等：《戰後美臺經濟關係概論》，九州出版社2001年版。

16.楊生茂：《美國外交政策史（1775—1989）》，人民出版社1991年版。

17.陶文釗：《中美關係史》，上海人民出版社1999年版。

18.李長久、施魯佳：《中美關係二百年》，新華出版社1984年版。

19.劉建飛：《中美日戰略關係演變（1899—1999）》，中央文獻出版社2000年版。

20.劉建飛、林曉光：《21世紀初期的中美日戰略關係》，中央黨校出版社2002年版。

21.唐正瑞：《中美棋局中的"臺灣問題"》，上海人民出版社2000年版。

22.廉德瑰：《美國與中日關係的演變》，世界知識出版社，2006年版。

23.沈覺人：《當代中國對外貿易》上冊，當代中國出版社1992年版。

24.林連德：《當代中日貿易關係史》，中國對外經濟貿易出版社 1990年版。

25.王逸舟：《當代國際政治析論》，上海人民出版社1995年版。

26.王逸舟：《西方國際政治學：歷史與理論》，上海人民出版社 1998年版。

27.方柏華：《國際關係格局——理論與現實》，中國社會科學出版社2001年版。

28.米慶余：《日本近代外交史》，南開大學出版社1988年版。

29.劉麗華、張仕榮：《美國臺海政策的演變分析（1945—2007）》，內蒙古大學出版社2007年版。

30.袁明、［美］哈丁主編：《中美關係史上沉重的一頁》，北京大學出版社1989年版。

31.姜長斌、［美］羅伯特·羅斯主編：《1955—1971年的中美關係》，世界知識出版社1998年版。

32.時殷弘：《美蘇從合作到冷戰》，華夏出版社1988年版。

33.崔丕：《冷戰時期美國對外政策史探微》，中華書局2002年版。

34.沈惠平：《美國對臺政策新解》，九州出版社2010年版。

35.羅義賢：《司徒雷登與美國（戰後—1949年）對華政策》，中國文史出版社2008年版。

36.歷史研究編輯部：《『歷史研究』五十年論文選（冷戰史）》，社科文獻出版社2005年版。

37.信強：《半自主國會與臺灣問題：美國國會外交行為模式》，復旦大學出版社2005年版。

38.於群：《美國國家安全與冷戰戰略》，中國社會科學出版社2006年版。

39.崔丕：《美國的冷戰戰略與巴黎統籌委員會中國委員會（1945—1994）》，中華書局2005年版。

40.趙學功：《巨大的轉變：戰後美國對東亞的政策》，天津人民出版社2002年版。

41.郝雨凡：《白宮決策：從杜魯門到克林頓的對華決策內幕》，東方出版社2002年版。

42.張清、朱瀛泉：《應對危機：尼克森政府對外經濟戰略與政策研究（1969—1972）》，南京大學出版社2009年版。

43.劉雄：《艾森豪威爾政府亞洲政策研究》，岳麓書社2009年版。

44.忻華：《羈絆與扶持的困境—論甘迺迪與詹森時期的美國對臺政策（1961—196）》，上海人民出版社2008年版。

45.劉子奎：《甘迺迪、詹森時期的美國對華政策》，社科文獻出版社2011年版。

46.朱明權：《詹森時期的美國對華政策（1964—1968）》，上海人民出版社2009年版。

47.朱明權：《尼克森時期的美國對華政策（1969—1972）》，上海人民出版社2011年版。

48.周建明、王成至：《美國國家安全戰略解密文獻選編：1945—1972》1—3冊，社科文獻出版社2010年版。

49.戴超武：《敵對與危機的年代——1954—1958年的中美關係》，社科文獻出版社2003年版。

50.岡棟俊等：《美國對華政策50年》，廣東人民出版社2001年版。

51.王淇：《從中立到結盟：抗戰時期美國對華政策》，廣西師範大學出版1996年版。

52.閻廣耀、方生：《美國對華政策文件選編》，人民出版社1990年版。

53.陶文釗：《美國對華政策文件集：1949—1972》第2卷（上下冊），世界知識出版社2004年版。

54.陶文釗、牛軍：《美國對華政策文件集1949—1972》第3卷（上下冊），世界知識出版社2005年版。

55.劉連第編著：《中美關係重要文獻資料選編》，時事出版社1996年版。

56.冬梅主編：《中美關係資料（1971.1—1971.7）》，時事出版社 1982年版。

57.王繩祖等：《國際關係史資料選編》，法律出版社1988年版。

58.林華生：《日本在亞洲的作用》，北京大學出版社2000年版。

59.程永明、石其寶：《中日經貿關係六十年（1945—2005）》，天津社會科學院出版社2006年版。

60.馬成三：《日本對外貿易概論》，中國對外貿易出版社1991年版。

61.鄭勵志：《戰後日本對外貿易》，航空工業出版社1988年版。

62.張貽達：《戰後臺灣對外貿易》，鷺江出版社1987年版。

63.李非：《戰後臺灣經濟發展史》，鷺江出版社1992年版。

64.王志樂：《日本企業在中國的投資》，中國經濟出版社1998年版。

65.茅家琦：《臺灣三十年1949—1979》，河南人民出版社1988年版。

66.茅家琦：《八十年代的臺灣》，河南人民出版社1991年版。

67.池元吉等：《日本經濟》，人民出版社1989年版版。

68.張光：《日本對外援助政策研究》，天津人民出版社1996年版。

69.張健：《戰後日本的經濟外交 1952—1972》，天津人民出版社 1998年版。

70.強永昌：《戰後日本貿易發展的政策與制度研究》，復旦大學出版社2001年版。

71.張岩貴：《日本與東亞地區的貿易、投資關係》，天津人民出版社2003年版。

72.李恩民：《中日民間經濟外交（1945—1972）》，人民出版社1997年版。

73.馮昭奎等：《戰後日本外交—1945—1995》，中國社會科學出版社1996年版。

74.王振鎖：《日本戰後五十年》（1945—1995），世界知識出版社1996年版。

75.呂乃澄、周衛平主編：《大棋局—中美日關係風雲五十年》，當代世界出版社2001年版。

76.毛傳清、殷昌友：《日本與國共及海峽兩岸關係》，武漢出版社2001年版。

77.徐之先：《中日關係三十年》，時事出版社2002年版。

78.孫淑：《臺灣政治制度》，南京大學出版社1993年版。

79.孫代堯：《臺灣威權體制及其轉型研究》，中國社會科學出版社2003年版。

80.李鵬：《臺海安全考察》，九州出版社2005年版。

81.許介鱗：《李登輝與臺灣政治》，社會科學文獻出版社2002年版。

82.李宏碩：《臺灣經濟四十年》，山西經濟出版社1993年版版。

83.李國鼎：《臺灣經濟高速發展的經驗》，東南大學出版社1993年版。

84.陳孔立：《臺灣歷史綱要》，九州出版社1997年版。

85.吳元黎：《臺灣：走向工業化社會》，江蘇人民出版社1989年版。

86.王振鎖、李鋼哲：《東亞區域經濟合作：中國與日本》，天津人民出版社2002年版。

87.楊潔勉：《後冷戰時期的中美關係：分析與探索》，上海人民出版社1997年版。

88.範愛軍等：《臺灣經濟研究》，濟南出版社1995年版。

89.金泓汛等：《臺灣經濟概論》，時事出版社1986年版。

90.段承璞：《戰後臺灣經濟》，中國社會科學出版社1989年版。

91.周任等：《臺灣經濟》，中國財政經濟出版社1980年版。

92.林代昭：《戰後中日關係史》，北京大學出版社1992年版。

93.田桓：《戰後中日關係史（1945—1995）》，中國社會科學出版社2002年版。

94.田桓：《戰後中日關係文獻集》（1945—1970），中國社會科學出版社1996年版。

95.田桓：《戰後中日關係文獻集》（1971—1995），中國社會科學出版社1997年版。

96.田桓：《戰後中日關係史年表》（1945—1993），中國社會科學出版社1994年版。

97.黃正柏：《美蘇冷戰爭霸史》，華中師範大學出版社1997年版。

98.《戰後美國經濟》編寫組：《戰後美國經濟》，上海人民出版社1974年版。

99.陳其人：《殖民地的經濟分析史與當代殖民主義》，上海科學出版社1994年版。

100.張順洪等：《英美新殖民主義》，社科文獻出版社1999年版。

101.葉自成：《地緣政治與中國外交》，北京出版社1998年版。

102.馮承柏等：《亞太地區經濟關係與中國》，南開大學出版社1992年版。

103.韓召穎：《美國政治與對外政策》，天津人民出版社2007年版。

104.葛騰飛、周桂銀：《美國政治發展與對外政策》，世界知識出版社2007年版。

105.馬普強主編：《東南亞國際關係》，世界知識出版社2000年版。

106.巴殿臣：《冷戰後日本對臺灣政策研究》，九州出版社2010年版。

107.吳寄南：《冷戰後的日臺關係》，上海人民出版社2009年版。

108.陳奉林：《戰後日臺關係史》，香港社會科學出版公司2004年版。

三、中文（臺灣地區）版

1.陳志奇：《美國對華政策三十年》，中華日報社1981年版。

2.臧士俊：《戰後日、中、臺三角關係》，前衛出版社1997年版。

3.黃頌顯：《臺灣與日本關係史新論》，海峽學術出版社2003年。版。

4.吳若予：《戰後臺灣公營事業之政經分析》，業強出版社1992年版。

5.秦孝儀：《中華民國經濟發展史》，近代中國出版社1973年版。

6.袁穎生：《光復前後的臺灣經濟》，臺灣聯經出版公司1998年版。

7.戴天昭：《臺灣國際政治史》，臺灣前衛出版社1996年版。

8.趙既昌：《美援的運用》，臺灣聯經出版公司1985年版。

9.余玉賢：《臺灣對外貿易論文集》，臺灣聯經出版公司1975年版。

10.於宗先：《臺灣農業發展論文集》，臺灣聯經出版公司1975年版。

11.於宗先：《臺灣經濟發展論文集》，臺灣聯經出版公司1976年版。

12.薛琦：《臺灣對外貿易發展論文集》，臺灣聯經出版公司1994年版。

13.於震先、孫震：《臺灣對外貿易論文集》，臺灣聯經出版公司 1975年版。

14.鄭梓：《戰後臺灣的接收與重建》，新化圖書公司1994年版。

15.劉鳳文等：《公營事業的發展》，臺灣聯經出版公司1984年版。

16.黃自進、簡佳慧：《林金莖先生訪問記錄》，中研院近代史研究所2003年版。

17.林金莖：《戰後中日關係實證研究》，中日關係研究會1984年版。

18.林金莖：《戰後中日關係與國際法》，中日關係研究會1987年版。

19.卓南生：《大國夢與盟主論—總保守化的日本政治與外交》，臺灣聯經出版公司1995年版。

20.胡為真：《美國對華〈一個中國〉政策之演變》，臺灣商務印書館2001年版。

21.簡榮聰：《臺灣近代史》（經濟篇），臺灣省文獻委員會1995年版。

22.劉淑靚：《臺日蕉貿網絡與臺灣的經濟精英》，臺灣稻鄉出版社2001年版。

23.臺灣外交問題研究會編印：《金山合約與中日合約的關係》，1966年版。

24.文馨瑩：《經濟奇蹟的背後—臺灣美援經驗的政經分析（1952—1965）》，自立晚報社1990年版。

25.林鐘雄：《臺灣經濟發展四十年》，自立晚報社1993年版。

26.張果為：《臺灣經濟發展》，正中書局1970年版。

27.李國鼎：《臺灣的工業化》，東南大學出版社1995年版。

28.張宗漢：《光復前臺灣的工業化》，臺灣聯經出版公司1980年版。

29.程兆臣：《臺灣的土地改革》，中華出版社1961年版。

30.邵毓麟：《使韓回憶錄》，傳記文學出版社1980年版。

31.馬樹禮：《使日十二年》，臺灣聯經出版公司1997年版。

32.何思慎：《擺盪在兩岸之間：戰後日本對外政策》，東大圖書有限公司1999年版。

33.臺灣省行政長官公署統計室編印：《臺灣省五十一年來統計提要》，1946年版。

34.薛月順：《臺灣省政府檔案史料彙編：臺灣省行政長官公署時期（1—2）》臺灣國史館1996年版。

35.臺灣「財政部關稅總局」統計室編印：《臺灣地區進出口貿易統計月報》，各年版版。

36.臺灣對外貿易發展協會編印：《日本經貿資料與中日貿易問題研析》，1981年版。

四、翻譯版

1.張曙光、周建明編譯：《中美解凍與臺灣問題——尼克森外交文獻選編》，香港中文大學出版社2008年版。

2.周建明、張成至主編：《美國國家安全戰略解密文獻選編（1945—1972）》1—3冊，社科文獻出版社2010年版。

3.施嘉明編譯：《戰後日本政治外交簡史—戰敗至越戰》，臺灣商務印書館1979年版。

4.［美］韋艾德、葛蘇珊：《臺灣政治經濟理論研究》（張苾蕪譯），鷺江出版社1992年版。

5. [美]何寶山：《臺灣的經濟發展：1869—1970》（上海市政協編委會譯），上海譯文出版社1981年版。

6. [美]理查德·尼克森：《尼克森回憶錄》（裘克安等譯），商務印書館1979年版。

7. [美]德懷特·艾森豪威爾：《艾森豪威爾回憶錄：白宮歲月（下）締造和平》（靜海譯），三聯書店1977年版。

8. [美]約翰·普拉多斯：《掌權者：從杜魯門到布希》（封長虹譯），北時事出版社1992年版。

9. [美]丹·考德維爾：《論美蘇關係——1947 至尼克森、季辛吉時期》（何立譯），世界知識出版社1984年版。

10. [美]達萊克·羅伯特：《羅斯福與美國對外政策（1932～1945）》（伊偉等譯），商務印書館1994年版。

11. [美]戴維霍羅·威茨：《美國冷戰時期的外交政策：從雅爾塔到越南》（集體翻譯），上海人民出版社1974年版。

12. [美]特斯鈉厄：《美國外交政策之形成》（江浩譯），今日世界出版社1963年版。

13. [美]帕金斯：《美國外交政策》（易安譯），今日世界出版社1964年版。

14. [美]李普曼：《冷戰——美國外交的研究》（張子美譯），商務印書館1948年版。

15. [美]約翰·紐豪斯：《苦寒的拂曉——限制戰略武器會談內幕》（齊沛合譯），三聯書店1974年版。

16. [美]J·斯帕尼爾：《第二次世界大戰後美國的外交政

策》（段若石譯），商務印書館1992年版。

17. ［美］拉弗貝：《美蘇冷戰史話（1945—1975）》（游燮庭等譯），商務印書館1980年版。

18. ［美］約瑟夫·C·格魯：《使日十年》（蔣相譯），商務印書館1983年版。

19. ［美］赫伯特·菲斯：《通向珍珠港之路—美日戰爭的來臨》（周穎如等譯），商務印書館1983年版。

20. ［美］泰勒·丹涅特：《美國人在東亞》（姚曾廙譯），商務印書館1959年版。

21. ［美］羅斯福：《羅斯福選集》（關在漢選譯），商務印書館1982年版。

22. ［美］亨利·季辛吉：《大外交》（顧淑馨、林添貴譯），海南出版社1998年版。

23. ［美］克里斯托弗萊恩：《和平的幻想：1940年以來的美國大戰略》（孫建中譯），上海人民出版社2009年版。

24. ［美］德瑞克·李波厄特：《五十年傷痕：美國的冷戰歷史觀與世界》上下冊（郭學堂等譯），三聯書店2008版。

25. ［美］沃爾特·拉塞爾·米德：《美國外交政策及其如何影響了世界》（曹化銀譯），中信出版社2003年版。

26. ［美］卡爾·洛特·蘭金：《蘭金回憶錄》（海英譯），上海人民出版社1975年版。

27. ［美］保羅·甘迺迪：《大國的興衰》（王保存等譯），求實出版社1988年版。

28. ［美］羅伯特·達萊克：《羅斯福與美國對外政策》（陳啟

迪等譯），商務印書館1984年版。

29. [美]勞倫斯·奧爾森：《日本在戰後亞洲》（伍成山譯），上海人民出版社1974年版。

30. [日]池田哲夫、胡欣：《臺灣經濟結構重組及發展前景》，中國經濟出版社1993年版。

31. [日]輯西光速等：《日本資本主義的發展》（閻靜先譯），商務印書館1963年版。

32. [日]竹内宏：《日本現代經濟發展史》（吳京英譯），中信出版社1993年版。

33. [日]内野達郎：《戰後日本經濟史》（趙毅等譯），新華出版社1982年版。

34. [日]五百旗頭真：《日本外交史（1945—2005）》（吳萬虹譯），世界知識出版社2007年版。

35. [日]島田政雄、田家農：《戰後日中關係50年》，江西教育出版社1998年版。

36. [日]信夫清三郎《日本外交史》（天津社會科學院譯），商務印書館1980年版版。

37. [日]丸山靜雄：《東南亞與日本》（石宇譯），上海人民出版社1974年版。

38. [日]吉澤清次郎：《戰後日美關係》（集體翻譯），上海人民出版社1977年版。

39. [日]田尻育三：《岸信介》（北京大學亞非研究所譯），吉林人民出版社1980年版。

40. [日]伊藤昌哉：《池田勇人的生和死》（李季安等

譯），新華出版社1986年版。

41.［日］吉田茂：《十年回憶》1—4卷（韓潤堂等譯），世界知識出版社1963—1965年版。

42.［日］豬木正道：《吉田茂的執政生涯》（江培柱等譯），中國對外翻譯出版公司1986年版。

43.［日］岡崎久彥等：《2005年美日中決勝臺灣》（林玉珮譯），先智出版有限公司2001年版。

44.［日］和泉太郎：《日美臺三國同盟》（李毓昭譯），晨星出版社1999年版。

45.［英］邱吉爾：《二戰回憶錄》（魏群、高虹譯），江蘇人民出版社2000年版。

46.［蘇］格列切夫：《第二次世界大戰後的美國殖民政策》（何清新譯），世界知識社1960年版。

47.［加納］克瓦米·恩克魯瑪：《新殖民主義：帝國主義的最後階段》（世界編譯社譯），世界知識出版社1966年版。

國家圖書館出版品預行編目(CIP)資料

戰後美日台關係關鍵50年1945～1995 / 王鍵 著. -- 第一版.
-- 臺北市 : 崧燁文化, 2018.09

面 ; 公分

ISBN 978-957-681-638-3(平裝)

1.國際關係 2.臺美關係

578.193 107015128

書　名：戰後美日台關係關鍵50年1945～1995

作　者：王鍵 著

發行人：黃振庭

出版者：崧燁文化事業有限公司

發行者：崧燁文化事業有限公司
E-mail：sonbookservice@gmail.com

粉絲頁　　網　址：

地　址：台北市中正區重慶南路一段六十一號八樓 815 室

8F.-815, No.61, Sec. 1, Chongqing S. Rd., Zhongzheng Dist., Taipei City 100, Taiwan (R.O.C.)

電　話：(02)2370-3310 傳　真：(02) 2370-3210
總經銷：紅螞蟻圖書有限公司

地　址：台北市內湖區舊宗路二段 121 巷 19 號

電　話：02-2795-3656　　傳真：02-2795-4100　網址：

印　刷：京峯彩色印刷有限公司（京峰數位）

定價：600 元

發行日期：2018 年 9 月第一版

◎ 本書以POD印製發行